REDLINE WIRTSCHAFT
bei ueberreuter

JENNIFER WHITE

Wie Sie Ihre Mitarbeiter anfeuern ohne sie zu verheizen

7 Führungsprinzipien für alle Fälle

REDLINE WIRTSCHAFT
bei ueberreuter

Die Deutsche Bibliothek – CIP-Einheitsaufnahme

White, Jennifer
Wie Sie Ihre Mitarbeiter anfeuern ohne sie zu verheizen :
7 Führungsprinzipien für alle Fälle / Jennifer White. --
Frankfurt/Wien: Redline Wirtschaft bei Ueberreuter, 2002
Einheitssacht. <Drive your people wild without driving them crazy>
ISBN 3-8323-0914-4

Unsere Web-Adressen:

http://www.redline-wirtschaft.de
http://www.redline-wirtschaft.at

Dieses Buch ist eine Lizenzausgabe der Capstone Publishing Ltd, vermittelt durch The Susie Adams Rights Agency, UK.

1 2 3 / 2004 2003 2002

Aus dem Englischen von Brigitte Kleidt
Originaltitel: „Drive Your People Wild Without Driving Them Crazy“;
originally published by Capstone Publishing Ltd (A John Wiley & Sons Co.),
8 Newtec Place, Magdalen Road, Oxford OX4 1RE, United Kingdom.
http://www.capstoneideas.com

Umschlag: INIT, Büro für Gestaltung, Bielefeld
unter Verwendung eines Bildes der Bildagentur Getty Images, München
Druck: FINIDR, s.r.o.
Printed in Czech Republic

Inhalt

Meinen Klienten, ehemaligen wie gegenwärtigen,
die mich stets aufs Neue inspirieren

Meinen Mitarbeitern, die mich Tag für Tag anspornen
und meine Führungsqualitäten freilegen

Für Steve, den Mann, der immer an mich geglaubt hat

Mein Leben ist durch euch alle gesegnet

Einleitung

Vor einigen Monaten saß ich in meinem Büro und arbeitete einen Stapel Papiere ab, als das Telefon klingelte. Einer meiner Klienten rief an. Er war verzweifelt.

Sam begann das Gespräch mit dem Satz: „Jen, es ist furchtbar. Ich kann überhaupt nicht fassen, was da gelaufen ist." Er sagte nicht „Hallo" und nicht „Guten Tag", nur seine Frustration und sein Ärger brachen sich Bahn.

Wenn ein Telefonat schon so anfängt, muss ich mich ganz ruhig hinsetzen und tief durchatmen, damit ich dem Angriff standhalte. Ab und zu drückt das Geschäftsleben auf gewisse rote Knöpfe, und Sam hatte offensichtlich einen rabenschwarzen Tag.

Er fuhr fort: „Sie haben gekündigt, drei meiner besten Vertriebsleute haben gekündigt."

Natürlich, Sie kennen Sam nicht und können von daher die Tragweite dieser Kündigung nicht ermessen. Sam arbeitete als Senior executive in einem wachstumsstarken Unternehmen, das sechs Monate von seinem Anruf gerechnet an die Börse gehen wollte. Die gesamte Leitungsriege konzentrierte sich vollständig auf Ergebnisse: Je besser die Erträge, desto höher der Aktienkurs. Und in diesem kritischen Moment fiel den drei besten Männern im Außendienst nichts Besseres ein als zu kündigen! Bevor sie endgültig unter der Arbeitslast zusammenbrachen, kehrten sie dem Unternehmen den Rücken. So weit, so schlecht. Aber das eigentlich Verblüffende kommt noch: Die drei Vertriebsprofis verzichteten auf knapp 1 Million Dollar. Mit dem Börsengang wären ihre (durch die Kündigung verwirkten) Aktienoptionen ein halbes Jahr später so viel wert gewesen, vielleicht sogar mehr.

Das ist völlig verrückt, nicht wahr? Jedermann lechzt danach, bei einer Dot-com-Firma über Nacht Millionär zu werden. Und trotz des jüngsten Einschnitts in diesem Markt bringt die Gier nach Reichtum Menschen dazu, rund um die Uhr zu arbeiten.

Warum verzichteten die drei auf so viel Geld? Gute Frage. Sam hat sie sich wieder und wieder gestellt. Er war völlig von den Socken (und natürlich stinksauer). Er brüllte: „Sind die noch zu retten? Millionen von Dollar einfach so auszuschlagen?"

Tatsache ist, dass die Außendienstmitarbeiter nicht mit ihrem Leben für den Börsengang bezahlen wollten. Was ist wichtiger: Ein erfülltes Leben oder 1 Million Dollar aus einer Erstemission? Sams Vertreter entschieden sich gegen das Geld.

Mir ist klar, dass Sie die Geschichte vermutlich unglaubwürdig finden. Als Führungskraft sind Sie an harte Zeiten gewöhnt. Sie haben gelernt, den Schmerz zu ignorieren und sich die verlangten Ergebnisse abzuringen. Vielleicht denken Sie sogar wie Sam: Sind die drei verrückt?

Trotzdem gehören derartige Vorfälle inzwischen zum Alltag. Man kann die ganze Angelegenheit auch nicht als weiteren Beleg für die Unzuverlässigkeit von Außendienstlern abtun, wie das nächste Beispiel zeigt. Adam leitet ein Unternehmen, das das amerikanische Wirtschaftsmagazin *Fortune* unter den 100 größten amerikanischen Gesellschaften aufführt. Mein Klient rief mich eines Tages tödlich beleidigt an, weil sein designierter Nachfolger die Brocken hinwarf. Adams Wunschkandidat mochte nicht mehr bis spät in die Nacht arbeiten, er wollte auch mal mit seinen Kindern Fußball spielen oder mit seiner Frau Abendessen kochen und ohne Laptop in den Urlaub fahren. Er habe, so erklärte er seinem Vorgesetzten, sich einen anderen Job gesucht, damit er endlich wieder was von seinem Leben habe.

Adam hatte, das ist die Moral von dieser Geschichte, keine Ahnung, wie man eine extrem leistungsfähige Organisation aufbaut und den Mitarbeitern trotzdem genug Freizeit lässt, damit sie mit ihren Freunden und ihrer Familie zusammensein können. Adams forderndes Naturell trieb seinen Favoriten direkt in die Kündigung.

Zum Glück ist Adam pfiffig genug, um ein Problem als Problem zu erkennen, wenn es ihm unter den Nägeln brennt. Er beschleunigte augenblicklich den in meinem Coaching angestoßenen Prozess, um seine Mitarbeiter und deren Leistungskraft dem Unternehmen zu erhalten.

Vor kurzem habe ich von einer Frau gehört, die ihren Chef um eine Flexibilisierung ihrer Arbeitszeit gebeten hatte. Sie wollte ihre vierzig Wochenstunden in vier Tage packen, um mehr Zeit für ihre Kinder zu haben. Der ewige Kampf zwischen den Anforderungen am Arbeitsplatz und zu Hause zermürbte sie, und sie wusste, dass drei volle Tage an der Heimatfront die vernünftigste Lösung wäre.

Diese Angestellte war wirklich gut, genau der Typ, den jeder von uns mit Kusshand einstellen würde. Genau genommen exakt der Typ, von dem wir gar nicht genug Mitarbeiter haben können. Aber ihr Chef hatte kein Verständnis für ihr Anliegen. „Schau", sagte er, „ich weiß, dass du drei Kinder hast. Aber ich habe auch Kinder und arbeite trotzdem nicht bloß vier Tage die Woche."

Er schlug ihr die Bitte ab. Zwei Wochen später kündigte sie und arbeitet seitdem freiberuflich. Sie wollte Gestaltungsfreiheit, und ihr Vorgesetzter schaffte es nicht, ihr diese einzuräumen.

Die Welt hat sich geändert. Mitarbeiter wissen, dass sie kündigen und sich anderswo eine bessere Stelle suchen können. Die Zeiten, in denen man eben eine Anzeige in die Zeitung setzte und die Lücke im Handumdrehen wieder gefüllt hatte, sind vorbei.

Trotzdem ist mir natürlich klar, dass Sie als Führungskraft Ergebnisse sehen wollen und *müssen*. Wenn Sie nicht Quartal für Quartal die richtigen Zahlen vorlegen, bekommen Sie den Zorn von Aktionären oder anderen Geldgebern zu spüren. Letztlich geht es nur ums Geld, und deswegen konzentrieren sich die meisten Unternehmen auf Wachstum. Die Märkte sind in ständiger Bewegung, die Konsumenten werden immer anspruchsvoller, Geschäftsmodelle wollen laufend aktualisiert sein. Sie haben kaum die Zeit, Ihre Post zu lesen, geschweige denn eine langfristige Strategie zu entwickeln. Der früher durchaus mögliche Luxus, schlechte Zeiten einfach auszusitzen, ist heute undenkbar. Die Investoren erwarten im nächsten Quartal gute Zahlen und sind nicht bereit, Flauten hinzunehmen.

Angesichts des Drucks, unter dem Sie stehen, ist es kein Wunder, dass Sie Ihre Mitarbeiter an die Grenzen der Belastbarkeit treiben.

Gleichzeitig wollen die Angestellten leben. Sie wollen nicht achtzig Stunden pro Woche schuften. Sie haben Familie und andere Interessen, die sie beschäftigen. Besonders die Generation X nimmt das Spiel ebenso ernst wie die Arbeit, und es kommt durchaus vor, dass wichtige Mitarbeiter für eine Weltreise ein halbes Jahr Auszeit beantragen. Die Überzeugung, man müsse im Dienst des Unternehmens eben Opfer bringen, hat nicht mehr denselben Charme wie früher.

Wenn Sie noch die Tatsache ergänzen, dass auch Sie selbst gern vor Mitternacht zu Hause sind und ein bisschen was vom Leben haben wollen, gewinnt das Problem langsam Konturen. Die Welt hat in den letzten zehn Jahren revolutionäre Umbrüche erlebt, und so wie es aussieht, haben Sie sich nicht nur in eine Sackgasse verirrt, sondern dort häuslich niedergelassen. Können Sie sich vorstellen, wie Sie die verschiedenen Ansprüche unter einen Hut bekommen?

Ich bin davon überzeugt, dass es einen Weg gibt. Die JWC Group Inc. hat in den vergangenen fünf Jahren ein Coaching-Programm für Führungskräfte entwickelt, mit dem sie die gewünschten Ergebnisse erreichen, ohne ihre Mitarbeiter zu verschleißen. Ich habe immer wieder gewaltige Veränderungen beobachtet, wenn Verantwortliche unter unserer Anleitung quasi einen Schritt zurücktraten und sich ihr eigenes Auftreten vergegenwärtigten. Unser Geschäft wächst und gedeiht, weil wir Führungskräften zeigen, wie sie gleichzeitig Ergebnisse vorlegen, sich den Spaß an der Arbeit bewahren und ihre Leute gegen Abend nach Hause schicken. Wir wissen, dass die herkömmliche Methode, den Mitarbeitern die geforderten Erträge mit Überstunden abzuringen, sich überlebt hat. Das haben Sie sicher schon selbst in Ihrem Arbeitsumfeld bemerkt. Die alten Rezepte führen heute zu einem dicken, fetten Nichts. Warum? Weil sich die Mitarbeiter und Mitarbeiterinnen verändert haben und die wenigsten Führungskräfte wissen, wie sie unter den heute gegebenen ökonomischen Bedingungen ihre Führungsaufgabe erfüllen sollen.

Die neuen Angestellten

Es ist wahr: Die Angestellten sind auch nicht mehr das, was sie einmal waren. Früher arbeitete man 30 Jahre lang für eine Firma, dann konnte man in Ruhe seinen Lebensabend genießen. Dieses Modell hat seit der Downsizing-Welle, die sich seit Ende der achtziger Jahre wie eine Flutwelle ausgeweitet hat, ausgedient. Loyalität und Sicherheit, die Grundpfeiler des bisher gültigen Verhältnisses zu den Mitarbeitern, knickten weg. Gleichzeitig erlebte das Unternehmertum einen nie geahnten Aufschwung. Unzählige Einzelfirmen wurden gegründet. Statistisch gesehen besitzt jeder zwölfte US-Bürger ein eigenes Unternehmen. Ich bin mir ziemlich sicher, dass viele den Weg in die Selbstständigkeit wählten, weil sie ihr Leben selbst bestimmen und sich nicht von der Fürsorge großer Organisationen abhängig machen wollten.

Dann kam das Internet. Unsere Gesellschaft verfiel in einen Taumel der Begeisterung und himmelte die innovativen Business-Freaks an, die gegen alle Wahrscheinlichkeit den Goliaths das Geschäft verhagelten. Namen wie der Amazon-Chef Jeff Bezos oder Steve Case von AOL waren in aller Munde. Aber der Mär vom schnellen Reichtum, werden Sie sagen, hat der Markt doch inzwischen einen kräftigen Dämpfer verpasst, die Goldgräberstimmung ist schon Geschichte. Trotzdem sollten Sie den Eindruck, den die Dot-com-Explosion in der Vorstellungswelt Ihrer Mitarbeiter hinterlassen hat, nicht unterschätzen.

Neben dem Einfluss der schnelllebigen Internetfirmen wirkt sich die Tatsache aus, dass wir heute in einer Welt ohne Ruhezeiten agieren. 24 Stunden am Tag und sieben Tage die Woche besteht die Gelegenheit zu Einkäufen, und alles wird schneller

und schöner geliefert. Sofortige Wunscherfüllung wird zur Norm, und das schlägt durch bis in die kleinsten Verästelungen der Unternehmensorganisation.
Diese Erfahrungen haben Ihre Mitarbeiter und Mitarbeiterinnen verändert. Sie gehen Ihnen nicht mehr bis zur Pensionierung um den Bart, sondern verlangen nicht mehr und nicht weniger, als was andere Arbeitnehmer längst erreicht haben (frei nach dem Motto: „Was die können, kann ich auch"). Sie wollen flexible Arbeitszeiten, sich bei Bedarf für ein halbes Jahr vom Arbeitsplatz freistellen lassen, sie wollen mitreden und Anteile am Unternehmen besitzen und fordern anständige Prämien für außerordentliche Leistungen. Und sie haben Recht!
Die Beschäftigten wünschen sich Flexibilität, Freiheit und Beteiligung. Sie stellen Forderungen und wechseln, wenn man ihnen nicht entgegenkommt, zu einer anderen Firma. Sie haben kein Problem damit zu sagen: „Ja zum Teufel, dann suche ich mir eben einen anderen Arbeitsplatz." Noch vor 20 Jahren wäre das die absolute Ausnahme gewesen.
Der Kampfgeist ist in vielen Mitarbeitern erwacht, und solange Sie an überkommenen Führungsansätzen festhalten, werden Sie gerade die unabhängigen Persönlichkeiten konkurrierenden Arbeitgebern in die Arme treiben. Ehrlich gestanden bin ich froh, dass heute ein solcher Geist den Muff aus den Büroetagen bläst. Die Zusammenarbeit mit lebendigen, energiegeladenen und engagierten Menschen macht viel mehr Spaß.
Aber diese Entwicklung stürzt Führungskräfte in Verwirrung. Sie müssen Ergebnisse vorlegen, ihr Einkommen hängt von der Leistungskraft der ihnen unterstellten Menschen ab, aber sie sind ihren Mitarbeitern nur ungern auf Gedeih und Verderb ausgeliefert. Es ist nur bedingt lustig, nörgelnde, anspruchsvolle Angestellte führen zu müssen. Glauben Sie nun

nicht, dass sich die Probleme durch Solidarisierung mit den Untergebenen in Luft auflösen würden. Führung muss sein. Ohne eine zugkräftige Vision, ohne die Förderung von Stärken, ohne geistige Anregung, ohne einen beherzten und eifrigen Vorkämpfer geht es nicht.

Genau da liegt das Problem. Sie tun nicht das, was Sie für die Angestellten tun müssten. Sie als Führungskraft hemmen wichtige Entwicklungen im Unternehmen. Rundheraus gesagt: Sie sind das Problem.

Sie hätten nicht gedacht, dass ich Ihnen schon so früh an den Karren fahre, stimmt's?
Aber es ist nun einmal die Wahrheit. Das Problem liegt bei der Unternehmensleitung. Der Chef treibt seine Leute in den Wahnsinn, statt ihnen Wahnsinnsleistungen zu ermöglichen. Er schwärmt vom Konzept der Work-Life-Balance, legt aber Besprechungstermine aufs Wochenende. Vorgeblich will er die Abteilung zu Höhenflügen animieren, unterbindet aber jeden Ausbruch aus überlebten Routinen. Einerseits soll es keine Geheimnisse geben, andererseits zuckt er zusammen, wenn in der Kantine offen über die Gehälter gesprochen wird. Ganz zu schweigen von dem Problem viel zu kleinschrittiger Arbeitsanweisungen, von der Tendenz, sich zu verzetteln und von dem ganz normalen Misstrauen hinsichtlich der Fähigkeiten. (Nebenbei bemerkt: Chefinnen verhalten sich in diesen Punkten nicht unbedingt stringenter.)
Sie halten das Lamento für übertrieben? Nun, ich stehe nicht allein mit meiner Ansicht. Nach den Zahlen des Meinungsforschungsinstituts Gallup kündigen 70 Prozent der Beschäftigten wegen ihrer Vorgesetzten, nicht wegen des Unternehmens. Das Hudson Institut hat ermittelt, dass ein Drittel der

US-Bürger von vorneherein nicht mehr als ein Jahr bei einem Arbeitgeber bleiben will. Die beiden am häufigsten genannten Kündigungsgründe sind 1. Unterforderung und 2. unfähige Vorgesetzte.

Sie sollen nun nicht das Buch aus der Hand legen und resigniert denken, dass zu viel Verantwortung auf Ihren Schultern ruht. Ich bin davon überzeugt, dass Sie morgens aufwachen und Ihre Mitarbeiter zu Wahnsinnsleistungen führen wollen. Sie wollen nicht absichtlich Fortschritte ausbremsen, Mitarbeiter demotivieren oder ihnen überlange Arbeitszeiten aufbrummen. Wie es dazu kommt, wissen Sie selbst nicht. Schuld ist der blinde Fleck. Deswegen gelingt es Ihnen kaum, das Spiel zu durchschauen, deswegen verhalten Sie sich so unangemessen.

Ich bin fest davon überzeugt, dass es für jedes Problem eine Lösung gibt. Vor einigen Jahren verfasste ich mein erstes Buch, *Work Less, Make More®: Stop Working So Hard and Create the Life You Really Want!* (Weniger arbeiten, mehr verdienen: Leben statt schuften). Das Buch will zeigen, wie man genug Zeit und Geld bekommt, um mehr aus seinem Leben zu machen. Während ich daran schrieb, unterstützte ich mehrere Workaholics bei dem Versuch, ihre Arbeitswut in den Griff zu bekommen. Tag für Tag fuhr ich in den Stollen und verhalf meinen Klienten zu erstaunlichen Karrieren trotz eines erfüllten Privatlebens. Hunderte von Erfolgsgeschichten waren im Lauf meiner Coaching-Tätigkeit zusammengekommen, und ich beschloss, sie aufzuschreiben.

Dabei geschah etwas Merkwürdiges. Wann immer ich von *Work Less, Make More®* sprach oder Managern beim Erreichen dieses Ziels half, fragten sie: „Können Sie das nicht auch meinen Mitarbeitern beibringen?“ Manchmal formulierten sie es anders: „Was würde es kosten, das Programm im Unternehmen durchzuführen?“ Und dann wurde schnell der Einwand

nachgeschoben: „Aber es müsste anders heißen, sonst bekommen meine Leute die Botschaft in den falschen Hals.“
Die Topmanager dachten wohl, ich würde ihren Mitarbeitern beibringen, sich gemütlich zurückzulehnen und den lieben langen Tag über Bonbons zu lutschten!
Der Versuch, die Philosophie hinter *Work Less, Make More®* gemeinsam mit meinen Klienten für Organisationen zu adaptieren, drängte sich förmlich auf. Ich war besessen von der Frage, warum Menschen ihr Privatleben für die Arbeit zurückstellen. Welches Grundproblem steckte hinter der Schwierigkeit jedes Unternehmens, Ergebnisse zu bringen und trotzdem zum Abendessen daheim zu sein? Wie muss eine Organisation strukturiert sein, die alles gleichzeitig bietet: Ergebnisse, fähige Mitarbeiter und Zeit für Freunde?
Während mein Coaching-Team und ich immer häufiger mit der gesamten Firma arbeiteten, wurde eins deutlich: Das Sprichwort „der Fisch fault vom Kopf aus“ ist wahr. Die Beschäftigten haben sich verändert, aber die meisten Leitungskräfte nutzen immer noch die Führungstechniken aus den fünfziger Jahren. Nach und nach entdeckten wir, welche Verhaltensweisen den Fortschritt hemmen und erstaunliche Leistungen seitens der Angestellten verhindern. Und mir fiel auf, wie ich selbst den Erfolg meines Unternehmens dämpfte.
Es folgt ein Test, mit dem Sie für sich herausfinden können, ob Sie Ihre Mitarbeiter eher in den Wahnsinn treiben oder zu Wahnsinns*leistungen* antreiben. Vielleicht ergeben sich einige Ansatzpunkte, was Sie zu einem hervorragen Team beitragen können, ohne mit hoher Fluktuation und ausgebrannten Mitarbeitern kämpfen zu müssen.

Das Quiz: Verheizen Sie Ihr Personal?

Mein Buch ist sicher nicht der erste Ratgeber für Führungskräfte, den Sie in der Hand halten. Vielleicht sind Sie sogar seit Urzeiten im Geschäft. Gleichgültig, ob Sie noch halb grün hinter den Ohren oder Ihre Haare über der jahrzehntelangen Erfahrung grau geworden sind: Sie werden Gewinn aus der Lektüre ziehen. Nehmen Sie sich ein paar Minuten Zeit, dann wissen Sie, ob Sie auf der Jagd nach Ergebnissen Ihre Mitarbeiter und Mitarbeiterinnen verheizen – oder ob Ihnen das Kunststück gelingt, alle rechtzeitig in den Feierabend zu schicken.
Markieren Sie die Aussagen, die auf Sie zutreffen. *Und zwar alle, die wirklich zutreffen.* Sie tun sich keinen Gefallen, wenn Sie sich besser darstellen als Sie sind. Seien Sie ehrlich mit sich selbst.
Die Zahl hinter jeder Aussage bezieht sich auf das Kapitel, in dem das zugehörige Problem behandelt wird. Wenn Sie beispielsweise überwiegend Aussagen mit einer 3 dahinter ankreuzen, können Sie direkt zu Kapitel 3 weiterblättern.

- ☐ Ich sage oft: „Wir leben im Internetzeitalter, da darf man nicht trödeln." (1)
- ☐ Bei uns herrscht das Chaos, wir laufen wie aufgeschreckte Hühner herum und brechen unter Arbeit zusammen. (1)
- ☐ Jeder ist sich selbst der Nächste. Dass ich Menschen führe, heißt nicht, dass ich für sie kämpfe. (1)
- ☐ Meine Abteilung ist personell unterbesetzt, aber ich habe weder Arbeitsmenge noch Zielvorgaben reduziert. Wir müssen eben die Ärmel hochkrempeln und ranklotzen. (1)

- ☐ Manchmal träume ich von diktatorischen Vollmachten. Es wäre so schön, wenn die Leute einfach nur tun würden, was man ihnen sagt. (1)
- ☐ Ich weiß mehr als jeder andere in der Abteilung, und das soll auch so bleiben. (1)
- ☐ Ich bin mir sicher, dass ich das Kind schon schaukeln werde, egal was passiert. (1)
- ☐ Ich ändere oft meine Meinung. Die Dinge sind im Fluss, Entscheidungen müssen entsprechend flexibel bleiben. (2)
- ☐ Man hält mich für launisch; die anderen wissen nie, wie ich reagieren werde. Und genau das hält sie auf Trab. (2)
- ☐ Ich lege Sitzungen häufig auf den späten Abend oder aufs Wochenende. (2)
- ☐ Konferenzschaltungen mit Mitarbeitern lege ich auf die Zeit vor 7 Uhr oder nach 18 Uhr, manchmal auch aufs Wochenende. (2)
- ☐ Ich habe mein Mobiltelefon immer bei mir und gehe immer dran, unabhängig von der Uhrzeit. (2)
- ☐ Ich tue so, als ob mir an meinen Mitarbeitern gelegen wäre, aber in Wirklichkeit sind sie mir fast gleichgültig. Wir haben zu viel zu tun, da bleibt keine Zeit für Privatgespräche. (2)
- ☐ Wenn etwas erledigt werden muss und meine Leute es nicht hinkriegen, springe ich ein und bringe die Sache in Ordnung. (2)
- ☐ Keine Ahnung, was die einzelnen Mitarbeiter zu Höchstleistungen anspornt. Unsere Arbeitsbelastung lässt uns für solche Psycho-Spielchen definitiv keine Zeit. (2)

- ☐ Wenn sich meine Mitarbeiter ihre Zeit nur besser einteilen würden, könnten sie doppelt so viel erledigen. (3)
- ☐ Wann ich zum letzten Mal eine 40-Stunden-Woche hatte? Daran kann ich mich nicht mehr erinnern. (3)
- ☐ Meine Mitarbeiter auch nicht. (3)
- ☐ Mein Team verbringt 80 Prozent der Arbeitszeit in Meetings. (3)
- ☐ Ich arbeitete selten von zu Hause aus. Wenn etwas schief geht, will ich vor Ort sein. (3)
- ☐ Nein, ich setze mich nicht einmal pro Woche (oder alle 14 Tage) mit meiner Abteilung zusammen, um abzusprechen, wer woran arbeitet und die Prioritäten abzuklären. Dafür bleibt keine Zeit. (3)
- ☐ Meine Tür steht immer offen, mit der Folge, dass mein Büro einem Taubenschlag gleicht. (3)
- ☐ Ich lege eine zügige Gangart vor, ruhige Zeiten sind bei uns ein Fremdwort. (4)
- ☐ Alles ist wichtig. Und das meiste muss sofort erledigt werden. (4)
- ☐ Ich denke oft, ich bin bei der Feuerwehr. Den lieben langen Tag hetze ich mich ab, immerzu brennt es. (4)
- ☐ Meine Mitarbeiter haben eigentlich nicht die Mittel, um ihre Arbeit zu erledigen. Wir haben bei der letzten Restrukturierung ziemlich abgespeckt. (4)
- ☐ Ich würde die Sache ja liebend gern langsamer angehen, aber das interessiert die Geldgeber, Aktionäre und/oder den Geschäftsführer nicht. (4)
- ☐ Ich weiß nicht, wer von meinen Leuten wofür besonders begabt ist. Die Zahlen müssen stimmen, alles andere ist uninteressant. (5)
- ☐ Ich kann alles ein bisschen, aber nichts richtig. (5)

- ☐ Manchmal frage ich mich, was ich in dem Job verloren habe. Warum bringt mich mehr Arbeit nicht auf Touren? (5)
- ☐ Meine Mitarbeiter bringen die richtige Mischung von Fähigkeiten mit. Keine Ahnung, warum wir nicht bessere Ergebnisse abliefern. (5)
- ☐ Ich halte Informationen zurück und gebe nur das Notwendigste weiter. (6)
- ☐ Ich kommuniziere mit meinen Mitarbeitern überwiegend per E-Mail. Wir treffen uns selten persönlich. (6)
- ☐ Wenn Sie die einzelnen Mitarbeiter fragen, erzählt Ihnen wahrscheinlich jeder etwas anderes über die Unternehmensziele. (6)
- ☐ Es frustriert mich, wenn ich alles drei Mal sagen muss und sich trotzdem keiner daran hält. Warum hören die Leute nie zu? (6)
- ☐ Es liegt länger als ein Jahr zurück, dass ich mehr als eine Woche Urlaub genommen habe. (7)
- ☐ Ich nehme meinen Laptop oft mit nach Hause. (7)
- ☐ Meine Frau behauptet, dass ich zu viel arbeite. Ich weiß aber nicht, wie ich das ändern soll, wenn es doch so viel Arbeit gibt. (7)
- ☐ Zum Abendbrot zu Hause? Sie machen wohl Witze! (7)
- ☐ Manchmal übersteigt der ganze Stress wirklich meine Kräfte. Meinen Mitarbeitern geht es genauso, das weiß ich. (7)

Ursachensuche ...

Durch das Quiz sind Ihnen sicher einige Dinge bewusst geworden. Diese Klarheit ist viel wert.

Sie wissen selbst, dass Sie manchmal am liebsten die Mitarbeiter für Fehler oder Performanceschwächen zur Schnecke machen würden. Sie würden gern glauben, dass nur deren mangelhaftes Zeitmanagement an den vielen Überstunden schuld ist. Sie wollen überzeugt sein, dass man nur einmal das hochgesteckte Ziel erreichen müsste, dann könnte man die Erwartungen und die Anforderungen herunterschrauben und durchatmen. (Aber das passiert nie, oder?)
Wahrscheinlich haben Sie sich tausend Gründe zurechtgelegt, warum die gewünschten Ziele wieder verfehlt werden. Oder die Ziele zwar erreicht werden, aber der Preis dafür zu hoch ist. Vielleicht haben Sie sich sogar davon überzeugt, dass die Kündigung des besten Mitarbeiters vor drei Monaten nicht Ihre Schuld war, bestimmt hatte er einfach ein besseres Angebot. Und bestimmt fühlt er sich in der neuen Stelle auch wohler.
Machen Sie mal halblang. Die Welt hat sich geändert, aber die meisten Führungskräfte versuchen es immer noch mit der alten Tour. Aber sie hat sich überlebt, nicht wahr? Wenn Sie wirklich Ergebnisse sehen, gute Mitarbeiter halten und allen Beteiligten genug Raum zum Atmen lassen wollen, dann müssen Sie einen unbarmherzigen Blick in den Spiegel werfen: Sie sind das Problem!
Dieses Buch – und unser Coaching-Programm für Führungskräfte – liefert die Antwort auf die Frage: „Also, - wenn ich das Problem bin, was muss ich dann tun?"

… und Ihr Quiz-Ergebnis

Nehmen Sie sich noch einmal die Aussagen vor, die Sie im Quiz angekreuzt haben. Schauen Sie genau hin. Was hindert Sie daran, Ihr Team zu beflügeln? Schreiben Sie die drei größten Probleme auf.

1.

2.

3.

Am effektivsten nutzen Sie dieses Buch, wenn Sie sich zuerst um diese drei Stacheln in Ihrem Fleisch kümmern. Denn wenn man die Verhaltensweisen kuriert, die die größten Probleme verursachen, ist auch die Erleichterung am größten.

Was Sie erwartet

Damit habe ich unser neuartiges Sieben-Punkte-Programm umrissen, mit dem Sie nicht nur zu einem zeitgemäßen Führungsstil finden, sondern auch die Ergebnisse liefern, die Sie von sich selbst erwarten. Um eine Änderung Ihrer Verhaltensweise werden Sie nicht herumkommen. Sie werden sich intensiv mit sich selbst beschäftigen müssen, damit Sie lernen, wie Sie Ihrem Team nicht länger Knüppel zwischen die Beine werfen. Sie müssen sich vom detailverliebten Vor-sich-hin-Wurschteln lösen, Ihre Kontrollwut in den Griff bekommen und sich strengstens verbieten, Ihren Mitarbeitern die Arbeit aus der Hand zu reißen. Machen Sie sich darauf gefasst, dass ich Ihre Überzeugungen in Bezug auf Führungsaufgabe, Erfolg und Prioritäten erschüttern werde.

Und Sie hatten gedacht, es ginge um die Motivation von Mitarbeitern? Nein, es geht darum, wie *Sie* führen. Ich will Ihnen in einem Spiegel Ihre Fehler vorhalten, damit Sie sich neue Verhaltensweisen erarbeiten können. Damit erreichen Sie dann trotz der sich täglich verändernden Welt alle Ziele, die Sie sich setzen.
Glauben Sie nicht, dass ich mich als leuchtendes Vorbild hinstellen will. Es gab Zeiten, da habe ich mich in meinem Unternehmen ziemlich lächerlich aufgeführt und wirklich kein Fettnäpfchen ausgelassen: Ich habe Mitarbeiter nicht ausreichend eingearbeitet, obwohl mich ihre Fehler zur Weißglut brachten, ich hielt so viele Dinge für dringend, dass der Begriff Priorität ad absurdum geführt wurde, ich habe Probleme überbewertet, mich im Büro rar gemacht, den Worten meiner Mitarbeiter gegenüber taub gestellt, ihre Bitten hartherzig abgeschlagen und ihre Fragen ignoriert und wichtige Entscheidungen endlos hinausgezögert. Noch immer unterlaufen mir Schnitzer, noch immer feile ich an meinen Führungsqualitäten. Und das gehört unabdingbar zu jeder Führungsposition: Man muss kontinuierlich an seinen Aufgaben wachsen.
Als ich mit der Entwicklung des Sieben-Punkte-Programms begann, kehrte ich zunächst vor meiner eigenen Tür. Alle Ratschläge und Tipps habe ich persönlich ausprobiert. Zum großen Teil bedeutet Führen, Werte vorzuleben. Ich muss mich an meinen eigenen Maßstäben messen lassen. Natürlich träume ich manchmal davon, eines Morgens als vollkommene Chefin aufzuwachen. Leider ist die Welt nicht so gestrickt. Wenn Sie gut führen wollen, müssen Sie hart an sich arbeiten. Schmerzliche Entscheidungen müssen gefällt, unangenehme Telefonate geführt werden, daran führt kein Weg vorbei. Und Sie müssen sich Fehler eingestehen. Das wird öfter vorkommen, als Ihnen lieb ist!

Sie sollen sich mit dem kritischen Blick in den Spiegel nicht selbst herunterziehen. Darauf will ich auf keinen Fall hinaus und ich will Sie schon gar nicht zu noch höheren Leistungen anstacheln, als Sie sich ohnehin schon abverlangen. Ihnen soll nur deutlich werden, wie Sie Ihre Fähigkeiten zugunsten einer gesünderen, bekömmlicheren Arbeitsumgebung einsetzen können.

Das Programm ist anspruchsvoll, aber wenn es Ihnen ernsthaft um exzellente Unternehmensergebnisse – und langjährige Mitarbeiter – zu tun ist, dann werden Sie die Anstrengung nicht scheuen, da bin ich ganz sicher.
Sam hat damals meinen Rat angenommen und phantastische Ergebnisse erzielt, wie, darüber erfahren Sie bald mehr. Sie können dasselbe erreichen: Auch Sie können Ihre Mitarbeiter und Mitarbeiterinnen zu Wahnsinnsleistungen anregen, ohne sie in den Wahnsinn zu treiben.

90 Tage zum Ausprobieren

Wenn Sie sich ein Ziel setzen, das Sie mit Ihrem Team erreichen wollen, ziehen Sie den maximalen Gewinn aus diesem Buch. Es ist schön, wenn man ein gutes Buch liest und es seinen Freunden empfiehlt. In der eigenen Arbeitsweise – und im eigenen Leben – wird sich die Lektüre jedoch nur dann niederschlagen, wenn man die Vorschläge anwendet. Vielleicht stecke ich zu sehr in meiner Haut als Coach, aber es ist mir ein Anliegen, dass Sie das Buch nutzen und nicht nur le-

sen. Alle Überlegungen verpuffen wirkungslos, wenn Sie nicht Maßnahmen daraus ableiten. Und das beste Mittel zu diesem Zweck ist, dass Sie sich Ziele setzen.
Nehmen Sie sich ein bisschen Zeit und schreiben Sie auf, was Sie in den nächsten drei Monaten erreichen wollen. Sie sollen nicht einen Geschäftsplan oder eine Jahresplanung aufstellen. Nein, probieren Sie innerhalb von 90 Tagen aus, ob mein Programm für Sie funktioniert. Diese kurze Frist, das habe ich immer wieder gesehen, genügt.
Welches Ziel würden Sie mit Ihrem Team gern erreichen? Möchten Sie die Kundenzufriedenheit steigern oder die geplante Umstrukturierung gut gelaunt überstehen? Vielleicht streben Sie nach besseren Quartalszahlen oder legen es darauf an, bei der anstehenden Planungsrunde nicht die üblichen „Keine Zeit!"-Ausrufe Ihrer Mitarbeiter zu hören. Oder Sie wünschen sich einfach, dass Sie die bisher so verhassten Leistungsbeurteilungsgespräche genießen können.
Das Ziel sollte auf jeden Fall die Gewinnsituation beeinflussen und Ihnen wirklich etwas bedeuten. Mit Hilfe dieses Buches werden Sie die Ziele leichter erreichen als früher.

Schrauben Sie Ihren Füllfederhalter auf, zücken Sie den Kugelschreiber oder spitzen Sie den Bleistift und schreiben Sie:

Innerhalb von 90 Tagen erreichen wir ...

____

____

____

____

____

____

____

Die Sache funktioniert aber nur, wenn Sie ein messbares Ziel gewählt haben. Wie erfahren Sie, dass Sie es erreicht haben? Wenn Sie diese Frage beantworten können, ist es ein richtiges Ziel. Wenn nicht, sollten Sie noch einmal nachdenken.

Eine prinzipielle Frage

Bevor wir uns in die Arbeit stürzen, gute Unternehmenszahlen mit glücklichen Mitarbeitern vereinbaren lernen, muss ich Ihnen eine indiskrete Frage stellen: Wollen Sie wirklich andere Menschen führen?

Oft genug bin ich Führungskräften begegnet, die nur deshalb verantwortungsvolle Positionen innehatten, weil sie für herausragende Leistungen belohnt werden sollten. Berufliche Anerkennung ist fast automatisch mit einem Aufstieg verknüpft, der Personalverantwortung mit sich bringt. Aber es gibt Menschen, die trotz ihrer enormen Talente keine Begabung zum Führen haben.

Nehmen wir ein Beispiel. Robert, für E-Commerce in einem Fortune-500-Unternehmen verantwortlich, gehört zu meinen verblüffendsten Klienten. Er redet schnell, geht schnell und denkt schnell (ganz nach meinem Geschmack!), den Wettbewerbern immer eine Nasenlänge voraus, immer auf einer heißen Spur, was neue Geschäftsideen betrifft. Robert verschlingt Zeitschriften wie *Fast Company* oder *Wired* und weiß alles über Internet und E-Commerce. Er sei, vertraute er mir einmal an, der Einzige in der Firma, der den Handel per Internet mit sämtlichen Implikationen wirklich verstehe. Für den CEO eines Fortune-500-Unternehmens recht prekär, wenn nur ein einziger Mann sich inhaltlich mit einem bestimmten Geschäftsfeld auskennt, aber das steht auf einem anderen Blatt. Roberts Hauptproblem waren nicht mangelnde Ergebnisse. Er legte Ergebnisse vor, ununterbrochen. Er ist ein schlechter Manager. Nicht weil er zu dumm wäre, bei seinem Talent hätte er es mühelos lernen können. Aber er wollte nicht führen, da lag der Hase im Pfeffer. Robert blüht im Kreis von Kollegen auf, die es geistig mit ihm aufnehmen und seine intellektuellen Fähigkeiten würdigen können. Aber wenn sein sprühender Witz die Menschen verschreckt, fühlt er sich – wer könnte es ihm verdenken? – nicht wohl.

Und so geschah es: Robert ging völlig in seiner Rolle als E-Commerce-Experte auf und war ständig auf Achse. Eine Woche in Singapur, eine Woche in San José, dazwischen ein Abstecher nach Boston. Seine Angestellten hatten keine Chance, die für die Geschäftstätigkeit notwendigen Kenntnisse von ihm zu lernen. Notgedrungen behalfen sie sich, so gut sie konnten, aber im Grunde blieb ihnen die Materie ein Buch mit sieben Siegeln. Bei Sitzungen schlüpfte Robert automatisch in die Rolle des Gurus und schwang große Reden. Sie können sich vorstellen, wie niederschmetternd das für die Mitarbeiter sein musste. Einerseits bewunderten sie Roberts Allwissenheit und die anspruchsvolle Vision, die er entwickelte. Andererseits gestattete er ihnen keinerlei Erfolgserlebnisse. Ob sie es ihm gesagt haben? Klar, und Robert hatte fest vor, sich zu bessern. Aber er war zu beschäftigt mit seinen Auftritten. Er saß im Flugzeug und erledigte Aufgaben, die er von Rechts wegen seinem Team hätte überlassen sollen. Die Zeit war seinem Eindruck nach zu knapp bemessen, als dass er den Mitarbeitern hätte zeigen können, wie sie seinen Erfolg vervielfachen könnten.

Der chaotische Teufelskreis kam nie zum Stillstand, weil Robert nie die Muße fand, das Personal auszubilden. Er schulte seine Mitarbeiter nicht in den Fähigkeiten, die sie für die Umsetzung der E-Commerce-Vision benötigten, und in der Folge war er gezwungen, sie via E-Mail und Telefon zu führen. Direkte Gespräche fanden kaum statt. Robert war zu sehr Experte und zu wenig Manager. Kein Wunder, dass er überarbeitet und erschöpft war und sich wie ein Hamster im Laufrad fühlte.

Als ich Robert fragte, warum er die Leitungsfunktion übernommen hatte, antwortete er: „Jen, das ist die einzige Möglichkeit, in der Firma aufzusteigen. Ich muss eine Abteilung übernehmen, wenn ich Entscheidungsgewalt und Verantwortung will. Anders kommt man hier nicht nach oben."

O je! Nichts ist schlimmer als einen Manager zu coachen, der nur der Karriere wegen Manager ist. Nach zwei Jahren fiel bei Robert endlich der Groschen: Er wollte kein Manager sein. Nicht, dass er es nicht hätte lernen können, er *wollte* es einfach nicht. Also gab er seinen sicheren Job auf und wagte den Schritt zum selbstständigen Berater. Hier war er endlich nicht mehr der halbherzig bewunderte Überflieger, sondern konnte seine Starqualitäten voll entfalten. Ich habe ihn nie glücklicher erlebt.

Ich weiß: Heimlich haben Sie auf das Märchen vom hässlichen Entlein gehofft, das sich zum stolzen Schwan mausert. Aber die Geschichten von grottenschlechten Managern, die sich als visionäre Führer entpuppen, hebe ich mir für ein andermal auf. Bei Roberts Fall wollte ich etwas anderes verdeutlichen: Nicht jeder ist zum Führen geboren. Robert sprüht nur so vor unglaublich guten Ideen, aber Menschen haben unter seiner Fuchtel nichts zu lachen. Es ist sinnlos, gegen eigene Neigungen zu handeln.

Wenn Sie Ihre Mitarbeiter zu Wahnsinnsleistungen anregen wollen, ohne sie vorzeitig im Irrenhaus abgeben zu müssen, dann sollten Sie auf Mitmenschen inspirierend wirken können und wollen. Das ist der erste Schritt: Wollen Sie das? Wollen Sie es wirklich unbedingt und unter allen Umständen?

Wollen Sie tun, was Sie tun müssen, um anregend führen zu können? Warum? Bevor Sie weiterlesen, beantworten Sie bitte diese Frage: Warum wollen Sie Menschen durch Inspiration führen? Was steht hinter diesem Wunsch?

Und wenn Sie zwei Jahre benötigen, um die Antwort herauszufinden, bitte lesen Sie nicht weiter, bevor Sie diese Frage nicht geklärt haben. Solange Sie nicht wissen, warum Sie tun, was Sie tun, bringen Sie nicht die Kraft für die nötigen Änderungen an sich selbst auf.

Das Sieben-Punkte-Programm ist brutal. Es bedeutet sehr, sehr schwere Arbeit. Und ohne einen stichhaltigen Grund, warum Sie Ihr eigenes Verhalten vollkommen in Frage stellen sollten, um mit zufriedenen Mitarbeitern die Performance zu steigern, werden Sie es nicht durchstehen.

Deswegen frage ich noch einmal: Warum wollen Sie Menschen inspirieren und dadurch führen? Beantworten Sie die Frage schriftlich:

Ich will alles Nötige tun, um Menschen durch Inspiration zu führen, weil ...

Letzte Vorbemerkung

Verwenden Sie das Buch als Arbeitsmittel. Haben Sie keine Scheu, hineinzukritzeln, Sätze anzustreichen oder durchzustreichen. Ändern Sie Ihre Meinung. Wagen Sie sich auf unbekanntes Terrain. Verunstalten Sie die Seiten. Notieren Sie hemmungslos Ihre Einfälle. Darauf kommt es an. Den Führungsstil zu ändern ist ein chaotischer und unansehnlicher Prozess. Es hilft nichts, wenn Sie diese Seiten säuberlich studieren, ohne Neues auszuprobieren. Um neue Gedanken auf Ihr Leben anzuwenden, müssen Sie aktiv werden. Wollen Sie die nötigen Schritte unternehmen, um das gewünschte Ziel zu erreichen? Wusste ich doch, dass Sie Ja sagen würden.
Schnallen Sie sich an. Es gibt viel zu tun.

KAPITEL 1

Vom Chaos zur Vernunft

Wir leben in einer anstrengenden, komplizierten Zeit. In den meisten Organisationen, ob groß oder klein, regiert das Chaos. Unternehmen implementieren über Nacht ein neues Geschäftsmodell, werfen innerhalb von 30 Tagen neue Produkte auf den Markt, tauschen binnen einer Woche Computersysteme aus, gründen kurzfristig neue Profit-Center und geben ihnen nicht mehr als eine Produktidee und ein Stoßgebet mit auf den Weg. Wettbewerber schießen wie Pilze aus dem Boden und dezimieren die Kundenbasis der Altfirmen im Markt, Start-ups revolutionieren mit Internetangeboten die traditionellen Vertriebswege und die Verbraucher und Verbraucherinnen ändern ihre Meinung von einem Tag zum andern. Vor allem in Kleinbetrieben ist das Chaos unvermeidlich, weil die notwendigen Ressourcen für die „richtigen" Abläufe fehlen und man stattdessen munter improvisiert.

Auch die Personalsituation ist unaufhörlich im Fluss. Kaum haben wir uns den Namen des zuständigen Sachbearbeiters gemerkt, wechselt der oder die Betreffende bereits zum nächsten Arbeitgeber oder innerhalb des Unternehmens in eine neue Funktion und verschwindet damit aus unserem Blickfeld.

Dieses endlose Durcheinander macht einen wahnsinnig. Kein Wunder, dass viele Menschen völlig desorientiert wirken. Schauen Sie sich beim nächsten Meeting die Gesichter genauer an. Die Teilnehmer und Teilnehmerinnen sind überarbeitet, gestresst, ausgebrannt, und das oft schon seit geraumer Zeit. Wenn die Führungskräfte nicht für ein Mindestmaß an Ordnung im täglichen Chaos sorgen, sehe ich ein echtes Problem auf uns zukommen.

Andererseits gilt: Chaos ist der Nährboden für Kreativität, und ohne Kreativität gedeiht nichts. Wenn sich die Voraussetzung für Erfolg in der modernen Wirtschaft auf einen Nenner bringen lässt, dann auf brandheiße Innovationen. Neuheit ist Trumpf. Wer im Wettbewerb bestehen will, muss sich etwas einfallen lassen und die Werbetrommel rühren, damit das Produkt ins Bewusstsein der Konsumenten dringt. Ohne ein Mindestmaß an Durcheinander, Unordnung und Beweglichkeit, ohne Freiräume, in denen Mitarbeiter den nächsten, mit etwas Glück millionenträchtigen Vorschlag entwickeln dürfen, sind tolle Ideen nicht zu haben. Übermäßige Reglementierung und starre Strukturen ersticken kreative Geister.

Trotzdem ist auch richtig: Ein Unternehmen prosperiert, wenn es Kontinuität bietet. Nur eine starke Infrastruktur trägt das notwendige Wachstum. Wer Kunden etwas zusagt, sollte die Vereinbarung auch erfüllen können, andernfalls zerstört er die eigene Geschäftsgrundlage. Dieses Phänomen können Sie bei vielen Dot-coms beobachten: Häufig fehlten einfach die entsprechenden innerbetrieblichen Routinen. Waren wurden verspätet ausgeliefert, an die falsche Adresse geschickt und so weiter. Unternehmen bewarben ihre Angebote im Netz, hatten dann aber nicht genug Kapazitäten, um die Bestellungen auszuführen und den Zahlungseingang nachzuhalten. Millionenverluste waren die Folge, und wertvolle Mitarbeiter verließen scharenweise das sinkende Schiff.

Ähnliche Vorgänge lassen sich aus dem Mobilfunksektor berichten. Ich habe während der ersten Expansionsschübe dieses Marktes bei einem Netzbetreiber gearbeitet und konnte das Phänomen aus nächster Nähe studieren. AT&T, PacTel oder Sprint ersteigerten für Millionen – nein, Milliarden – von Dollars Mobilfunklizenzen, um dabei zu sein. Wer fragte im Goldrausch schon nach Kapitalrendite?! Noch bevor die Infrastruktur und die Technologie ausgereift war, wurden Handys und Mobilfunkverträge verkauft. Und schon saß alle Welt im Auto und verhandelte per Freisprechanlage, was das Zeug hielt, und mittendrin brach die Verbindung zusammen. Der Kunde war verärgert, frustriert und verlieh seinen negativen Gefühlen mit höchstwahrscheinlich nicht druckreifen Worten Ausdruck. Trotzdem wiederholte sich das Spiel bei den digitalen Mobildiensten. Gigantische Investitionsvolumina zwangen die Unternehmen, den Endverbrauchern ihre Segnungen aufzudrängen, bevor die Technik anwenderfreundlich genug war.

Soll das etwa eine Aufforderung sein, das Tempo zu drosseln und auf ausgereifte Verfahren und Systeme zu warten? Natürlich nicht. Nur Sprints bringen in der modernen Wirtschaft Erfolg. Wer zur Langsamkeit rät, zur Gemächlichkeit, zum ökonomischen Laissez-faire, der handelt fahrlässig. Schlafwandeln bedeutet das Aus. Das Internet gestattet solche Extravaganzen nicht, nicht für jene, die an der Spitze mitmischen wollen.

Die Antwort kann allein darin liegen, im Unberechenbaren

berechenbare Rahmenbedingungen zu schaffen, die die notwendige Kreativität und Flexibilität nicht gefährden. Darin besteht letztlich die Kunst des Führens: Sich schwindelfrei auf dem schmalen Grat zwischen Chaos, Kreativität und Berechenbarkeit zu halten. Führungskräfte müssen in einer zerrissenen, diskontinuierlichen Welt fortlaufend Erfolge vorweisen. Das Geheimnis der Gewinner besteht in der Balance zwischen nur scheinbar entgegengesetzten Kräften. Ihnen gelingt es, den Widerspruch zwischen einer berechenbaren und ergebnisorientierten Arbeitsumgebung aufzuheben. Wenn auch Sie dahin gelangen wollen, müssen Sie Ihren Führungsstil ändern.

Mich ändern? Wieso?

Wenn ich „ändern" sage, dann sind damit nicht einige oberflächliche Anpassungen gemeint. Eine radikale Wandlung ist notwendig. Der Übergang von einem chaotischen, unberechenbaren zu einem strukturierten, geordneten Umfeld geschieht nicht von selbst, sondern erfordert einen Wechsel der Ebenen, eine Entwicklung zur nächsthöheren Stufe. Die meisten Menschen glauben, sich verändern hieße größer und besser werden. Als Entwicklung gilt zum Beispiel die Laufbahn vom einfachen Belegschaftsmitglied über Vorarbeiter, Abteilungsleiter, Bereichsleiter und Vorstandsmitglied bis hin zum Vorstandsvorsitzenden. Mit jeder Sprosse auf der Karriereleiter verbinden sich wachsende Entscheidungsbefugnisse und ein Prestigegewinn. Die Erfolgreichen alten Schlages nehmen fast immer wahnwitzige Arbeitsbedingungen in Kauf, frei nach dem Motto: „Wir haben schon ganz andere Dinge durchgestanden." Und denken: „Na ja, der Laden gleicht im Moment einem Irrenhaus, aber das wird sich schon noch geben."

Irrtum! Das Tempo der modernen Wirtschaft verhindert einen gemächlichen Übergang in ruhigere Fahrwasser. Dass sich innerbetriebliche Abläufe einspielen, gehört der Vergangenheit an. Was man früher dem Zahn der Zeit überlassen konnte, muss heute bewusst gestaltet werden. Sonst landet man schnell beim alten Eisen.

Seinen Führungsstil ändern heißt sein Handeln mit Blick auf die Arbeitsweise grundsätzlich zu revidieren, also alte Verhaltensregeln abzulegen und neue Maßstäbe zu akzeptieren. Dann wird aus Chaos ein aktiver, selbstbestimmter Wandel.

Aber wir sollten diesen Ausflug in die Philosophie beenden und zu konkreten Beispielen kommen. Ich erinnere mich an einen Nachmittag, an dem ich einen Gesprächskreis mit mehreren CEOs leitete. Unverhofft wurde eine unglaublich wichtige Frage gestellt: „Wie soll ich meine Mitarbeiter führen? Ich bin ein Relikt aus einem anderen Zeitalter!" Die heutigen Wirtschaftsverhältnisse bringen es mit sich, dass sich Untergebene in der Materie oft besser auskennen als die Vorgesetzten. Die Dinge ändern sich rasend schnell, kein Mensch kann sich über einen längeren Zeitraum zur Avantgarde zählen. Das Tempo ist einfach mörderisch.

Früher ergab sich der Aufstieg innerhalb von Unternehmen ganz natürlich. Man arbeitete sich in ein Gebiet ein, beherrschte es aus dem Effeff und wurde auf die nächsthöhere Position befördert, arbeitete sich ein und so weiter bis zu den höchsten Weihen des Managements. Die Laufbahn wurde geprägt von der Abfolge verschiedener durchlaufener Hierarchiestufen und den Kenntnissen, die man in den einzelnen Ebenen erwarb. Wer in Rekordzeit aufstieg, erwarb sich die neuen Fähigkeiten eben auch in Rekordzeit: Ohne das nötige Wissen gab es keine Aussicht auf weitere Beförderung.

Einer meiner Klienten, Vice-President einer herkömmlichen Produktionsfirma, hatte damit ein echtes Problem. Als ich zum ersten Mal mit Greg sprach, war er fast am Ende. Sein Personalchef (ebenfalls ein Kunde von uns) hatte ihn beim Lunch ins Gebet genommen: Er müsse die Lage in den Griff bekommen, sonst würde seine Gesundheit zum Teufel gehen. Wenige Tage später wandte sich Greg an mich, um Ergebnisse zu sehen und trotzdem wieder so etwas wie ein Leben neben der Arbeit zu haben.

Gleich zu Beginn wurde klar, dass Greg mit seinem Anspruch an sich selbst zu kämpfen hatte: Er glaubte, alles wissen zu müssen. Er wollte jede Frage zum Unternehmen beantworten können, die dem Präsidenten oder dem Generaldirektor einfallen könnte. Greg wollte sie ganz genau und mit allen Einzelheiten beantworten können. Deswegen ackerte er sich stundenlang durch Memos und E-Mails, um sich auf dem Laufenden zu halten. Der Erfolg? Die Zeit reichte nicht hinten und nicht vorne, um alles zu wissen. Er machte sich kaputt bei dem Versuch, alle Antworten parat zu haben.

Früher gehörte diese Form von Allwissenheit zum Job einer Führungskraft. Das ist Vergangenheit. Heute genügt eine mehr oder minder oberflächliche Kenntnis der Wissensbereiche, für die letztlich Ihre Mitarbeiter und Mitarbeiterinnen zuständig sind. Wer Personalverantwortung trägt, benötigt kein Expertenwissen in der Sache, sondern muss sich auf Menschenführung verstehen und die Kreativität des Teams in lukrative Bahnen lenken. Solange Sie sich nicht von überholten Ansprüchen an Ihren Kenntnisstand verabschiedet haben, wird sich die Zeitschlinge immer enger um Ihren Hals legen.

Heute widmet Greg seine Zeit der Planung und der Umsetzung von Strategien und entwirft Zukunftsszenarien für das Unternehmen. Er hält sich nicht länger mit Einzelheiten auf. Dafür hat er ja seine Leute.

Glauben Sie mir: Wenn Sie sich nicht eingestehen, dass Ihr Führungsstil auf den Prüfstand muss, werden Sie Ihr Unternehmen in den Wahnsinn treiben. Warum? Weil Sie Entscheidungen zu spät fällen. Weil Sie Mitarbeiter zu der hundertfünfunddreißigsten PowerPoint-Präsentation verdonnern, damit Ihnen auch noch der hinterletzte Vorgang im Unternehmen klar wird. Weil Sie den Untergebenen Arbeit aus der Hand nehmen und lieber selbst erledigen – Sie fühlen sich eben wohler, wenn Sie sich aktiv beteiligen statt ausschließlich im Hintergrund die Fäden zu ziehen. Weil Sie, kurz gesagt, Ihren Mitarbeitern und Mitarbeiterinnen in die Quere kommen, sich über die Marschrichtung des Unternehmens nicht wirklich im Klaren sind und mal Hü und dann wieder Hott sagen. Der richtige Fokus geht über den Jordan, denn Sie sind viel zu sehr mit der Rechtfertigung Ihrer Führungsposition beschäftigt. Und damit treiben Sie Ihre Leute während der Arbeit in den Wahnsinn.

In Wahrheit fühlen Sie sich mangels Expertenwissen fehl am Platz. Wenn Sie die Augen nur eine Minute schließen, haben Sie den Anschluss schon verpasst. Statt sich Ihre Angst einzugestehen, dass andere Sie überflügeln könnten, übertünchen Sie alles mit einem detailverliebten Führungsstil, bosseln vor sich hin und sichern Ihr Terrain mit hohen Hürden. Insgeheim sind Sie davon überzeugt, wenn Sie nur genug Informationen einholen, genug Bücher lesen oder genug Tagungen besuchen, würden Sie endlich die Nuancen verstehen, die Ihren Mitarbeitern und Mitarbeiterinnen so glatt über die Lippen gehen.

Wollen Sie wissen, was ich davon halte? Ebenso gut könnten Sie auf einen Sechser im Lotto hoffen.

Verantwortlich für das Chaos in den Betrieben und Büros sind Sie, die Führungskraft. Warum? Weil Sie offenbar glauben, mit Chaos könnten Sie in unserem technologisch avancierten Zeitalter Schritt halten. Erkennen Sie nicht, in was für einen Teufelskreis das führt? Merken Sie nicht, dass es nicht um Positionswechsel geht? Sondern dass ein ganz anderer Ansatz erforderlich ist? Die Zeit ist reif für einen neuen Führungsstil.

Wie Sie das Chaos produzieren

Bevor wir zur Veränderung des Führungsstils kommen, müssen Sie sich Ihren Anteil am täglichen Wahnsinn vergegenwärtigen. Sie machen es sich zu leicht, wenn Sie sich zurücklehnen und denken, gegen diesen Dauerbrenner sei kein Kraut gewachsen. „Jen, Sie gehen hauptsächlich auf die massiven Auswirkungen der ökonomischen Rahmenbedingungen ein“, trösten Sie sich. „Wie soll ich den Markt als Ganzes beeinflussen?“

Solche Ausreden sind schnell bei der Hand. Schieben Sie es auf den Markt, die Regierung, den scharfen Wettbewerb, was Sie wollen. Nichts als Ausreden. In einer Führungsposition stehen Ihnen so viele Möglichkeiten offen, steht so vieles in Ihrer Macht, dass Ihnen die richtige Mischung von Zufallsmomenten und Berechenbarkeit durchaus gelingen kann. Wäre es nicht schön, satte Gewinne einzufahren, ohne allen Beteiligten einen so hohen Preis abzufordern?

Ich beobachte täglich Führungskräfte, die Öl in eine ohnehin schon explosive Situation gießen. Aus dem lodernden Feuer wird ein mörderischer Brandherd. Das muss aufhören. Sofort. Als Erstes gehört Ihr eigenes Verhalten unter die Lupe. Schau-

en wir uns an, wie Sie zu dem ohnehin schon unerträglichen Chaos beitragen.
Es folgen einige der häufigsten Kardinalfehler von Führungskräften. Erkennen Sie sich wieder?

1. **Sie sind extrem flexibel und lieben neue Ideen. Probleme lässt man Ihrer Meinung nach am besten auf sich zukommen, dann ist immer noch genug Zeit für eine Lösung.**

Sehen wir uns dazu ein Beispiel an. Christine kennt sich in der Versicherungsbranche aus wie in ihrer Westentasche, eine gescheite und ausgesprochen schnell reagierende Frau. Als Chief Operating Officer trägt sie die Verantwortung für 250 Mitarbeiter und Mitarbeiterinnen und steht unter permanentem Leistungsdruck. Zu ihrer Führungsaufgabe fiel ihr spontan der sinnige Spruch ein, es sei leichter, einen Sack Flöhe zu hüten.
Als ich meine Klientin zum ersten Mal in ihrem Büro besuchte, stach mir auf Anhieb ihr dringlichstes Problem in die Augen: Christine war viel zu flexibel. Ein Coach „beschattet" seine Kunden oft während der Arbeitszeit, um sich ein Bild von der Beziehung zu ihrem Team und von ihrem Führungsstil zu machen. Durch die langjährige Arbeit mit Führungskräften habe ich gelernt, eine Situation schnell zu erfassen. Bei Christine lag auf der Hand, dass sie sich für flexibel hielt und es damit übertrieb.
Wenn eine Gruppenleiterin oder ein Gruppenleiter mit einem neuen Einfall zu ihr kam, setzte sich Christine das Kreativitätshütchen auf und diskutierte den Vorschlag in extenso. Die Besprechung endete stets mit dem Satz: „Großartige Idee, bleiben Sie dran!" Die Leiter eilten von dannen, um mit ihren Teams die Sache auszuprobieren. Christine verlangte weder eine schriftliche Ausarbeitung noch Maßnahmenkataloge, sondern vertraute darauf, dass die Gruppen mit jedem Problem fertig

würden. Infolgedessen verschliss sich die Abteilung in immer neuen Projekten, ohne je ältere, Wochen zuvor begonnene Projekte abzuschließen. In Christines Universum war jede Idee eine gute Idee.

Meine Klientin hatte verabsäumt, klare Richtlinien vorzugeben. In Ermangelung dessen entwickelten die zwölf Gruppenleiter eigene Vorstellungen. Die Aufgaben der insgesamt 250 Mitarbeiter waren nicht aufeinander abgestimmt und ihr Arbeitseinsatz verpuffte in dem allzu flexiblen Umfeld. Frustration und Irritation griffen um sich, die Arbeitsbelastung wurde durch die unzähligen neuen Ideen ins Unerträgliche gesteigert. Natürlich regierte das Chaos.

Als ich Christine diesen Zusammenhang erläuterte, zögerte sie zunächst und erwartete von den vorgeschlagenen Gegenmaßnahmen keine wesentliche Besserung. Als Vorgesetzte müsse sie ein offenes Ohr haben, fand sie, und ihr Stolz auf die vielen Projekte der Abteilung war unverkennbar. Christine genoss die quecksilbrige Atmosphäre und lobte das „gute" Chaos – trotz der daraus resultierenden 60-Stunden-Woche. Summa summarum: Sie opferte diesem unersättlichen Dämon, ohne mit der Wimper zu zucken, das Privatleben ihrer Mitarbeiter. Nicht zur Nachahmung empfohlen, wenn Sie Ihre Leute zu Wahnsinnsleistungen bringen wollen, ohne sie in den Wahnsinn zu treiben.

Allerdings setzte auch bei Christine eine gewisse Ermüdung ein. „Jeder hat seinen eigenen Kopf", klagte sie. „Der Lack ist ab. Wäre schon schön, wenn alle zur Abwechslung mal auf einer Wellenlänge funken würden."

Das ist der Weg! Grenzenlose Möglichkeiten führen zu grenzenlosem Chaos. Die Grenze zwischen Flexibilität und Ordnung ist hauchdünn, aber Christine musste in ihrer Abteilung für sehr viel straffere Strukturen sorgen, damit sich die Mitarbeiter auf ihre Aufgaben konzentrieren konnten. Gesagt – getan, und die Ergebnisse der Abteilung setzten zum Höhenflug an.

2. **Das Team stöhnt unter den Vorgaben, die ihm abverlangt werden. Der Druck ist enorm, also springen Sie im letzten Moment helfend ein.**

Nein. Halten Sie sich zurück!

Das würde ich am liebsten jedes Mal herausbrüllen, wenn ich Vorgesetzte bei Tätigkeiten beobachte, für die sie eigentlich anderen Menschen ein Gehalt bezahlen. Ist Ihnen je die Panik in den Gesichtern aufgefallen, wenn Sie mal wieder Ihren Last-Minute-Senf dazugeben? Ich garantiere Ihnen, dass sich die Angestellten in der Kaffeepause oder per E-Mail die Mäuler über Ihren Auftritt zerreißen werden. Wenn Sie Ihre Nase in Dinge stecken, in denen sie nichts zu suchen hat, verschlimmern Sie nur das Durcheinander in einer ohnehin schon angespannten Situation.

Wenn Sie wirklich sinnvoll zum Abschluss eines Projekts beitragen können und es Ihnen grässlich in den Fingern juckt, dann tun Sie, was Sie nicht lassen mögen. Aber Sie müssen hundertfünfzigprozentig sicher sein, dass Sie mit Ihrer Intervention die Arbeitslast nicht vergrößern. Vermutlich haben Sie sich nie in letzter Konsequenz überlegt, welchen Schaden Sie mit solchen Ad-hoc-Aktionen anrichten können.

Nichts verheizt Mitarbeiter effektiver, als ihnen kurz vor Torschluss in die Quere zu kommen.

3. **Wissen ist Macht, glauben Sie. Also behalten Sie Informationen für sich.**

Der Satz ist Ihnen nebst Schlussfolgerung vermutlich in Fleisch und Blut übergegangen. Dumm nur, dass er eigentlich ausgedient hat. In der „old economy“ mochte er gelten, aber heute erwächst wahre Macht aus der gewinnträchtigen Anwendung relevanter Informationen. Haben Sie das mit allen Implikationen begriffen? Informationen müssen in Umlauf gebracht werden, um sich in den Unternehmensergebnissen niederzuschlagen.

Frage: Wie können Mitarbeiter ohne die notwendigen Informationen das Richtige tun?

Ein von uns gecoachtes Unternehmen war auf der Überholspur. Auf dem rechten Fahrstreifen trifft man heutzutage oft meilenweit kein Auto, stimmt's? Das Unternehmen, an dem ich das Problem Informationsweitergabe exemplarisch studieren konnte, wurde von fünf Dickköpfen geleitet, fünf starken Persönlichkeiten – vier Männer, eine Frau –, die ihre Meinung gut vertreten konnten und mit denen ich nicht zuletzt deswegen sehr gern zusammenarbeitete. Es war eine durch ihre Verve und Intensität bemerkenswerte Truppe.

Man sollte meinen, dass starke Persönlichkeiten miteinander um den Führungsanspruch gegenüber der Belegschaft ringen würden. Aber nein, die fünf hatten voreinander so viel Respekt, dass die Machtfrage keine Rolle spielte. Und den Angestellten bleiben solche Interna meistens ohnehin verborgen.

Das Führungsquintett sah sich im Alltag vor allem mit einem ganz anderen Problem konfrontiert. Es diskutierte stundenlang, welche Informationen man an die Mitarbeiter weitergeben sollte und welche nicht. Die Fünf hatten Angst, Finanzdaten herauszugeben: Die Mitarbeiter würden womöglich blass vor Neid. Sie hatten Angst, schlechte Nachrichten publik zu machen: Die Arbeitsmoral könnte absacken. Sie hatten gewissermaßen Angst, das Licht außerhalb der Vorstandsräume anzuknipsen.

Die Führungsspitze hatte sich so in eine Verteidigungsstellung eingegraben, dass sie der Belegschaft notwendige Einzelheiten vorenthielt. Sie hortete Informationen aus Furcht, die Mitarbeiter würden sie gegen sie verwenden.

Man kann sich das Ergebnis vorstellen. Der Umsatz stagnierte, einige Geschäftsbereiche schlossen erstmalig im Minus. Schlimmer noch, die Belegschaft tappte im Dunkeln und konnte wichtige Entscheidungen nicht treffen. Stattdessen musste die Angelegenheit dem höchsten Gremium vorgetragen werden, es dauerte Wochen, bis ein Projekt offiziell abgesegnet wurde, und dann war alles furchtbar eilig und nur noch auf den letzten Drücker durchzuboxen. Chaos durch verzögerte Entscheidungen.

Vor Ort entdeckte ich, dass den Mitarbeitern verborgen blieb, wie sich ihre Tätigkeit auf die Gewinnsituation auswirkte. Deshalb setzten sie ihre Prioritäten mitunter falsch. Darunter litt der Jahresüberschuss natürlich. Durch den ungehinderten Informationsfluss erlebte das Unternehmen in knapp einem Jahr einen beachtlichen Aufschwung.

Lassen Sie mich eins klarstellen: Ich persönlich glaube nicht, dass Führungskräfte aus Machtbesessenheit Informationen zurückhalten. Meistens geben sie Daten und Nachrichten nicht oder nur unvollständig weiter, weil sie wegen der vielen anderen Aufgaben auf ihren Schultern überarbeitet, zu stark beansprucht und überlastet sind. Wenn Kommunikationsfragen Ihr persönliches Hauptproblem sind, können Sie direkt zu Kapitel 6 springen: Kommunizieren mit aller Macht. Dort finden Sie Tipps, wie Sie das Chaos, das durch ineffiziente Kommunikation verursacht wird, eindämmen.

4. **Sie reagieren lieber auf Probleme als dass Sie Schwierigkeiten aus der Welt schaffen.**

Das betrifft vor allem die Feuerwehrleute unter Ihnen. Prägen Krisensitzungen Ihren Alltag? Rennen Sie von Pontius zu Pilatus, leisten hier erste Hilfe, verhandeln dort über irgendein Problem und werden das Gefühl nicht los, Sie hätten heute wieder nichts geschafft? Werfen dauernd irgendwelche unvorhergesehene Vorfälle Ihre Planung über den Haufen und zerren an Ihren Nerven?

Wer reagiert, entscheidet nicht. Wenn wir reagieren, greifen wir auf ein vorhandenes Repertoire eingeübter Reaktionen zurück und entscheiden uns unbewusst für eine Handlungsweise. Wenn wir reagieren, handeln wir aus dem Bauch heraus. Wir denken nicht nach, was zu sagen wäre, sondern reden einfach. Reaktionen produzieren fast immer Folgeprobleme.

Wann haben Sie das letzte Mal reflexartig auf ein Problem reagiert? Wurden Sie mit einer verzwickten Personalfrage behelligt und haben das Erstbeste dazu gesagt, was Ihnen durch den Kopf schoss? Nachdem Ihre Entscheidung ausgeführt wurde, ergaben sich fünf schwer wiegende Ungereimtheiten. Sie dachten, Sie hätten das Problem gelöst, in Wirklichkeit haben Sie es vermehrt. So senken Sie die Arbeitsbelastung im Unternehmen nicht!

Die Reaktion der Unternehmensleitung paust sich durch. Alle, die den Schlamassel wieder geraderücken müssen, sind betroffen. Wenn Ihnen die Sekretärin schlechte Nachrichten mitteilt, muss sie dann Ihre schlechte Laune ertragen? Falls die Ärmste tatsächlich den Kopf dafür hinhalten muss, dann gehören Sie offenbar zu der unangenehmen Spezies Chef, die ihren Ärger an der Umgebung auslässt. Denken Sie daran: Reaktionen aus dem Bauch heraus lösen kein Probleme. Theoretisch wissen Sie natürlich, dass Ihre Sekretärin nicht Schuld ist. Aber Sie laufen lieber Amok als zuzugeben, dass eine Nachricht Sie bitter enttäuscht.

Ob Sie reagieren oder agieren, können Sie an der Häufigkeit ablesen, mit der Sie getroffene Entscheidungen revidieren.

Wenn Sie bald dieser, bald jener Variante zuneigen, dann reagieren Sie bloß – und treiben Ihre Mitarbeiter garantiert in den Wahnsinn. Versetzen Sie sich in ihre Lage. Sie erhalten Anweisungen dieses und jenes Inhalts, und noch bevor sie das richtig verarbeitet haben, ereilt sie bereits der nächste Richtungswechsel. Und der übernächste und der überübernächste. Es kostet Kraft, immer wieder abzustoppen und loszurennen. Unablässiges Reagieren führt zu einem unermesslichen Chaos in einer bereits reizüberfluteten Umgebung.

Antworten setzen Aufmerksamkeit voraus. Lösungen durch bloße Reaktion richten oft Unheil an, weil die Folgen nicht mitbedacht werden. Wer Antworten sucht, wägt mehrere Optionen gegeneinander ab und wählt die richtige. Das ist typisch für gute Führungskräfte. Merke: Agieren ist hui, reagieren pfui.

Sie denken sicher, dass Ihnen einfach die Zeit für sinnvolle Antworten fehlt. Nach unserem Training sind Führungskräfte jedoch in der Lage, ein Problem in weniger als fünf Minuten zu lösen. Wenn Sie es richtig anpacken, können auch Sie in drei Minuten drei Möglichkeiten entwickeln und daraus die sinnvollste auswählen.

Quiz: Der Chaotentest

Das Chaos im Unternehmen lässt sich auf zahllosen Wegen steigern. Könnte eine der folgenden Aussagen von Ihnen stammen?

- ☐ Sie wechseln täglich Ihre Meinung. Schließlich entwickelt sich der Markt so rapide, dass stures Geradeausgehen nicht zum Ziel führt!
- ☐ Es gibt zu viele drängende Aufgaben und zu wenig Beschäftigte, um sie abzuarbeiten.
- ☐ Sie rufen die Abteilung häufig überraschend zu Sitzungen zusammen.
- ☐ Sie ziehen Mitarbeiter von Aufgaben und Projekten ab und überlassen es den übrigen Teammitgliedern, die Lücke zu stopfen.
- ☐ Sie wollen einen Kundenwunsch erfüllen, bedenken aber die langfristigen Folgen dieser Entscheidung auf das Unternehmen und die Mitarbeiter nicht.
- ☐ Manchmal führen Sie bewusst stressige Situationen herbei. Insgeheim glauben Sie, dass Ihre Mitarbeiter dann fleißiger sind.
- ☐ Sie scheuen vor unangenehmen Entscheidungen zurück und hoffen, dass sich die Sache von selbst erledigt.
- ☐ Sie glauben, Wissen sei Macht, und halten wichtige Informationen zurück. Sie benötigen so viel Macht wie möglich.
- ☐ Sie übertragen Ihren Mitarbeitern Verantwortung, aber keine Entscheidungskompetenzen. Die behalten Sie sich selbst vor, schließlich ist das Ihr Reich.
- ☐ Sie trauen Ihren Mitarbeitern im Grunde nicht zu, dass sie den Aufgaben gewachsen sind. Deswegen greifen Sie ein, nicht immer, aber auf jeden Fall immer dann, wenn es um die Wurst geht.
- ☐ Für vorausschauende Planung sind Sie viel zu beschäftigt. Sie wissen natürlich, dass das wichtig wäre, aber irgendwie haben Sie nie die Zeit dazu.

- ☐ Sie leiden unter Versagensängsten. Deswegen setzen Sie Himmel und Hölle in Bewegung, damit Sie und Ihr Team nicht versagen.
- ☐ Sie investieren unglaublich viel Zeit in den Versuch, das Chaos zu bändigen.
- ☐ Was Ihre Mitarbeiter über das herrschende Chaosniveau denken, entzieht sich Ihrer Kenntnis. Wann sollte man sich auch noch darüber unterhalten?
- ☐ Ihre Mitarbeiter haben angedeutet, dass Sie stärker delegieren könnten, aber Sie glauben ihnen nicht.
- ☐ Sie lieben neue Ideen und wollen so viele wie möglich realisiert wissen.

Die eigentlichen Führungsaufgaben

Früher mussten Vorgesetzte ihre Untergebenen schulen und motivieren und ihnen System und Strategie vorgeben. Führungskräfte kannten sich mit dem Geschäftsgegenstand aus, konnten jede Frage beantworten, waren für alles zuständig. Heute ist das nicht mehr möglich. Wozu brauchen Angestellte unter solchen Umständen überhaupt noch Vorgesetzte? Was können Vorgesetzte ihren Mitarbeitern und Mitarbeiterinnen geben? Diese Frage stellen sich viele meiner Klienten. Wenn man ein Team leitet, das schneller, klüger und besser informiert ist als man selbst, welchen Wert steuert der Leiter oder die Leiterin dann noch bei? Wer diese Frage nicht beantworten kann, dem bleibt der Erfolg versagt.
Wir reden hier über die Verwandlung von Chaos in Berechenbarkeit, über ein, wenn man so will, vernünftiges Chaos. Ohne

unberechenbare Sprünge keine Kreativität, ohne berechenbare Strukturen kein Spaß an der Arbeit. Den aber suchen die Menschen. Sie arbeiten gern, aber sie wollen darüber nicht ihr Leben vergessen müssen. Und dabei können Sie ihnen helfen.
Man kann meiner Meinung nach sechs Bereiche nennen, die ganz in die Verantwortung der Führungskräfte fällt. Wenn Sie in diesen sechs Punkten an sich arbeiten, werden Sie Ihren Führungsstil ändern.

1. **Räumen Sie den Weg frei.**

Ab heute ist Ihre wichtigste Aufgabe die Beseitigung von Hindernissen, die sich Ihren Mitarbeitern in den Weg stellen. In Zeiten, in denen Engpässe beim intellektuellen Kapital das Wachstum ausbremsen, sorgt nur diese Einstellung für gute Zahlen.
Kommt Ihnen das bekannt vor? Könnten Sie so gehandelt haben?
Dienstagmorgen, Sie lesen gerade Ihre E-Mails. Die Tür geht auf, einer Ihrer wichtigsten Mitarbeiter steckt den Kopf ins Zimmer und sagt: „Haben Sie kurz Zeit?“
Er setzt sich hin und legt Ihnen genauestens die Probleme mit einer anderen Abteilung auseinander. Der Mann hat den Eindruck, dass seine Anfragen dort nachrangig behandelt werden, es dauere Wochen, bis er eine Antwort erhalte, klagt er und ist, milde ausgedrückt, frustriert und verärgert. Weil er in seiner Verzweiflung versucht hatte, sich die nötigen Angaben an der Abteilung vorbei zu beschaffen, hat er deren Leiter gegen sich aufgebracht.
An diesem Punkt haben Sie zwei Möglichkeiten. Sie können 1. Ihrem Mitarbeiter zeigen, wie er die Situation lösen soll, oder 2. das Hindernis selbst beseitigen. Interessante Alternative, nicht? Wenn Sie Ihrem Mitarbeiter Tipps geben, wie er den Strauß mit dem fraglichen Abteilungsleiter erfolgreich aus-

ficht, dann bürden Sie ihm eine Last neben seiner eigentlichen Arbeit auf. Ihnen ist bekannt, dass hinter dem Verdruss mehr als nur ein paar gehortete Informationen stecken. Sie glauben, der Mitarbeiter müsste mehr Stehvermögen in Konflikten lernen.
Sie können ihm das Problem aber auch abnehmen. In diesem Fall bürden Sie die Zusatzarbeit sich selbst auf, eine schwere Entscheidung, wenn Ihr Schreibtisch ohnehin schon überquillt oder Sie mit diesem Abteilungsleiter ebenfalls Schwierigkeiten haben. Verständlich, dass Sie nicht sonderlich darauf erpicht sind, die Sache ins Lot zu bringen. Die erste Möglichkeit ist für Sie die entschieden bequemere.
Die meisten Vorgesetzten würden ihren Untergebenen den schwarzen Peter zuschieben, solange die Angelegenheit nicht Dimensionen annimmt, die ein Eingreifen unabdingbar erscheinen lassen. Ziehen Sie sich diesen Schuh nicht an. Es ist an Ihnen, das Problem aus der Welt zu schaffen. Geben Sie sich nicht mit Interimslösungen zufrieden, betrachten Sie die Sache erst dann als abgeschlossen, wenn das Problem kein Problem mehr ist.
Früher konnte man sich den Luxus leisten und den Mitarbeitern und Mitarbeiterinnen die Austragung interner Streitereien überlassen. Diese Zeiten sind vorbei. Wer kurzfristig Ergebnisse erzielen will – und darauf beruht unsere moderne Wirtschaft –, muss Stehvermögen beweisen und seinen Leuten den Rücken freihalten.
Sie sind der Kanalarbeiter: Ihre Angestellten bewegen sich in einer langen Röhre und erledigen die eigentliche Arbeit. Und während die Belegschaft gleichsam die Kohle abbaut, ist es an den „höheren Tieren", jede Störung der Produktion schon im Vorfeld auszuschließen. Das ist der Beitrag von Vorgesetzten zur Wertschöpfung. Geben Sie Ihrem Team die Möglichkeit, Aufgaben hervorragend abzuarbeiten: Schaffen Sie Rahmen-

bedingungen, in denen Ihre Mitarbeiter und Mitarbeiterinnen glänzen können. Setzen Sie alles, aber auch wirklich alles daran, dass nichts diesen Glanz trübt.

Sobald Sie den Kampf gegen äußere Hindernisse den Mitgliedern des Teams selbst überlassen, winken Sie mit beiden Händen Frustrationen herein. Die Angestellten werden vom Wesentlichen abgelenkt und fühlen sich nicht nur nicht unterstützt (was sie zur Kündigung veranlassen könnte), sondern liefern auch nicht die Ergebnisse, die doch für Sie beide das A und O sind. Sie verlieren mithin auf der ganzen Linie.

Sie sollten Führen als Hindernisbeseitigung verstehen. Räumen Sie alles aus dem Weg, was Ihr Team in seiner Arbeit beeinträchtigen könnte – besser können Sie Ihre Mitarbeiter und Mitarbeiterinnen nicht motivieren.

Für unsere Klienten haben wir ein Modell entwickelt, das sich in der Praxis sehr bewährt hat – fünf Schritte hin zu einer Zusammenarbeit für traumhafte Ergebnisse und hochmotivierte Mitarbeiter (Abbildung 1.1).

Abbildung 1.1: **Widerstände durchbrechen**

Ziele

Sie erfüllen eine Ihrer wichtigsten Aufgaben, wenn Sie dem Team bei der Bestimmung der Ziele helfen. Woran arbeiten die Mitarbeiter? Worauf soll das alles hinauslaufen? Wer einen sinnvollen Beitrag zu einem Ganzen leisten soll, muss das Ganze kennen. Ist das Ziel erst einmal klar, finden die Mitarbeiter schon Mittel und Wege, um es zu erreichen.

Hindernisse

Nette Übung, bevor Sie losstürmen: Stellen Sie einen imaginären Hindernisparcours zusammen. Wo lauern unterwegs Fallen? Wo kann es brenzlig werden? Menschen neigen dazu, frühestens dann etwas zu unternehmen, wenn ihnen die Flammen schon meterhoch entgegenschlagen – im Internetzeitalter eine verheerende Taktik. Vorausschauende Leitung ist gefragt. Sie sollten Hindernisse ausräumen, noch bevor diese den Weg verstellen, und Lösungen entwickeln, noch bevor das Problem auftritt.

Maßnahmen

Ist das Ziel geklärt, werden Sie und Ihr Team mühelos die nötigen Schritte dorthin planen. Diese Schritte müssen dann jeden Tag modifiziert und der Marktlage angepasst werden. Trotzdem ist ein Maßnahmenkatalog sinnvoll: Einmal ermittelt, demonstriert er exemplarisch die Vorgehensweise.

Realisation

Frei nach Nike: Just do it. Fragen Sie nicht lange, machen Sie einfach.

Die nächste Ebene

Wenn Sie zum Sprung auf die nächste Ebene ansetzen, sind Ihre Führungsqualitäten in höchstem Maße gefragt. Sie müssen neue Strategien herauskitzeln, neue Hindernisse erkennen, die Richtung wechseln oder eine andere Maßnahme ergreifen, die der Situation eben angemessen ist. Sie bringen das System im Vorwärtsgehen auf die nächsthöhere Stufe, und gerade darin zeigt sich Ihre Klasse.

Ihr Team erledigt die eigentliche Arbeit. Sie als Führungskraft sollten den Löwenanteil Ihrer Zeit damit zubringen, ihm den Weg frei zu räumen und alles auszuschalten, was seine Produktivität einschränkt. Wer die Wünsche der Kunden schneller und besser erfüllt als die Konkurrenz, wird vom Markt belohnt. Ihren Mitarbeitern gegenüber gilt dasselbe, Sie müssen das Wettbewerbsprinzip nur auf das Binnenverhältnis übertragen.

Wenn die Mitarbeiter ihre Kräfte nicht für widrige Umstände vergeuden müssen, hat die Leitung ihren Beitrag zur Wertschöpfung geleistet. In unserer unmäßig komplizierten Welt bedeutet Führen: Vereinfachen, Spannungen abbauen und Angestellten die Bedingungen bieten, in denen brillante Leistungen möglich werden. Mitarbeiter würden sich im Kampf gegen Hindernisse aufreiben, ihnen fehlt die Zeit und sie sitzen immer am kürzeren Hebel. Eine Führungskraft hat hingegen den hier nötigen langen Arm.

MASSNAHME

Mit dem Hindernisparcours haben Sie ein Modell an der Hand, nach dem Sie Probleme nicht mehr delegieren müssen, sondern sie zu beseitigen lernen. Sprechen Sie die fünf Schritte bei der nächsten Besprechung mit Ihrer Abteilung durch. Identifizieren Sie gemeinsam mögliche Hindernisse, spüren Sie eventuelle Blockaden auf. Das ist eine tolle Sache: Probleme vermeiden, noch bevor sie auftreten. Wetten, dass Sie überrascht sein werden, wo Ihr Team die Hindernisse sieht? Und Sie wachsen in den Augen Ihrer Mitarbeiter, wenn Sie Probleme angehen, bevor sie sich auswachsen.

2. **Geben Sie Ihren Mitarbeitern und Mitarbeiterinnen eine klare Richtung vor.**

Die Beschäftigten sind nicht nur überarbeitet. Sie sind auch zu vielen Reizen ausgesetzt.

Wenn Sie schon selbst den Verdacht haben, dass das Chaos überwiegt, stellen Sie es sich hundert Mal schlimmer vor und Sie haben eine Vorstellung davon, was Ihre Leute durchmachen. Tag für Tag werden sie mit E-Mails, Memos, Faxen und Druckseiten zugetextet. Man kann kein Fachblatt aufschlagen, ohne eine Neuerung zu entdecken, die den eigenen Bereich stark beeinflussen könnte, und ein verantwortungsbewusster Mitarbeiter wird sich direkt nach den Einzelheiten erkundigen. Die Menschen werden mit technischem Schnickschnack, neuen Aufgaben, Software-Aktualisierungen, tausend Meetings, einhundertzweiundfünfzig Komitees und zahllosen Ideen bombardiert, die sie gern ausprobieren würden. Nicht zu vergessen die vielen Male, wenn Sie den Kopf in ihr Büro stecken und sagen: „Mensch, ich hab da eine ganz tolles Projekt für Sie!" Das Wort Reizüberflutung ist noch viel zu harmlos, um die Lage zu beschreiben.

Die Chaosspirale gerät außer Kontrolle, wenn die Abteilung in zu viele Richtungen ausströmt und zu viele Dinge innerhalb der Arbeitszeit erledigen soll. Was unternehmen Sie gegen diese Zersplitterung?

Dachte ich es mir doch. Nicht eben viel.

In unserer Welt ist Konzentration eine echte Qualität. Verschaffen Sie Ihrem Team einen Fokus und hören Sie auf, Aufgabe auf Aufgabe zu häufen. Ermitteln Sie lieber Chancen. Dank Ihrer Führungsposition verfügen Sie über Informationen, was im Unternehmen insgesamt vorgeht. Sie stehen mit anderen Abteilungen im regelmäßigen Austausch, Sie allein wissen in vollem Umfang, was zur Erreichung des Unternehmensziels erforderlich ist.

Wie oft haben Sie schon Ihre Leute angehalten, Projekte abzuschließen, nur um sie kurz vor Fertigstellung zu kippen? Sie wissen, worauf ich anspiele.

Mitarbeiter benötigen für ihren Bereich klare Vorgaben. Der oder die Vorgesetzte soll sich auf keinen Fall in die Arbeit selbst einmischen, wohl aber den strategischen, übergeordneten und als solchen unentbehrlichen Fingerzeig auf das Ziel geben. Ein punktgenauer Fokus und konkrete Hilfestellung, wenn es darum geht, auf Kurs zu bleiben: Das ist Ihre Aufgabe. Das Chaos lichtet sich im Handumdrehen, wenn sie wissen, was sie tun – und wie sich ihr Tun auf die GuV auswirkt.

MASSNAHME

Wenn die Konzentration für Sie und Ihr Team das eigentliche Problem darstellt, sollten Sie zu Kapitel 3 springen: Produktivitätssteigerung. Dort erwartet Sie eine großartige Methode, um die Aufmerksamkeit – und die Belegschaft – auf das Wesentliche zu konzentrieren. Ohne diese Fähigkeit sind Führungskräfte hilflos dem Mühlrad der Innovation ausgeliefert, das sich heutzutage um Ideen, Ideen und noch mal Ideen dreht. Wer die Kunst der Selbstbeschränkung nicht beherrscht, wird es nie zu etwas bringen.

3. **Konzentrieren Sie sich auf die Arbeitsbedingungen, nicht auf die Inhalte.**

Wenn Sie diesen Satz richtig anwenden, werden Sie gewaltige, positive Auswirkungen auf die Gewinnsituation des Unternehmens feststellen. Große Worte, gewiss, aber keine hohlen Versprechungen.

Sehen wir uns ein Beispiel an. Sams Führungsstil – Sie haben Sam schon in der Einleitung kennen gelernt – verfolgte in diesem Punkt das genaue Gegenteil von dem, was ich hier vorschlagen will. Weil der Vertrieb unter massivem Druck stand, in kurzer Zeit hervorragende Zahlen vorzulegen, glaubte Sam, jeden Einzelschritt kontrollieren zu müssen. Er konzentrierte sich mithin völlig auf die Inhalte.

Eines Abends bestimmte er über die Köpfe seiner Mitarbeiter hinweg, welche Artikel seiner Ansicht nach besonders gute Erfolgsaussichten hätten und deshalb im Verkaufsgespräch besonders hervorgehoben werden sollten. Sam legte auch genau fest, wie ein Verkaufsgespräch abzulaufen hatte. Wich jemand von seinen Vorstellungen ab, bekam er einen Wutanfall. Stand ein Geschäft kurz vor dem Abschluss, löcherte Sam den betreffenden Außendienstmitarbeiter so lange, bis er noch die belangloseste Reaktion des Kunden erfahren hatte. Er wurde herablassend, wenn ihn seine Untergebenen nicht in allem und jedem haarklein kopierten.

Gefragt, warum er die Arbeitsinhalte so besessen kontrollierte, antwortete Sam: „Jen, ich bin der Einzige, der etwas davon versteht. Wenn ich denen nicht dauernd Dampf mache, kommen nicht genügend Abschlüsse zusammen." Man kann nicht behaupten, dass Sam übertrieben viel Vertrauen zu seinen Leuten gehabt hätte.

Verstehen Sie nun, warum drei seiner besten Mitarbeiter kurz vor dem Börsengang das Handtuch warfen? Die wenigsten Leser dieses Buches würden wohl in einem Unternehmen bleiben, in der eine dermaßen kontrollwütige Atmosphäre herrscht.

Was hat Sam versäumt? Er hätte seinen Mitarbeitern alle Hindernisse aus dem Weg räumen müssen. Das ist der Unterschied zwischen Arbeitsbedingungen und Inhalten: Wer sich auf Inhalte konzentriert, vergräbt sich in den vielen Einzelheiten, aus denen sich Jobs nun mal zusammensetzen. Führungskräfte hingegen, die sich auf die Arbeitsbedingungen konzentrieren, vermitteln Erfolgserlebnisse und damit Spaß an der Arbeit. Ihre Mitarbeiter werden sich voll und ganz einsetzen.

Sam hat seine Lektion auf die harte Tour gelernt. Nachdem die drei Besten gekündigt hatten, setzten wir uns zusammen und übten, wie Sam seine Mitarbeiter ins Rampenlicht rücken könnte. Bald schon stellte sich heraus, dass sie Ideen hatten, auf die ihr Chef nie gekommen wäre – und die Firma prosperierte. Wenn Sam weiterhin seine Kontrollwut ausgelebt hätte, wäre das Unternehmen womöglich auf dem Friedhof für Start-ups gelandet.

Betrachten Sie sich die Trainer der Fußballclubs bei einem wichtigen Meisterschaftsspiel: Sie stehen (sitzen, gehen, schreien, stöhnen ...) am Rand des Spielfelds. Das ist modernes Führungsverhalten in Reinkultur. Die Mitarbeiter spielen sich den Ball zu und bringen ihn ins Tor. Vorgesetzte erledigen die Vorarbeit, sorgen für einen ordentlichen, bespielbaren Platz, gute Beleuchtung, Trikots, Training und bieten ihre emotionale Unterstützung an. Und dann setzen sie sich an den Rand und überlassen das Kicken der Mannschaft.

MASSNAHME

Was fehlt Ihrem Team, um die gewünschten Ergebnisse zu erreichen? Was benötigen Ihre Leute, um zum Ziel zu kommen? Legen Sie das Buch beiseite und überlegen Sie Lösungsansätze für dieses Problem. Überlassen Sie die Inhalte den Mitarbeitern. Sorgen Sie dafür, dass Ihr Team seine glänzenden Einfälle verwirklichen kann.

4. **Lenken Sie die Wahrnehmung Ihrer Mitarbeiter.**
Ich aß vor einiger Zeit mit drei Klienten zu Mittag, die eine wachstumsstarke IT-Beratungsfirma leiteten. Das kleine Unternehmen mauserte sich rasend schnell, schon stand man an der nächsten großen Schwelle. Das Trio hegte unterschiedliche Ansichten über das Chaos, und ich wollte ihre Meinungen kennen lernen.
Wir waren uns einig, dass keine Organisation ohne Chaos Kreativität und neue Ideen entwickeln kann. Natürlich steht das Chaos in einem reziproken Verhältnis zur Unternehmensgröße. Die Firma sei so klein, erklärten meine drei Klienten, dass sie auf das heillose Durcheinander nicht weiter achteten. Ihr Erfolg verdanke sich der organisatorischen Beweglichkeit, warum sollten sie auf diesen Wettbewerbsvorteil verzichten?
Dave, einer der drei, hielt Chaos für ein Wahrnehmungsproblem. Ich erzählte daraufhin die Geschichte von einem Kunden namens Charles, der in einem der ganz großen amerikanischen Unternehmen für den E-Commerce verantwortlich und von der bürokratischen Verkrustung völlig frustriert war. Als Abteilungsleiter musste er technisch auf dem neuesten Stand sein, um Neuheiten im Internet einschätzen zu können. Sein Problem: Die Speicherkapazität seines PCs gestattete kein Videostreaming. Charles füllte die betriebsinternen Bestellformulare aus, beantragte einen neuen Laptop, und es dauerte vier Monate, bis die richtigen Leute an der richtigen Stelle ihr Kürzel daruntergesetzt hatten und er endlich das Gerät bekam. Vier Monate!

Charles fand, das Unternehmen müsse den Angestellten solche Wünsche schneller erfüllen, und ich konnte ihm nur zustimmen. Aber in der Einkaufsabteilung stößt so viel Spontaneität auf eine nicht ganz unberechtigte Skepsis: Hier wird ein formelles Procedere mit geregelten Zuständigkeiten bevorzugt. Das Problem ist, denke ich, hinreichend deutlich geworden.

In Daves kleiner Firma hingegen sagt ein Mitarbeiter, dass er einen neuen Rechner benötigt. Statt Formulare auszufüllen, schickt er dem Chef eine E-Mail. Hier kann es auch vier Monate dauern, bis dem Antrag stattgegeben wird, nicht wegen der bürokratischen Entscheidungswege, sondern weil noch fünfzig andere Dinge zur Entscheidung anstehen und der wirtschaftliche Sinn der Investition geprüft werden muss.

Beide Angestellte richten eine begründete Beschaffungsanfrage an das Unternehmen, beide warten vier Monate, bis sie das Gewünschte bekommen. Der Mitarbeiter des kleinen Unternehmens lästert allerdings über das elende Chaos, das vernünftige Entscheidungen verzögert, und findet, dass das endlich verbindlich geregelt werden sollte. Der Mitarbeiter des großen Unternehmens hingegen stöhnt über die Schwerfälligkeit und fände Chaos ausgesprochen erfrischend. Derselbe Vorgang, derselbe Ausgang. Unterschiedliche Wahrnehmung. Beschäftigte nehmen gleiche Bedingungen unterschiedlich wahr. Sie haben alle ihren eigenen Kopf, und ihre Einschätzung beruht auf persönlichen Erlebnissen. Was sie Chaos nennen, muss deswegen noch lange nicht Chaos sein. An Ihnen, der Führungskraft, liegt die Entscheidung, ab welcher Dosis Chaos toxisch wirkt.

MASSNAHME

Versammeln Sie die Belegschaft in einem Raum, lassen Sie Gruppen von drei bis vier Personen bilden, verteilen Sie Flipchart und Filzschreiber und bitten Sie alle um ein Statement, wie sich ihnen das „Chaos" innerhalb der Organisation darstellt. Je detaillierter die Begründung ausfällt, desto wertvoller die Übung: Was genau kompliziert die Arbeit der Abteilung über Gebühr, wann kippt die Freude an unorthodoxen Methoden um in Verärgerung über unberechenbare Strukturen? Auf einem zweiten Blatt sollen die Angestellten Vorschläge abgeben, wie ihr Arbeitsumfeld „gesunden" könnte. Wiederum sind die einzelnen Strategien von Bedeutung. Aus diesem Pool greifen Sie einen Vorschlag auf und realisieren ihn innerhalb der nächsten Woche. Wenn Sie die Ideen Ihrer Mitarbeiter von vorneherein nicht umsetzen wollen, sollten Sie auf diese Übung verzichten.

Wenn Sie eher das umgekehrte Problem haben – zu viel Ordnung –, führen Sie die Übung unter umgekehrten Vorzeichen durch: erst Brainstorming, warum das Chaos abgelehnt und jeder zündende Funke sofort ausgetreten wird, dann Strategien vorschlagen, wie mehr Spontaneität gedeihen könnte.

5. **Stellen Sie Ihrem Team alle erforderlichen Arbeitsmittel zur Verfügung.**

Programmieren Sie Ihr Team auf Scheitern?

Das kommt häufiger vor, als Sie vielleicht denken. Meiner Erfahrung nach gehört es zu den größten Problemen, unter denen Unternehmen leiden. Zu vielen Menschen in zu vielen Positionen stehen einfach nicht die nötigen Ressourcen für eine erfolgreiche Arbeit zur Verfügung.

Kostensenkung gilt allerorten als wichtige Maßnahme. Als Unternehmerin achte ich selbst peinlich genau auf die Kapitalrendite. Der Gewinn zählt, und ich will Sie wirklich nicht vom Gegenteil überzeugen.

Trotzdem übersehen Führungskräfte oft, wenn die Mitarbeiter nicht mit allem ausgestattet sind, was sie für ihre Arbeit brauchen. Dabei rede ich nicht nur von Einschnitten im Humankapital, von dem unternehmerischen Schlankheitswahn, der mehr Lasten auf weniger Köpfe verteilen möchte. Auch bei der Sachausstattung wird oft am falschen Ende gespart.

Jamie, Vizepräsidentin eines Familienunternehmens, ist mit der PR- und Werbeagentur praktisch aufgewachsen. Angefangen hat sie im Rechnungswesen, von da stieg sie bis zum einflussreichen Mitglied der Unternehmensleitung auf.

Jamie und ich begannen unsere Zusammenarbeit mit einer Auflistung aller notwendigen Dinge, ohne die ihr Team die Blockade nicht durchbrechen konnte. Größter Einzelposten war die überlastete Datenverarbeitungsanlage, unter der alle litten. Durch die riesigen Datenbestände brach das veraltete System mindestens einmal pro Tag zusammen, die Kapazität reichte einfach nicht mehr aus.

Jamie kämpfte fast zwei Jahre um neue Rechner. Unverzeihlich lange, finde ich. Ein vernünftiger Computer kostete nicht einmal 5.000 Dollar, während das Hochfahren der Anlage nach jedem Absturz die ganze Firma eine Viertel- bis eine halbe Stunde lahm legte. Jamie hat die Zeit dokumentiert und berechnet, auf wieviel sich die dadurch verursachten finanziellen Einbußen des Unternehmens beliefen. Das aberwitzige Ergebnis: Beinahe 20 Prozent der Arbeitszeit gingen für Computerprobleme drauf.

Ich an Jamies Stelle hätte längst das Handtuch geworfen und ziehe wegen ihrer Ausdauer den Hut vor ihr. Derselbe Arbeitgeber verweigerte übrigens auch den Kontaktpersonen der Agentur ein Mobiltelefon – obwohl diese über 50 Prozent der Arbeitszeit außer Haus verbrachten.

Wann immer Mitarbeiter mit Widrigkeiten kämpfen, die sie in ihrer Arbeit behindern, haben sie nicht nur das Gefühl, dass das System gegen sie arbeitet. Es arbeitet wirklich gegen sie. Verbitterung und Unzufriedenheit sind absehbar, und solche Mitarbeiter stehen mit einem Fuß bereits vor der Tür. Jetzt müssen Sie nur noch das Durcheinander anfachen und ihnen wichtige Arbeitsmittel verweigern, und schon haben Sie die Kündigung auf dem Tisch. Früher sollten Führungskräfte die Untergebenen dazu anhalten, unabhängig von den Umständen Leistung zu bringen. Heute wird den Mitarbeitern so viel Intensität und Geschwindigkeit abverlangt, dass jede äußere Störung sich fatal auswirkt.

MASSNAHME

Jamies Idee, erst einmal aufzulisten, was die Abteilung für ihre Arbeit benötigt, ist gut und nachahmenswert. Nehmen Sie sich zwei Wochen Zeit, und schreiben Sie alles auf, was Ihnen auffällt. Ist die Liste dann vollständig, müssen die einzelnen Punkte gewichtet werden: Je höher die zu erwartende Produktivitätssteigerung, desto weiter oben sollte die betreffende Investition stehen. Sprechen Sie diese Gewichtung und den Zeitrahmen unbedingt mit den Mitarbeitern und Mitarbeiterinnen ab.

6. **Bleiben Sie sich treu.**

Wenn Sie eine chaotische Umgebung berechenbar gestalten wollen, empfehlen sich Strukturen. Nein, das gibt Ihnen nicht das Recht an die Hand, alles durchzureglementieren. Die Strukturen müssen anpassungsfähig bleiben.

Richtig, ich spreche von Gewohnheiten. Es ist nicht leicht, neue Handlungsweisen einzuführen, und noch schwerer, sie beizuhalten. Aber wenn Sie Ihren Führungsstil nicht konsequent durchziehen, wird Ihnen die Balance zwischen Chaos und Flexibilität niemals gelingen.

Sehen wir uns wieder ein Beispiel an. Vor einigen Jahren engagierte Larry einen Unternehmensberater, damit sich die Zusammenarbeit unter seinen Angestellten effizienter gestaltete. Larry ist Immobilienmakler und sah sich mit einem Grabenkrieg zwischen seinen wichtigsten Mitarbeitern konfrontiert. Für den Berater stellte sich das Problem indes anders dar: Larry nahm sich nicht die Zeit, um mit seinen Leuten vernünftig zu reden und unterstützte ihre Anstrengungen insgesamt viel zu wenig. Er rauschte in ihr Zimmer, knallte ihnen Projekte auf den Tisch, die keinen Aufschub duldeten. Keine Vorbereitungszeit. Keine Verhandlungen. Sofort abarbeiten.

Nach dem neuen System des Beraters diktierte Larry morgens, was an dem jeweiligen Tag zu tun war, und legte das Band der Sekretärin bis spätestens 8 Uhr auf den Tisch. Sie tippte das Programm ab, verteilte die Anweisungen an die Mitarbeiter, und um halb neun traf man sich zur Besprechung. Diese Regelung erlaubte intensives Arbeiten und schnelle Fortschritte, ohne dass ihnen ein Deal durch die Lappen ging.

Als Larry mich engagierte, beeindruckte mich diese tägliche, die Mitarbeiter stützende Routine sehr. Bis das System zusammenbrach. Larry fuhr für zwei Wochen in Urlaub, und nach seiner Rückkehr schafften sie es einfach nicht mehr, zu den morgendlichen Besprechungen zurückzufinden. Das Chaos hatte die Lage fest im Griff.

Larry regte sich auf, weil seine Leute wichtige Projekte vermasselten. Andererseits ließ er ihnen nicht die Zeit, die für einen erfolgreichen Abschluss nötig gewesen wäre. Und die Mitarbeiter hatten das Gefühl, rohe Eier über Stock und Stein zu fahren.

Alles kam wieder ins Lot, nachdem sie die allmorgendliche Besprechung wieder einhielten.

Jeder von uns tappt wohl in diese Falle. Trotz bester Absichten, das wöchentliche Meeting abzuhalten, kommt „etwas Wichtiges“ dazwischen, und schon sind wir aus dem Konzept gebracht. Unsere Glaubwürdigkeit ist dahin: Zwar äußern sich die Mitarbeiter und Mitarbeiterinnen während der Besprechung begeistert über die neue Idee, die wir vorgeschlagen haben, aber hinter unserem Rücken lästern sie. „Grässlich, der/die ändert wirklich alle naslang die Meinung.“

Analysiert man erfolgreiche Unternehmen, dann entpuppt sich Stetigkeit als wichtiger Erfolgsfaktor. Der Kaffee bei Starbucks duftet in jeder einzelnen Filiale gleich verführerisch, der Service ist überall freundlich. Ein Hamburger von McDonald schmeckt in Ohio genauso wie in Frankfurt am Main. Coca Cola-Flaschen sind überall bauchig und das Rot ist immer dasselbe Rot. Identität ist eine wichtige Botschaft an die Kunden. Ihre Angestellten erwarten von Ihnen dasselbe. Zweifeln Sie nie an der Macht, die Beständigkeit über Menschen hat.

Verstehen Sie mich bitte nicht falsch. Sie sollen nicht ein Korsett aus unveränderlichen Regeln aufstellen, nichts weniger als das. Gleichwohl benötigt Ihr Team einen festen Rahmen, in dem es handeln kann. Zu diesem Handlungsrahmen gehören tägliche, wöchentliche, monatliche und vierteljährliche Routinen. Man muss sich auf etwas verlassen können, wenn alles um einen herum verrückt spielt, und genau diese Beständigkeit zu schaffen, gehört zu den Aufgaben der Führungskräfte. Beständigkeit vermittelt Menschen so etwas wie einen Boden unter den Füßen, eine Sicherheit, die Ängste mildert.

Nein, Sie sollen den Tag nicht bis auf die letzte Minute durch-

planen. Das wäre ein Rückfall in die Kontrollwut. Für Struktur im Betriebsalltag sorgen bereits einige Zeitinseln, an deren Regelmäßigkeit man sich gewöhnt. Das ist der Rahmen, der die Leistungsfähigkeit von Angestellten effektiv steigert.
Gleichgültig, was sich gerade in Ihrem Terminkalender oder auf Ihrem Schreibtisch tummelt: Setzen Sie regelmäßige Mitarbeiterbesprechungen an, die immer am gleichen Ort stattfinden. Richtig verstanden: Unabhängig vom Thema der Besprechung findet sie immer zur gleichen Zeit am gleichen Ort statt. Finanzberichte erscheinen an einem bestimmten Tag im Monat. Geburtstage werden immer nach demselben Schema gefeiert, und dasselbe gilt für Beförderungen oder die Begrüßung neuer Mitarbeiter.
Führungskräfte begehen häufig den Fehler, von Termin zu Termin zu hetzen, ohne ihre Tätigkeit je zu strukturieren. Aber die Beschäftigten wollen eine ausgeruhte, ausgeglichene, gefasste Persönlichkeit an der Spitze. Die Zeiten sind verrückt genug, verrückte Führungskräfte hätten ihnen da gerade noch gefehlt. Sie wollen das Gefühl haben, dass sie sich auf ihren Chef oder ihre Chefin verlassen können. Kann man sich auf Sie verlassen?
Sie müssen diese Fixpunkte mit aller Härte verfechten und durchsetzen. Wenn Sie nicht auf der Einhaltung von Standards beharren, wer dann? Niemand sonst hat die Kompetenz dazu. Ablenkung ist der wahre Feind in unserer heutigen Zeit, ohne Beständigkeit haben Ihre Mitarbeiter nicht den Rückhalt, um mit den chaotischen Unwägbarkeiten des Alltags fertig zu werden.

MASSNAHME

Welche wiederkehrenden Strukturen braucht Ihr Team? Spielen Sie in Gedanken verschiedene Möglichkeiten durch, wie Sie

in Ihrem Verantwortungsbereich trotz des chaotischen Alltags Beständigkeit vermitteln können. Ist ein wöchentliches Abteilungstreffen das Richtige? Sollten Sie mit ausgewählten Mitarbeitern täglich zu einem bestimmten Zeitpunkt telefonieren? Oder vierteljährliche Teamsitzungen außerhalb des Büroalltags einführen? Wie wäre es mit einer neuen Idee, wie sich erreichte Ziele feiern lassen?
Entscheiden Sie sich für eine der Möglichkeiten und setzen Sie diese unmittelbar um. Welche Routinen müssen Sie einbauen, damit die Idee nicht im Sande verläuft? So mancher Sport-Coach soll im Grunde nur gewährleisten, dass man die Trainingszeiten auch einhält. Sich selbst überlassen würde man das Programm drei Mal durchziehen, spätestens beim vierten Mal kommt irgendetwas dazwischen. Zu müde, zu viel Arbeit, irgendetwas findet sich bestimmt. Es sei denn, der Trainer wartet!
Wen müssen Sie hinzuziehen, damit Sie den Ansatz auch durchhalten? Sorgen Sie für Konsequenzen, wenn Sie gegen Ihre eigene Absicht verstoßen und sich der Eingewöhnung in neue Gewohnheiten entziehen. Erst nach einiger Zeit werden sie Ihnen in Fleisch und Blut übergegangen sein.

Chaos – und was wirklich dahinter steckt

Wenn Chaos in Ihrem Unternehmen ein wichtiges Thema ist, sollte ich Ihnen endlich ein kleines Geheimnis verraten: Wahrscheinlich sind Sie ein Adrenalin-Junkie.

Nicht wenige Menschen fühlen sich lebendig, wenn sich die Dinge überstürzen. Insgeheim finden sie es wunderbar, dass die nächste Zukunft im Dunkeln liegt. Wo bricht das nächste Feuer aus, wo ist der nächste Einsatz gefragt? Wir genießen es, unsere Leute unter Volldampf zu beobachten, wir belohnen den, der die Kastanien aus dem Feuer holt, ja, wir bewundern Führer, die mit Würde durch die Flammen schreiten. Und manchmal produzieren wir das Chaos absichtlich, wollen doch mal schauen, wie der oder die mit dem Arbeitsanfall fertig wird …

Das ist eine Zeitlang schön und gut, aber früher oder später holt uns das Chaos ein. Wenn Sie fix und fertig nach Hause kommen und am liebsten um sieben Uhr abends ins Bett kriechen würden, dann ist es so weit. Sie bezahlen den Preis für die pausenlose Hektik.

Mit dem Dauertrommelfeuer zwingen Sie Ihren Leuten einen Arbeitsstil auf, der sie auslaugt. Sie riskieren es, eines Tages wie Sam dazustehen: Fassungslos, weil die Besten gekündigt haben. Wer will, wer kann unablässig unter Hochdruck schuften? Ich habe es selbst erlebt, es war nicht schön.

Gehen Sie in sich. Lieben Sie das Chaos? Wenn ja, arbeiten Sie an sich. Lassen Sie nichts unversucht – nichts! –, um Ihre Welt wieder ins Lot zu bringen.

Jeder Mensch will abends nach Hause gehen und etwas geleistet haben. Dann setzt man sich zufrieden an den Abendbrottisch. Dieses berechtigte Anliegen sollten Sie nicht für ein bisschen Herzklopfen und Spaß an der Geschwindigkeit verspielen. Ihre Mitarbeiter werden es Ihnen danken. Ich auch. Die Welt benötigt starke Führungskräfte, die im Arbeitsalltag wieder für Berechenbarkeit sorgen.

Können Sie das Chaos abschirmen?

So verheizen Sie Ihre Mitarbeiter, ...

1. Sie probieren zu viel aus. Ihre Mitarbeiter und Mitarbeiterinnen wollen aber wissen, worauf es ankommt, und dann wollen sie ungestört arbeiten.
2. Sie rücken Informationen immer nur bei Bedarf heraus. Aber wer tappt schon gern im Dunkeln?
3. Sie brechen Lösungen übers Knie, statt Probleme aus der Welt zu schaffen.
4. Sie lieben das Chaos. Mitarbeiter und Mitarbeiterinnen schätzen Lösungen und verachten Ausreden.
5. Sie haben sich der Intensität verschrieben. Was Ihnen den Kick verschafft, ödet Ihre Mitarbeiter und Mitarbeiterinnen höchstens an.
6. Sie halten fünf Zielscheiben gleichzeitig hin und wundern sich, dass niemand ins Schwarze trifft.
7. Sie verzetteln sich in Einzelheiten, statt es den Mitarbeitern und Mitarbeiterinnen zu überlassen, wie sie ihre Aufgaben erledigen.
8. Sie hätscheln Ihre eigene Vorstellung vom Chaos und sind im Grunde nicht daran interessiert, was Ihre Mitarbeiter und Mitarbeiterinnen davon halten.
9. Sie stellen Ihren Mitarbeitern und Mitarbeiterinnen nicht die notwendigen Arbeitsmittel zur Verfügung, erwarten aber trotzdem, dass die Vorgaben ohne Abstriche erfüllt werden.
10. Sie sind süchtig nach der Intensität, die in chaotischen Unternehmen herrscht. Die Mitarbeiter und Mitarbeiterinnen merken das schnell und hassen Sie dafür.

So feuern Sie Ihre Mitarbeiter an ...

1. Sie erleichtern Ihren Mitarbeitern und Mitarbeiterinnen den Job, indem Sie ihnen alle Hindernisse aus dem Weg räumen.
2. Sie sorgen dafür, dass sich Ihre Mitarbeiter und Mitarbeiterinnen auf das Wesentliche konzentrieren können.
3. Sie inszenieren ein anregendes Spiel. Besonders, wenn Ihre Mitarbeiter und Mitarbeiterinnen nach eigenen Spielregeln spielen dürfen.
4. Sie kümmern sich vorrangig um die dauerhafte Beilegung von Problemen, mit denen Ihre Mitarbeiter und Mitarbeiterinnen kämpfen.
5. Sie geben das langfristige Ziel genau vor, den Weg dorthin überlassen Sie aber Ihren Mitarbeitern und Mitarbeiterinnen.
6. Sie beherrschen die Kunst der Beschränkung. Die Ergebnisse beweisen, dass diese Rechnung aufgeht.
7. Sie stellen Ihren Mitarbeitern und Mitarbeiterinnen alles zur Verfügung, damit sie brillieren und erstklassige Arbeit leisten können.
8. Sie verstehen, was Chaos bedeutet, und halten das Stressniveau so niedrig wie möglich.
9. Sie bemühen sich, Ihre Vorliebe für das Chaos einzudämmen. Ihre Mitarbeiter und Mitarbeiterinnen werden Ihnen helfen, eine berechenbarere Arbeitsumgebung zu schaffen.
10. Sie sind berechenbar, aber keineswegs langweilig. Genau das schätzen Ihre Mitarbeiter und Mitarbeiterinnen an Ihnen besonders.

KAPITEL 2

Ehre deine Mitarbeiter!

Eine Warnung vorab: Dieses Kapitel mutet Ihnen einiges zu. Ich will mit allen Mitteln verhindern, dass Sie Ihre Mitarbeiter verheizen. Klar?

Führen bedeutet eine Gratwanderung zwischen Ergebnisorientierung und der Sorge um die Zufriedenheit der Angestellten. Damit keine Missverständnisse entstehen: Der Versuch, begabte Mitarbeiter zu halten, sollte nicht darauf hinauslaufen, sich ihrem Diktat zu unterwerfen. Man darf notwendige Maßnahmen nicht unterlassen, nur weil Herr X oder Frau Y das zum Anlass für eine Kündigung nehmen könnten. Dieses Kapitel will Ihnen zeigen, wie Sie die von Ihnen gewünschten Ergebnisse durch die Inspiration Ihrer Mitarbeiterinnen und Mitarbeiter erwirtschaften. Nicht, dass Sie sich täglich im Eiertanzen üben sollen – es geht hier um die Maximierung des Potenzials Ihrer Mitarbeiter.

Als ich das Konzept zu diesem Buch entwarf, standen die Mitarbeiter noch an sechster Stelle im Sieben-Punkte-Plan. Wie die meisten Führungskräfte bin ich eben in erster Linie ergebnisorientiert. Am Ende eines Arbeitstages (Monats, Quartals oder Jahres) will ich in meinem Unternehmen Fortschritte sehen: höhere Einnahmen, mehr Kundenzufriedenheit, hochqualifizierte Angestellte und eine bessere Gewinnsituation. Zunächst dachte ich also, wenn man Ergebnisse erzielen und die Mitarbeiter rechtzeitig in den Feierabend schicken will, dann muss man bei den Zahlen anfangen. Auf diese Weise könnte jeder zufrieden nach Hause gehen; die Arbeit wäre ja getan.

Als ich dann ungefähr in der Mitte des Manuskripts angelangt war, wurde mir klar, dass allein die erfolgreiche Zusammenarbeit der Beschäftigten die Grundlage für jedweden Fortschritt bildet. Wer nicht in der Lage ist, den Mitarbeitern eine entspannte, anregende Arbeitsatmosphäre zu schaffen, kann am Führungsstil feilen, Programm über Programm implementieren und alle möglichen und unmöglichen Klimmzüge veranstalten: Der Erfolg wird ausbleiben.

Nicht die Ergebnisse sind der maßgebliche Ausgangspunkt. Man muss bei den Mitarbeitern anfangen.

Angestellte sind keine Unternehmer

Viele Berater und Autoren raten zu dem Ansatz, Mitarbeiter wie Profisportler zu behandeln. In unserer Gesellschaft sei jeder Vertreter in eigener Sache, behaupten sie, eine Gesellschaft der Freelancer. Talente werden mit Fußballprofis verglichen: Man solle ihnen hohe Gehälter zahlen, sie ihre Arbeit tun - und gehen lassen, wenn sie wechseln wollen. Und, fast hätte ich es vergessen, mit ihren Karriereagenten verhandeln. Wenn man auf diese Autoren und Berater hört, richtet man bald schon eine Abteilung für „Career Agents Relations“ ein.

Tun Sie es lieber nicht. Mir fallen zu dem Thema „Angestellte wie Sportler behandeln“ eine ganze Reihe abschreckender Beispiele ein, Mitarbeiter, mit denen nicht gut Kirschen essen ist und die immer neue Privilegien einfordern. Vor meinem geistigen Auge spult sich unwillkürlich die Szene aus *Jerry McGuire* ab, in der Tom Cruise schreit: „Her mit der Kohle!“

Einer meiner Klienten, Gary, Vizepräsident einer wachstumsstarken Pharmafirma, hat den Sachverhalt am treffendsten ausgedrückt:

Das ist wieder so eine Idee, die sich gut verkaufen lässt, aber in der Realität kläglich scheitert. Als Leiter des IT-Bereichs war ich für mehrere hoch qualifizierte „Athleten“ verantwortlich. Gefragte Burschen, die mich gern daran erinnerten, dass andere Arbeitgeber für sie den roten Teppich ausrollen würden. Ich gewährte ihnen, wonach sie am meisten verlangten – Autonomie. Und die Verantwortung, die mit Freiheit unauflöslich verknüpft ist. Aber damit konnten sie nicht umgehen. Sie benahmen sich wie ein 20-jähriger Bengel, der sich das letzte Jahr im College schenkt, um ein paar Millionen im Profisport zu verdienen. Alles drehte sich nur um sie, was kümmerte sie der Rest der Welt?! Irgendwann habe ich sie alle miteinander vor die Tür gesetzt.

Damit will ich keine Lanze gegen das Outsourcing brechen. Nicht wenige Angestellten würden gern das Unternehmen verlassen und ihre Dienstleistung als Freie verkaufen. Ich bin selbst Unternehmerin und respektiere natürlich den Drang zur Selbstständigkeit. Nur: Den eigenen Führungsstil an den Verhältnissen im Profisport zu orientieren, ist ein ganz schlechter Ratschlag. Was ist mit Ihren Kunden, wenn Sie Mitarbeiter wie Stars behandeln? Schauen Sie sich doch an, wozu diese Allüren im Sport geführt haben. Die Fans kehren den Stadien scharenweise den Rücken. Sie haben die ganze Bande satt, haben die Nase voll von Spielern und Clubs, denen es nur noch um die Millionen in der eigenen Tasche geht. Die Sportbegeisterten vermissen die Liebe zum Spiel, und ich kenne Spieler, die genauso empfinden.

Das Phänomen lässt sich auf die Wirtschaft übertragen. Angestellte wollen ihr Unternehmen lieben, wollen Chef oder Chefin bewundern und ihr Bestes geben. Nein, nicht gleich ihr ganzes Leben, aufopfern wollen sie sich nicht. Sie wollen gute Arbeit leisten *und* ein gutes Leben führen. Die meisten Menschen sehnen sich nach der Zeit zurück, als sie sich morgens beim Aufstehen noch auf ihren Job gefreut haben. Mitarbeiter wollen sich auf ihre berufliche Tätigkeit freuen dürfen. Es ist die Aufgabe der Unternehmensführung, also Ihre Aufgabe, die Liebe zur Arbeit wieder ins Spiel zu bringen.

Wer sich für ein abhängiges Beschäftigungsverhältnis entscheidet, will sich in aller Regel nicht selbstständig machen, sondern bevorzugt die Sicherheit, die regelmäßige Gehaltsüberweisungen und ein vorgegebener Rahmen bieten. Das ist nicht mehr so ausgeprägt wie vor 20 Jahren, aber es gilt auch heute noch. Angestellte wünschen sich freundliche, Anteil nehmende, mitfühlende, anregende Vorgesetzte, die ihnen die Freude an der Arbeit erhalten. Vergessen Sie eins nicht: Wenn Ihre Mitarbeiter Unternehmer sein wollten, dann wären sie es. Es ist eine wechselseitige Abhängigkeit: Ihre Angestellten brauchen Sie, und Sie brauchen Ihre Angestellten. In einem ganz vernünftigen, gesunden Sinn. Sie sitzen in einem Boot, und Sie können Lösungen nur *gemeinsam* finden.

Führungskräfte sollten ihren Mitarbeitern Achtung erweisen. Wenn jemand den Spaß an der Arbeit zurückbringen kann, dann der Mann oder die Frau an der Spitze. Am Anfang jeder guten Zusammenarbeit steht ein Coach, und das heißt, wir müssen erst einmal herausfinden, inwiefern Sie genau das Gegenteil von dem tun, was Sie tun müssten. Wie fallen Sie Ihren Leuten in den Arm?

Verletzende Verhaltensweisen

Hier also der unangenehme Teil: Wie lange ist es her, dass Sie Ihrem Team Respekt gezollt haben? Ich meine, Ihren Leuten wirklich gezeigt haben, wie sehr Sie sie schätzen und wie viel Ihnen an ihnen liegt?

Natürlich werden Sie spontan sagen: „Jen, ich halte meine Mitarbeiter stets in Ehren.“ Aber ehrlich gesagt nehme ich Ihnen das nicht ganz ab.

Wenn die Wellen hochschlagen und Sie mit den Terminen in Verzug geraten, ist es nur zu menschlich, sich mit der „die Mitarbeiter zuerst“-Attitüde aus dem Fenster zu lehnen. Nichts liegt näher, denn im Grunde unseres Herzens glauben wir, wir könnten anschließend zur fürsorglichen Haltung zurückkehren. Wenn die Dinge nur erst wieder so laufen, wie wir wollen!

Einige Leser und Leserinnen wollen ihre Mitarbeiter respektieren, weil es sich so gehört. Sie wurden so erzogen, dass man seine Mitmenschen so behandeln soll, wie man selbst behandelt werden möchte, und versuchen sich an diese goldene Regel zu halten. Dieses Kapitel wird das Gute an Ihrem Verhalten auf eine neue Ebene heben.

Und dann gibt es die anderen, die herrischen Möchtegern-Diktatoren, die den Chef heraushängen lassen. Ich weiß, was Sie denken. Sie sind zu allem bereit, Hauptsache, die Zahlen

unter dem Strich stimmen. Mitarbeiter sind Mittel zum Zweck, und der Zweck ist das Ergebnis. Der Profit zählt mehr als die Menschen.
Das ist schon in Ordnung. Sie müssen es nicht öffentlich zugeben, nur sich selbst und mir gegenüber sollten Sie es eingestehen.

Im Alltag erlebe ich immer wieder Führungskräfte, die sich in angespannten Situationen als wahre Fieslinge aufführen. Sie rechtfertigen ihr Verhalten mit dem Ergebnis: Dieser Zweck heilige jedes Mittel. Aber genau da liegt das Problem.

Mein Team und ich sind auf das Coaching von Führungskräften spezialisiert und betreuen deswegen häufig extrem zielbewusste Vorgesetzte, Unternehmensgründer, Chief Executive Officers von wachstumsstarken Dot-coms, Geschäftsinhaber oder Bereichsleiter, die sich unbedingt bis zur Spitze vorarbeiten wollen. Allen gemeinsam ist das Streben nach Erfolg. Vorzeigbare Resultate stehen für solche Menschen an erster Stelle. Sie steigen gern in den Ring und noch lieber aufs Siegertreppchen. Sie krempeln die Ärmel hoch, tricksen das System zu ihren Gunsten aus und erreichen ihr Ziel. Der Typ, der in der Lounge am Airport noch schnell per Handy Dinge regelt und gleichzeitig etwas ins Palmtop notiert. (Der Typ, den die Stewardess dreimal auffordern muss, das Mobiltelefon während des Starts auszuschalten.)
Bei soviel Ergebnisorientiertheit bleibt die Sorge um die Mitarbeiter meist auf der Strecke. Ich hatte einmal einen Klienten, der sich ein riesiges Immobilienimperium aufbaute. Fred gründete sein Unternehmen mit Mitte 30 und erweiterte es in den nächsten 20 Jahren zu einem beachtlichen Konglomerat. Er war einer, der es aus dem Nichts zu großem Reichtum ge-

bracht hatte, die klassische Vom-Tellerwäscher-zum-Millionär-Erfolgsstory.

Es gab nur einen kleinen Schönheitsfehler: Fred war ein hundsmiserabler Unternehmensführer. Wer für ihn arbeitete, musste sich rund um die Uhr zur Verfügung halten. Er hatte überhaupt kein Problem damit, seine Angestellten am Wochenende anzurufen und geschäftliche Angelegenheiten durchzusprechen, Besprechungen am späten Abend gehörten zum Alltag. Wollte der Herr zu irgendeiner Tages- oder Nachtzeit arbeiten, erwartete er ganz selbstverständlich, dass seine engsten Mitarbeiter ebenfalls kamen. Die ständige Rufbereitschaft war ihm so wichtig, dass er eine Klingel von seinem Schreibtisch auf den seiner Sekretärin legen ließ. Die gute Frau musste, sobald er schellte, losrennen und ins Büro vom Boss stürmen. Gefragt, warum das nötig sei, antwortete er, er habe es satt gehabt, dass sie jedes Mal mit anderen schwätzte, wenn er sie via Telefon anwählte. (Ich schwöre, dass Fred das wirklich gesagt hat!)

Fred brachte seine Leute so zur Verzweiflung, dass sie mich als Coach begeistert begrüßten. Leider war ihr Chef nicht zu den notwendigen Änderungen bereit. Ihm fehlte jede Einsicht in seinen Anteil an den Problemen. So viel ich weiß, hat sich ein großer Teil seiner Mitarbeiter nach neuen Jobs umgesehen.

Betrachten Sie die folgenden sieben Fehler, wie Führungskräfte ihre Mitarbeiter zurücksetzen. Oft ist ihnen gar nicht bewusst, mit welchen unterschwelligen Signalen sie Angestellte ihre Bedeutungslosigkeit spüren lassen. Gehören Sie zu diesen Rüpeln?

1. Zwei Mitarbeiter sitzen Ihnen am Schreibtisch gegenüber. Das Telefon klingelt, Sie heben ab.

Alarmstufe Rot! Die Botschaft ist klar: Der Telefonanruf ist wichtiger als die Mitarbeiter. Es sei denn, Sie haben ihnen *vor-*

her gesagt, dass Sie einen dringenden Anruf erwarten. Sonst stellen Sie die Aufgabe über die Mitarbeiter.
Dasselbe gilt für Mobiltelefone. Wann immer Sie einen Anruf annehmen, setzen Sie Ihre Begleiter zurück, ob es nun die Ehefrau, die Kinder, die Mitarbeiter oder die Kollegen sind. Wenn Sie mit jemandem zusammen sind, seien Sie es voll und ganz. Seien Sie präsent, konzentrieren Sie sich auf das Hier und Jetzt. Den Anrufer können Sie später zurückrufen.
Es macht Ihre Leute verrückt, wenn Sie ans Telefon gehen, während sie mit Ihnen reden. Tun Sie sich einen Gefallen und schalten Sie das Handy aus.

2. **Sie kommen zu spät zu einer Besprechung.**
Einer meiner Klienten kommt immer zu spät. Zwischen uns ist es inzwischen ein Running Gag, weil ich die Psychologie des Zuspätkommens verstehe (und davon überzeugt bin, dass er letztendlich an sich arbeiten wird, um das Problem in den Griff zu bekommen.) Das Dumme ist nur, dass seine Mitarbeiter nicht verstehen, warum er das tut. Sie glauben vielmehr – und haben damit, wenn man es ganz genau nimmt, auch Recht – dass er andere Dinge in seinem Leben für wichtiger hält als ihre Angelegenheiten. Mit jedem Zuspätkommen zeigt er ihnen, dass sie ihm nicht wichtig genug sind.
Ja, ich weiß schon. Etwas Dringendes kam dazwischen. Es ist kein Thema, wenn man einmal zu spät kommt. Wenn es sich häuft, sieht die Sache schon anders aus. Man verzeiht leicht, wenn eine Person sich ab und zu verspätet, aber wenn es *immer* der Fall ist, wird es nervig. Man spürt: Da steckt etwas anderes dahinter.
Seien Sie zur Stelle, wenn Sie es zugesagt haben. Wenn es darauf ankommt, dass Sie als Erster am vereinbarten Ort sind, dann sollten Sie auch als Erster dort sein.
Es verheizt Ihre Mitarbeiter, wenn Sie ihnen durch Ihre Hand-

lungsweise zu verstehen geben, dass Ihr Leben wichtiger ist als ihres. Seien Sie pünktlich!

3. **Ein Mitarbeiter hat einen Notfall in der Familie oder fühlt sich nicht wohl. Sie wollen ja Mitleid zeigen, aber ...**

Es klingt so selbstverständlich, aber beobachten Sie Ihre Reaktion, wenn ein Mitarbeiter zum Beispiel einen Trauerfall in der Familie hat und geht. Wenn ich sage, man soll seine Leute ehren, dann meine ich keineswegs, man solle so tun als ob. Wer gut führen will, muss authentisch sein. Zu führen heißt Menschen führen, und das geht über reine Auftragserfüllung hinaus.

Ich habe das einmal selbst erlebt, mit meiner eigenen Sekretärin. In Atlanta hielt ich einen Vortrag mit PowerPoint-Präsentation. Als ich kurz vor Beginn die Unterlagen sichtete, stellte ich entsetzt fest, dass ich die falsche Präsentation dabei hatte. Die richtige lag auf meinem Computer im Büro und auf dem Laptop meiner Sekretärin. Der Vortrag sollte in zwei Stunden anfangen, 300 Menschen wollten etwas von mir hören. Ich war dringend auf die richtigen Unterlagen angewiesen.

Ich rief Susan an, sie sollte mir die Datei per E-Mail-Anhang schicken. Kein Problem eigentlich. Allerdings: Keine zwei Stunden vorher hatte ich mit ihr telefoniert, und sie sagte, es ginge ihr nicht gut, sie würde heimgehen und sich ins Bett legen. Ich war natürlich rührend besorgt und wünschte ihr gute Besserung, aber als mir das PowerPoint-Problem im Nacken saß, war es mir ehrlich gestanden gleichgültig, wie es ihr ging. Ich brauchte die verdammte Datei, und zwar plötzlich.

Sie können sich denken, was nun kommt. Ich rief im Büro an, ich versuchte es auf dem Handy und schließlich bei Susan zu Hause. Dort erreichte ich sie endlich, und zu meinem Glück hatte sie die Präsentation auf ihrem privaten PC gespeichert. Ich bekam meine Datei, aber ich musste sie davon überzeu-

gen, dass es sich um einen echten Notfall handelte. Sie schleppte sich aus dem Bett.
Würde ich heute wieder so handeln? Nein. Als ich zur Ruhe kam und mir durch den Kopf gehen ließ, was ich da angestellt hatte, schämte ich mich so sehr, dass ich bald darauf eine zweite Sekretärin einstellte. Jetzt können Susan und Julie füreinander einspringen. Die fiese Tour ist keine Lösung, meine Antwort war der Aufbau zusätzlicher Personalkapazitäten. Murphys Gesetz schlägt immer dann zu, wenn es gerade gar nicht passt.

4. **Wer Kinder hat, darf pünktlich Schluss machen, um dem Junior beim Fußballmatch zuzujubeln oder Schulveranstaltungen zu besuchen. Wer keine Familie hat, kann ruhig Überstunden schieben.**

Volltreffer? Bedenken Sie, dass Privatleben nicht unbedingt Familienleben heißt. Alle Angestellten verdienen Achtung, nicht nur jene mit Kindern. Was ist mit Singles, die einen Hund oder ein Pferd besitzen? Ich selbst habe mehrere Haustiere, Sie wären vielleicht überrascht, wie viel Arbeit und Liebe die Tiere benötigen. Unterstellen Sie nicht, dass ein Leben als Alleinstehender ein Leben ohne Privatleben ist. Die Arbeit hat nicht mehr denselben Stellenwert wie früher, und die wenigsten Menschen lassen es sich heute gefallen, wenn sie als Bürger zweiter Klasse behandelt werden.

5. **Sie versuchen, sich die Gunst Ihres Personals mit Geld zu erkaufen, zahlen höhere Gehälter, statt die Unternehmenskultur zu verbessern.**

Vor einigen Jahren coachte ich eine aussichtsreiche Führungskraft in einer großen Telekom-Gesellschaft, die mit diesem Problem konfrontiert war. Gail hatte zwei Kinder und große Schwierigkeiten, Familie und Beruf unter einen Hut zu bringen. Ihre Stelle verlangte ihr viel ab, vor allem verletzte die Vice President fortwährend Gails Recht auf Privatsphäre – die Palette reichte von abendlichen Konferenzen über Wochenend-Telefonanrufe bis hin zu Aufgaben, die Freitag übergeben bis Montag erledigt sein mussten. Gleichzeitig wurde ihr nicht mehr Personal zugestanden, obwohl die Abteilung unter Arbeit zusammenbrach. „Das Budget“ gebe nicht mehr her, hieß es.

Gefragt, warum sie nicht Nein sage und ihrerseits versuche, Druck auszuüben, zitierte Gail ihre Vorgesetzte: Bei dem Gehaltsniveau könne man erwarten, nein, werde erwartet, dass die Arbeit an erster Stelle stehe. Als gäbe ein Jahresgehalt von 100.000 Dollar der Vizepräsidentin das Recht, nach Belieben über die Zeit eines anderen Menschen zu verfügen.

Ich übte mit Gail, wie sie mit der VP über eine Reduzierung der Arbeitslast oder noch besser über eine Arbeitsumgebung sprechen könnte, die der Abteilung ein gewisses Maß an Freizeit sicherte. Statt sich mit dem Problem selbst auseinanderzusetzen, bot die Vorgesetzte Gail 20.000 Dollar Gehaltserhöhung an. Sie glaubte wohl wirklich, für so viel Geld würde sich Gail wieder vor den Karren spannen lassen und wie ein Tier für das Unternehmen schuften.

Sie können sich sicher denken, was nun geschah. Gail kündigte nach 15 Jahren Betriebszugehörigkeit und suchte sich eine Stelle mit einer gesünderen Zeiteinteilung. Meiner Meinung nach verlor die Telekom-Gesellschaft eine exzellente Mitarbeiterin, weil die Unternehmensführung für 120.000 Dollar per anno totale Hörigkeit erwartete.

Es ist ein vertrautes Muster, Sie haben es sicher selbst schon erlebt. Ein Angestellter droht mit Kündigung, weil er unzufrieden ist, also erhöht man das Gehalt, unternimmt jedoch nichts gegen den Anlass der Beschwerden. Immobilienkönig Fred glaubte fest an die Käuflichkeit von Mitarbeitern. Er zahl-

te Gehälter, die 50 Prozent über dem Branchendurchschnitt lagen, wollte aber im Gegenzug über das Leben seiner Mitarbeiter bestimmen. Andere Chefs erhöhen die Aktienoptionen und weisen auf den langfristigen Gewinn hin, der die langen Arbeitszeiten doch aufwiege. Viele Führungskräfte betrachten Geld als das geeignetste Mittel gegen Fluktuation, genauer gesagt, 89 Prozent der Personalverantwortlichen halten die Höhe des Gehalts für den Ausschlag gebenden Faktor, der Mitarbeiter an ein Unternehmen bindet. Das hat eine Erhebung der Society of Human Resources Managers ergeben.
Natürlich bleiben die so Geköderten eine Weile, um viel Geld zu verdienen. Nur - ihre innere Beteiligung geht vor die Hunde. Sie sind physisch präsent, haben aber mental abgeschaltet. Geld allein macht nicht glücklich. Fähige Führungskräfte wissen, dass Menschen etwas Dauerhafteres als das Versprechen kurzfristiger Reichtümer brauchen.

6. **Sie verpflichten Mitarbeiter zu Vergnügungsveranstaltungen am Abend oder am Wochenende.**

Manche meiner Klienten schwören auf gruppenbildende Maßnahmen an den Stränden von Hawaii, Wildwasser-Rafting in Colorado oder eine Fahrt zu den Spas von Arizona. Wenn ihre Mitarbeiter sich besser und auf persönlicher Ebene kennen würden, denken sie, würde sich die Arbeitsleistung steigern.
Ich habe nichts gegen gruppenbildende Maßnahmen. Solche Aktionen bieten mit dem Tapetenwechsel eine Gelegenheit, sich ungezwungener zu unterhalten. Mich stört nur, wenn solche Dinge außerhalb der Arbeitszeit angesetzt werden.
Ob man nun am Strand von Hawaii ist oder in einem Samstagskurs mit gruppenpsychologischen Spielchen traktiert wird, solange die Teilnahme verlangt wird, ist es Arbeit. Ist Ihnen das schon einmal zu Ohren gekommen? Das Team arbeitet. Es handelt sich nicht um Freizeit, und es macht nicht ein-

mal allen Spaß. Wenn Sie so großen Wert auf gemeinsame Aktivitäten legen, warum legen Sie diese nicht in die Woche? Oder wenn es schon ein Wochenende sein muss, gewähren Sie Ihren Mitarbeiter dann in der nächsten Woche einen Freizeitausgleich? Dachte ich es mir doch.
Es soll vorkommen, dass man andere Gesichter sehen will. Wenn man 60 Stunden die Woche zusammenhockt, können einem die lieben Kollegen schon mal auf den Wecker gehen. Auch wenn man sich im Freizeitambiente trifft: Geredet wird doch über Berufliches. Mitarbeiter wollen leben, es macht krank, auch noch die so genannte Freizeit mit Kollegen verbringen zu müssen. Ob Hawaii oder Colorado, das interessiert sie nicht. Sie wollen ausspannen, und dann drängt sich der Chef mit diesen Wochenendaktivitäten in ihr Privatleben. Was haben Sie davon, wenn Sie die Grenzen zwischen Beruf und Privatleben noch stärker verwischen?

7. **Sie lassen Bemerkungen fallen wie „Weil ich der Chef bin, darum!"**

Na, ich hoffe wirklich, dass das auf Sie nicht zutrifft ... Das ist der alte Führungsstil in diktatorischer Manier. Es treibt Mitarbeiter in den Wahnsinn, wenn Sie sich auf Ihre Stellung berufen und den Boss spielen.

Denken Sie daran: Sie leben im 21. Jahrhundert!

Verhaltensweisen, die Wertschätzung ausdrücken

Die Achtung vor den Mitarbeitern drückt sich oft eher zwischen den Zeilen aus, in der Art, wie Sie täglich auftreten, wie Sie sich an guten und weniger guten Tagen verhalten. Hier einige Tipps, wie Sie Ihre Angestellten in Ehren halten und ihnen Respekt zollen. Es hat bei meinen Klienten funktioniert, es kann auch für Sie das Richtige sein.

1. **Stellen Sie Mitarbeiter und Mitarbeiterinnen an die erste Stelle. Das Finanzergebnis ergibt sich dann fast von selbst.**
Warum sollten Sie erst an die Mitarbeiter und dann an die Resultate denken? Verdammt gute Frage. Die Antwort hängt mit dem Grund zusammen, der mich zur Umstellung des Sieben-Punkte-Plans veranlasst hat. Und deshalb lesen Sie jetzt, als zweiten Punkt, das Kapitel „Ehre deine Mitarbeiter“!
Wenn Sie die Mitarbeiter nicht zuvorkommend behandeln, werden Sie nicht Ihre gewünschten Ergebnisse erzielen. Die Bilanz fällt umso besser aus, je mehr Sie Ihr Team in Ehren halten. Menschen leisten für Vorgesetzte, die sie schätzen und respektieren, mehr als für Tyrannen.
Versetzen Sie sich in Ihre Anfangszeiten zurück. Haben Sie sich nicht ein Bein ausgerissen für Leiter, die Sie bewundert haben? Und warum? Weil Sie wollten, dass diese stolz auf Sie sein konnten, Sie anerkannten und für Ihre Erfolge lobten. Die Vorgesetzten unterstützten Sie und im Gegenzug leisteten Sie so viel wie möglich.
Eine meiner Klientinnen traf den Nagel auf den Kopf, auf den es mir hier ankommt: „Jen, wenn ich meine Chefin bei der Arbeit erlebe, werde ich richtig ehrfürchtig. Sie bringt mich

dazu, dass ich mein Bestes geben will." Und das obwohl ihr Arbeitgeber gerade eine schwierige Restrukturierung durchgeführt hatte, bei der sie von einer Traumstelle auf einen weniger prickelnden Posten versetzt worden war. Sie hätte dem Unternehmen beleidigt den Rücken zukehren können, blieb aber, weil ihre Vorgesetzte so viel Mitgefühl zeigte und meine Klientin sich deswegen nach der Decke strecken wollte.
Alle Achtung. Ich möchte, dass Ihre Mitarbeiter dasselbe über Sie sagen!

MASSNAHME

Es liegt an Ihnen, Spaß, Inspiration und Liebe zum Beruf in den Poker am Arbeitsplatz zurückzubringen. Damit Ihnen das noch in der laufenden Woche gelingt, sollen Sie sich bei jedem Gespräch mit Mitarbeitern nach deren Befinden erkundigen, etwas ansprechen, was den Mitarbeitern wichtig ist, wonach sie streben. Es ist nicht so wichtig, was Sie ansprechen, Hauptsache, Sie nehmen Ihren Mitarbeiter, Ihre Mitarbeiterin als menschliches Wesen ernst. Fragen Sie nach dem Wochenende, nach dem Hund oder ob die Fußballmannschaft des Sohnes das letzte Match für sich entscheiden konnte. Und – hören Sie sich die Antwort aufmerksam an. Viele Führungskräfte stolpern in eine Sitzung oder ein Büro und bellen ein paar Anweisungen, statt sich die Zeit für ein, wenn auch kurzes, persönliches Gespräch zu nehmen. Üben Sie in dieser Woche Achtung vor Ihren Leuten ein, indem Sie sich nach deren Befinden erkundigen.

Es macht Ihre Mitarbeiter heiß, wenn Sie an sie denken, statt direkt auf Leistung zu drängen.

2. **Hören Sie auf, Mitarbeiter zu motivieren. Finden Sie lieber heraus, was diese Menschen begeistert.**

Vor einigen Jahren war eine meine Klientinnen während einer unserer Sitzungen ziemlich verärgert und stand kurz vor dem Aufgeben. Als Führungskraft haben Sie das mit Sicherheit schon selbst erlebt. Jane haderte nicht aufgrund verfehlter Finanzziele oder irgendwelcher Serviceprobleme mit ihrem Job. Was sie auf die Palme brachte, waren ihre Mitarbeiter: „Jen, es nervt mich total. Ich versuche, die Leute zu motivieren und erreiche nur, dass sie die Augen verdrehen. Ihnen ist die Firma längst nicht so wichtig wie mir."

Klingt irgendwie vertraut, oder?

Früher oder später sieht sich jeder Leitende mit diesem Problem konfrontiert. Um die Unternehmensziele zu erreichen, müssen Sie Ihr Team auf ein ganz neues Level heben. Sie sind davon überzeugt, dass die Mitarbeiter können, was Sie von ihnen verlangen, aber alle Motivierungsversuche scheitern kläglich. Und es stimmt schon: Die Firma ist Mitarbeitern längst nicht so wichtig wie Ihnen.

Vielleicht erkennen Sie sich in Jane wieder. Führungskräfte sehen sich um, suchen nach Anreizen, um das Personal zu motivieren. Leistungsanreize sollen zu Leistungen ermuntern, also verspricht man dicke Belohnungen, wenn das Ziel verwirklicht ist. Malt Ziellinien auf den Boden, negative Konsequenzen an die Wand. Aber alle Motivierungsbemühungen zeigen keine Wirkung.

Gibt es keinen besseren Weg? Allerdings. Hören Sie auf, Mitarbeiter zu motivieren. Verlegen Sie sich auf die Macht der Inspiration.

Zwischen Motivation und Inspiration liegt ein himmelweiter Unterschied. Motivation kommt von außen, sie drückt, schiebt und zwingt Mitarbeiter in die gewünschte Richtung. Ein drohender Abgabetermin. Ein wutschnaubender Boss. Die

Angst vor den Folgen, wenn man es nicht schafft. Motiviert sein fordert einen hohen Preis. Es ist wie eine Droge. Das Gefühl trägt nicht, man benötigt in regelmäßigen Abständen einen neuen Kick, die Dosis will ständig erhöht sein. Die Führungskraft muss immer wieder zurückrennen und das Team anschieben. Sisyphos lässt grüßen. Es ist schlicht mehr als eine Person leisten kann.

Inspiration hingegen entfacht das Feuer der Leidenschaft. Sie hält uns von innen heraus in Bewegung, regt Gedanken und Gefühl an, legt uns auf ganz natürliche Weise nahe, was getan werden muss. Kein Chef muss uns dazu verdonnern, wir tun es freiwillig und aus eigenem Antrieb.

Motivation verlangt unendlich viel Anstrengung, Inspiration kennt keine mühsame Qual. Aber es stellt sich natürlich die Frage, wie man den Sprung von der Motivation zur Inspiration bewältigt. Es ist ganz einfach. Finden Sie heraus, was Ihre Mitarbeiter wirklich wollen. Nicht als Kollektiv, sondern jeder und jede Einzelne. Was macht sie heiß?

Sie sollten nun weder raten, was das sein könnte, noch davon ausgehen, dass Sie es wüssten. Finden Sie es heraus. Sprechen Sie mit Ihren Mitarbeitern unter vier Augen. Warum arbeiten sie? Was finden sie besonders spannend? Welche Errungenschaften verleihen ihnen das Gefühl, erfolgreich zu sein?

Wenn Sie erst wissen, was Ihr Team auf persönlicher Ebene antreibt, können Sie das in Inspiration ummünzen. Nicht in der Art, wie man einem Pferd die Sporen gibt oder Kühe mit elektrischen Zäunen auf der Weide hält. Erinnern Sie Ihre Mitarbeiter und Mitarbeiterinnen an das tolle Gefühl, das sich einstellt, wenn man etwas Großartiges erreicht hat.

Bei der Motivation dreht sich alles um den Chef. Aber nur wenige Menschen arbeiten 110-prozentig, um ihm einen Ge-

fallen zu tun. (Und ich hatte eingangs ja schon gesagt, dass die meisten Angestellten ihre Hochachtung vor Führungskräften verloren haben.) Bei der Inspiration hingegen geht es um Ihre Mitarbeiter.

Machen Sie sich die „Levi-Straus-Masche" zunutze. Vor einigen Jahren bot der Jeanshersteller einen neuen Service an: Maßgeschneiderte Hosen für jeden Kunden, der das wünschte. Vorbei die Zeit, in der man gezwungenermaßen vor endlosen Regalen mit x verschiedenen Schnitten stand und zehn Hosen anprobierte, nur um das Geschäft letzten Endes unverrichteter Dinge zu verlassen, weil keine passte. Übertragen Sie den Grundgedanken auf Ihre eigene Arbeit: Jeder Mitarbeiter, jede Mitarbeiterin will anders geführt werden. Nur individuell können Sie ansprechen, was die Einzelnen inspiriert, und deren Aufgabenfeld darauf abstimmen.

MASSNAHME

Setzen Sie sich noch diese Woche mit allen Mitgliedern Ihres Teams einzeln zusammen und fragen Sie, warum der oder die Betreffende arbeitet. Warum kommen sie morgens ins Büro? Was regt ihre Leistungsbereitschaft an? Hören Sie zu. Ich meine, hören Sie richtig zu. Den einen belebt die Aussicht auf bessere Verdienstmöglichkeiten. Den anderen würden flexible Arbeitszeiten freuen, wieder andere genießen ein dickes Lob für ihre Arbeit. Einige treiben Dinge an, die Sie sich nie hätten träumen lassen: Neues schaffen, als Experte gelten, täglich etwas lernen dürfen ...
Mit diesen Informationen haben Sie den Hebel für die Leis-

tungsbereitschaft der Belegschaft in der Hand. Wirklich gute Führer wissen, wie Mitarbeiter aus eigenem Antrieb Leistungen bringen. Nicht Druck und Drohungen führen zum Ziel, sondern das Wissen um das, was diese Menschen innerlich berührt.
Haben Sie das erfasst? Inspirieren Sie Ihre Leute, indem Sie deren Wünsche entdecken. Glauben Sie nicht, Sie wüssten schon, was die wollen. Begeisterung hängt nicht von Ihnen ab, sondern von Ihren Mitarbeitern.

Jane steigerte mit diesem Ansatz die Leistungen Ihres Teams innerhalb von zwölf Monaten um 50 Prozent. Sie haben richtig gehört: 50 Prozent. Die Methode funktioniert.
Sie feuern Ihre Leute an, wenn Sie mit dem Motivieren aufhören und sie stattdessen inspirieren.

3. **Behandeln Sie Mitarbeiter wie Geschäftspartner. Es sind Ihre Geschäftspartner.**

Denken Sie daran, dass der moderne Arbeitnehmer mit den Untergebenen alten Schlages nicht mehr viel gemein hat. Heutige Mitarbeiter haben einen wachen ausgeprägten Unternehmergeist, und das sollten Sie honorieren, indem Sie sie wie Geschäftspartner behandeln. Angestellte arbeiten nicht mehr für Sie, sondern *mit* Ihnen. Das ist ein gewaltiger Unterschied. Lassen Sie es mich am konkreten Beispiel erklären. Jack, 55 Jahre, ein weißer US-Bürger, sieht auf den ersten Blick wie all die anderen weißen Führungskräfte in seinem Alter aus. Und die längste Zeit verhielt er sich auch so. Er fährt einen schwarzen Mercedes, sein Büro liegt im obersten Stockwerk des Firmensitzes und ist mit dunklem Mahagoni eingerichtet. Drei Sekretärinnen arbeiten nur für ihn. Stufe für Stufe erklomm

Jack die Karriereleiter, indem er Befehle bellte und in bewährt diktatorischer Manier auf die Angst als Leistungserzwingungsmittel setzte.
Eine Zeitlang klappte das problemlos. Aber dann übernahm er die Leitung des IT-Bereichs.
Sein Führungsstil griff nicht mehr. Jack kommandierte, die Techniker murmelten verächtliche Kommentare. Jack drohte mit Entlassung, die begehrten Fachkräfte zuckten mit den Achseln und wechselten auf besser dotierte Stellen in anderen Unternehmen. Zum ersten Mal in seinem Leben versagte Jacks Führungsstil. Er verzweifelte, als die Fluktuation die 50-Prozent-Marke erreichte.
Zu diesem Zeitpunkt wurde ich als Coach engagiert. Jack kann sehr nett sein – wenn er will. Schon immer hatte er es fabelhaft verstanden, zu Lieferanten ausgezeichnete Geschäftsbeziehungen zu knüpfen. Er weiß, wie man strategische Allianzen einfädelt und langfristige Bindungen aufbaut zum gegenseitigen Nutzen für alle Beteiligten. Meine Frage: Warum nutzte er diese Fähigkeiten nicht bei seinen Mitarbeitern? Seine Antwort: Mitarbeiter sind doch keine Lieferanten. Sie arbeiteten für ihn, also waren sie auch anders zu behandeln als Lieferanten.
Und genau das war Jacks wunder Punkt: Seine Mitarbeiter nahmen diese Einstellung nicht hin.
Also arbeiteten wir in unseren Sitzungen an Jacks Einstellung – er änderte mit meiner Unterstützung seine Haltung gegenüber den Angestellten, sah in ihnen nicht länger ausführende Organe seiner Befehle, sondern Partner. Dadurch wandelte sich das Verhältnis grundlegend: Die Kommunikation verläuft ganz anders, wenn man Angestellte als Partner begreift. Man hat andere Gemeinsamkeiten, die Inspiration läuft anders, die Anerkennung gestaltet sich anders. Jack benötigte die Leistungen seiner Mitarbeiter ebenso dringend wie sie ihn als Füh-

rungskraft benötigten. Aber zum Guten wendeten sich die Dinge erst, nachdem er sich den Befehlston abgewöhnte und ein partnerschaftliches Verhältnis anstrebte.
Jacks Geschichte ist eine Erfolgsgeschichte. Nach dem ersten Jahr unserer Zusammenarbeit hatte er den Mitarbeiter-Exodus gestoppt und baute ein Team auf, das ihn so sehr bewunderte wie er dessen Mitglieder bewunderte. Möglich war das nur, weil er für sich neu definiert hatte, welche Rolle sie in seinem Leben spielten.

MASSNAHME

Was können Sie in dieser Woche ändern, um Ihre Angestellten wie Geschäftspartner zu behandeln? Nehmen Sie sich ein paar Minuten zum Nachdenken. Ist es an der Zeit, ihnen Finanzdaten offen zu legen? Sollten Sie ihnen grundsätzlich erläutern, in welche Richtung sich das Geschäft entwickelt und an welchen Punkten ihre Hilfe dringend nötig ist? Sollten Sie die Meinung Ihrer Mitarbeiter einholen und sich erst anschließend Ihre eigene Meinung bilden? Ändern Sie noch diese Woche in einem wichtigen Punkt Ihr Verhalten und würdigen Sie Ihre Angestellten als Partner, ohne die Sie die langfristigen Unternehmensziele nicht erreichen würden.

4. Seien Sie fürsorglich, mitfühlend und hilfsbereit.

Kürzlich konnte ich eine unglaubliche Führungskraft bei der Arbeit beobachten, die Erfahrung bewegt mich noch immer. Ich saß im Flugzeug von Dallas nach Atlanta während einer einwöchigen Geschäftsreise. Es war Abend, die Passagiere auf dem Weg nach Hause, abgespannt und müde. Ich vertiefte mich gerade in eine Zeitschrift, die ich seit vier Tagen mit mir herumschleppte, als ein Mann aus der ersten Klasse zu der Frau im Sitz vor mir kam.

Er mochte 35 Jahre alt sein und hatte eine sehr behutsame Art. Das Mobiltelefon am Gürtel, das Headset in der Hand – man sah ihm an, dass er viel um die Ohren hatte, aber man merkte es nicht an seinem Auftreten.

Die Frau war, wie sich herausstellte, seine Mitarbeiterin, und er erkundigte sich, wie sie vom Flughafen nach Hause kommen würde. Ihr Mann würde sie abholen, antwortete sie.

Seine Reaktion war so toll, dass ich meine Lektüre unterbrach und ihnen zuhörte. „Ich kann Sie doch mitnehmen", sagte er, „ich habe in Atlanta einen Mietwagen bestellt, dann muss sich Ihr Mann nicht durch den Berufsverkehr quälen. Sie haben so hart für mich gearbeitet, es ist das Mindeste, was ich für Sie tun kann."

Anschließend fragte er, ob sie ihr Handy dabeihabe, und rief, da dessen Batterie leer war, sofort von seinem Handy aus ihren Mann an. Wenn Sie ihr Gesicht hätten sehen können! Er behandelte sie wie eine Königin, sie war gerührt von seiner Zuvorkommenheit. Und ich auch.

Wann haben Sie zum letzten Mal einen so großmütigen und höflichen Leiter erlebt? Der Mann dachte nicht nur an sich und das Geschäft, sondern auch an die Belange seiner Mitarbeiterin. Er hat für diese liebenswürdige Geste seinen Sitz in der ersten Klasse verlassen, dazu war er nun wirklich nicht verpflichtet. Wahrscheinlich dauerte die Heimfahrt für ihn dadurch länger, aber das schien ihn nicht zu stören. Natürlich weiß ich nicht, ob sie einen großen Außenstand eingetrieben oder der Firma einen wichtigen Kunden erhalten hatte. Aber ich weiß, dass sich dieser Mann wirklich um seine Leute kümmert.

Es ist eins, über Fürsorge zu reden, ein anderes, fürsorglich zu sein. Wann haben Sie zum letzten Mal einem Ihrer Mitarbeiter außer der Reihe geholfen? Oje, ich weiß, schon ziemlich lange her. Das ist das eigentliche Problem in unserer verrückten, schnelllebigen Welt. Wir vergessen einfach, Menschen unsere Hochachtung und Anerkennung zu zeigen. Wir denken nicht daran, dieses bisschen Energie zu investieren.

Mir selbst ist das leider unzählige Male passiert. Manchmal bin ich so fixiert darauf, eine Aufgabe zu delegieren, dass ich den jeweiligen Mitarbeiter nicht nach seinem Befinden frage, sondern stattdessen direkt das Projekt erläutere. (Kommen Sie schon, Sie können ruhig zugeben, dass Ihnen das auch schon unterlaufen ist.) Manchmal ist mein Kalender so mit Terminen gespickt, dass ich Unterhaltungen mitten im Satz unterbreche und zur nächsten Verabredung enteile. (Könnte Ihnen nicht passieren, wie?) Oder ich vergesse, mich für gute Arbeit zu bedanken oder als Zeichen meiner Wertschätzung eine nette Kleinigkeit zu verschenken, einfach, weil meine Gedanken schon wieder beim nächsten Projekt sind. (Klingt vertraut?)

Wissen Sie, dieses Phänomen tritt in langjährigen Ehen ebenso auf wie am Arbeitsplatz. Wenn man Tag für Tag zusammen ist, nimmt man die Leistungen des anderen leicht als selbstverständlich hin und denkt, man könne das ja nachholen, wenn die Hektik nachlässt. Und plötzlich kündigen sie und man fragt sich verdutzt, warum.

Der Mann in dem Flugzeug nach Atlanta hat mich daran erinnert, wie mächtig eine freundliche Geste sein kann. Gerade die kleinen Dinge wiegen schwer, und fast immer scheitern wir an eben diesen Kleinigkeiten.

Noch ein Aspekt: Ich erwähnte diese Geschichte in einer Rede vor Führungskräften. Die Personalverantwortliche kam hinterher zu mir und sagte, dass der Mann wegen sexueller Belästigung belangt werden könnte, wenn man diese Art von Nettigkeit fortspinne. Sie hatte die Situation selbst nicht miterlebt,

und ich fand ihren Kommentar unangemessen. Aber ist es nicht schlimm, dass wir uns heute auch noch mit solchen Dingen herumschlagen müssen?
Ich erwähne das nur, weil man in unserer prozesswütigen Zeit extrem vorsichtig sein muss. Lassen Sie sich nicht von freundlichen Gesten abhalten, behandeln Sie Ihre Mitarbeiter zuvorkommend, aber bringen Sie sich nicht in kompromittierende Situationen.

MASSNAHME

Überlegen Sie sich in den nächsten Tagen, wie Sie die einzelnen Mitglieder Ihres Teams erfreuen können, auch wenn es sich um kleine Gesten handelt: Halten Sie die Tür auf, wenn jemand beide Hände voll hat. Sie könnten länger bleiben und bei der großen Mailing-Aktion helfen oder für Gemüselieferungen frei Haus sorgen, weil die Mitarbeiter bis spät in die Nacht an einem eiligen Projekt arbeiten. Probieren Sie eine freundliche Geste aus und beobachten Sie die Reaktion. Ihre Angestellten werden entweder gerührt oder geschockt sein und sich fragen, was Sie damit bezwecken. Beides sind Schritte in die richtige Richtung.

Sie feuern Ihre Mitarbeiter an, wenn Sie ihnen freundlich die Hand reichen.

5. **Feiern Sie Erfolge der Mitarbeiter ausgiebig.**
Al und JoAnn zu coachen, war mir ein großes Vergnügen. Beide sind wunderbare Führungskräfte, die in einer wachstumsstarken Internetfirma (die zu den Überlebenden gehört) eine neue Abteilung aufbauten. Wie bei jeder Neugründung hatten

sie mit zahllosen Widrigkeiten zu kämpfen, darunter nicht zuletzt dem enormen Druck von der Geschäftsleitung, die Umsatzzahlen mit Blick auf den ein Jahr später geplanten Börsengang zu steigern. Al und JoAnn nahmen die Herausforderung an, sie rissen sich ein Bein aus – und heizten ihren Mitarbeitern kräftig ein.

Viele Sachen liefen schief, vieles lief auch gut. Am Ende eines besonders erstaunlichen Quartals – der Umsatz lag 180 Prozent über der Vorgabe – beschlossen Al und JoAnn, dieser Erfolg müsse gefeiert werden. Sie warfen sich in Schale und gingen ins Büro.

Das Team war über das ganze Land verteilt, die Mitglieder saßen in verschiedenen Städten, aber jeder erhielt per Post eine Flasche Champagner. Bei einer Konferenzschaltung ließen sie gemeinschaftlich die Korken knallen und stießen virtuell auf ihren Erfolg an. Mit dem Champagner wurde ein Gutschein für ein Nobelrestaurant in der jeweiligen Stadt verschickt und dort für den Abend ein Tisch für zwei Personen reserviert: Die Mitarbeiter durften einen Gast zum Essen mitbringen. Ja, jeder Angestellte war zu einem edlen Dinner an seinem Wohnort eingeladen. Nicht einfach bei 14 verschiedenen Städten, war es einen solchen Aufwand wert? Ich würde sagen: Unbedingt.

Nichts vermittelt stärker das Gefühl von Erfolg, als in festlicher Kleidung Champagner zu trinken. Al und JoAnn können nicht nur zupacken, sie können auch feiern (wenn sie es sich zugestehen). Manchmal konzentrieren sie sich so sehr auf die Unternehmensziele, dass sie vergessen, Errungenschaften zu genießen. Dieses Mal haben sie das Fest gefeiert, wie es fiel. Mit gutem Grund.

Wann haben Sie das letzte Mal mit Ihrer Abteilung gefeiert? Wann haben Sie zum letzten Mal diejenigen ausgezeichnet, die sich besonders stark einbringen?

Oder, auf den Punkt gebracht: Warum feiern Sie nicht häufiger?
Oft nehmen Führungskräfte die Erfüllung von Zielen wie selbstverständlich hin. Es wirkt, als würden sie all die Mühe auf dem Weg dahin vergessen. Sie sind bereits bei der nächsten Herausforderung. Das ist die Art, wie Führungskräfte mit Herausforderungen umgehen. Aber Sie sollten Ihre Mitarbeiter nicht vergessen.
Menschen müssen Erfolge feiern dürfen. Wenn eine Football-Mannschaft den Pokal holt, steigt eine Riesenparty. Feiern Sie mit Ihrer Abteilung. Es gibt nichts Schlimmeres, als für einen Boss zu arbeiten, der nur kritisiert und nie lobt. Der immer nur das Schlechte und nie das Gute sieht. Feste sind Erfüllung, und erfüllte Mitarbeiter sind bereit für den nächsten Kampf – auf zum nächsten Ziel.

MASSNAHME

Was können Sie unternehmen, damit Ihr Team seine Erfolge genießt? Notieren Sie sich 25 Möglichkeiten, mit der Abteilung zu feiern. Nehmen Sie sich einen Block Papier und schreiben 25 Ideen auf, um Begeisterung für gut erledigte Aufgaben zu schaffen. Noch besser: Fragen Sie bei der nächsten Besprechung Ihre Mitarbeiter, was ihnen dazu einfällt.

Sie feuern Ihre Mitarbeiter an, wenn Sie ihre Errungenschaften feiern. So viel Zeit muss sein.

6. **Ringen Sie Ihr Kontrollbedürfnis nieder.**

Kontrollwut hat Vorteile. Zugegeben nicht für die Menschen in Ihrem Umkreis, wohl aber für Sie selbst. Viele Kontrollwütige – unter meinen Klienten sind nicht wenige Vertreter dieser

Spezies – haben in ihrem Leben ungeheuer viel erreicht. Kontrollwütige werden oft bewundert, eben weil sie so erstaunliche Dinge meistern. Sie erkennen mitten in der Krise die Chance, reißen das Ruder herum und vollbringen wahre Wunder. Ihnen fällt die Heldenpose leicht, ihre Leistungskraft erlahmt nicht.

Stimmt, Kontrollfreaks sorgen für Ergebnisse, aber bei dem steten Leistungsdruck kommt irgendwann der Punkt, an dem Kontrolle versagt. Eine meiner Klientinnen, Jane, hatte den Sprung zur Abteilungsleiterin in einem wachstumsstarken Unternehmen geschafft. Plötzlich war sie nicht mehr nur für Sachleistungen verantwortlich, sondern trug auch Personalverantwortung. Jane fand schnell heraus, dass sie sich und ihre Arbeit im Griff hatte, nicht jedoch ihre Mitarbeiter. Jedenfalls nicht im wahren Sinne des Wortes.

Jane machte sich das Leben selbst schwer. In einem Quartal sollte ihre Abteilung den Umsatz um einen absurd hohen Prozentsatz steigern. Nicht weil die Firma die Zahlen in so kurzer Frist wirklich benötigt hätte, Jane wollte dem CEO vielmehr beweisen, wie perfekt sie ihre neue Rolle ausfüllte. Sie selbst hatte die Latte so hoch gelegt. Zum ersten Mal trug sie Führungsverantwortung.

Janes Team war noch nicht komplett und die bereits eingestellten Personen noch nicht ausreichend geschult. Aber der Druck war da. Statt vernünftige Termine auszuhandeln, holte Jane die nötigen Abschlüsse persönlich herein. Sie erledigte *fast die ganze Arbeit alleine.* Sagte praktisch alles ab, was nicht unmittelbar mit der Gewinnung von Neukunden zusammenhing. Legte sich drei Monate lang in die Riemen. Wie alle Kontrollfreaks vollbrachte sie das Wunder. Sie erreichte die absurd hohe Umsatzsteigerung, bezahlte aber einen hohen Preis: miserables Betriebsklima, hohe Fluktuation und das bittere Gefühl, dass es so nicht weitergehen konnte.

Als wir im Nachhinein über die Sache sprachen, erklärte ich Jane den Zusammenhang zwischen ihrer Kontrollwut und ihrem Versagen beim Aufbau eines guten Teams. Sie fragte mich: „Was ist gegen Kontrollwut einzuwenden? Ich habe das Ziel erreicht, oder?“ Eine ziemlich normale Reaktion, denn Kontrolle verleiht uns das Gefühl von Macht und Erfolg.

Man verlässt sich auf die eigenen Fähigkeiten, ist sich sicher, dass man notfalls ein Kaninchen aus dem Hut zaubern kann. Das kann man natürlich nur von sich selbst erwarten, von niemandem sonst, also bleibt letztlich auch alles an einem selbst hängen. Man hat gelernt, das Spiel so auszurichten, dass man es gewinnt, und dieser Handlungsweise verdankt man seinen gegenwärtigen Erfolg. Man gewinnt. Warum sollte man das aufgeben? Janes Einwand traf ins Schwarze.

Als genesender Kontrollfreak verstand ich sie nur zu gut. Aber wenn wir ausschließlich auf Kontrolle setzen, schwindet alle Freude aus dem Leben. Wie können wir unter dieser Last der Verantwortungs noch fröhlich sein? Wie können wir für fünf arbeiten und trotzdem glücklich sein? Wo sollen wir die Erfüllung hernehmen, wenn wir uns unablässig abplacken und uns nicht einmal die Zeit gönnen, zufrieden die Füße hochzulegen?

Aber den wahren Kontrollfreak interessieren Ergebnisse mehr als Freude. Das Betriebsergebnis erkennt er als einziges Zeichen des Erfolges an, daneben lässt er nichts gelten. Aber was uns an den Punkt brachte, an dem wir heute stehen, wird uns nicht zu dem Punkt bringen, den wir noch erreichen wollen. Haben Sie das verstanden? Wenn man in Führungspositionen Ergebnisse erzielen will, muss man seine Kontrollwut bändigen.

Denken Sie aus einer anderen Warte darüber nach. Sie gehören zu den Menschen, die ganz selbstverständlich gute Leistungen bringen. Macht es Ihnen Spaß, für einen Kontrollfreak zu arbeiten? Inspiriert Sie ein Chef, der Ihnen alles haarklein vorschreibt? Nein, sicher nicht. Nun, Ihre Mitarbeiter empfinden wie Sie. Wenn Sie nicht lernen, Ihre Kontrollwut zu unterdrücken, laufen Ihnen gerade die Leistungswilligen davon, und Sie können Ihre angestrebten Ergebnisse abschreiben. Das Team wird Ihre Bemühungen bewusst sabotieren, um Ihnen eins auszuwischen. Schlimmer noch: Für den Rest Ihres Lebens tragen Sie die ganze Verantwortung. Aber tief drinnen wünscht sich jeder Kontrollfreak, dass ihm jemand beisteht und hilft.

Geben Sie Ihrem Herz einen Stoß und verabschieden Sie sich von diesem verdammten Ego. Es geht Sie schwer an, ich weiß, aber es ist notwendig. Solange Ihr Ego querschießt, glauben Sie, niemand könnte es so gut wie Sie, genau genommen verstehe niemand außer Ihnen etwas davon ... Lassen Sie die Luft raus: Da spricht Ihr aufgeblasenes Ego. Wenn Sie Ihr Ego nicht in die Wüste schicken, schaffen Sie den Absprung vom Kontrolltrip nie. Sie werden nie eine starke, mächtige Führungspersönlichkeit entwickeln, wenn Sie Ihre Antworten für die einzig akzeptablen halten. In Wahrheit sitzen unter Ihren Mitarbeitern Menschen, die eine oder zwei coole Ideen haben, mit denen der Umsatz in die Höhe schnellen würde – wenn Sie nur zuhören wollten. In der modernen Wirtschaft wissen die Angestellten in der Regel mehr als die Vorgesetzten.

Andererseits ist es genauso wichtig, dass Sie Ihre Kontrollwut hätscheln. Das ist kein Widerspruch, sondern so zu verstehen: 1. Gestehen Sie sich zu, dass Sie ein Kontrollfreak sind, und richten Sie es 2. so ein, dass dieses Bedürfnis erfüllt wird. Ich will es an einem Beispiel aus meiner eigenen Erfahrung erklären. Wenn ich Projekte delegiere, liegt immer Zeit zwischen der Übergabe und dem Abschluss. Ich bin besessen von all den Kleinigkeiten, die zum Gelingen eines Projekts beitragen, ich kann davon auch nicht abstrahieren, wenn ich es anderen anvertraue. Weil ich mich kenne, kanalisiere ich mein Kontrollbedürfnis, damit ich dieser Obsession nicht erliege. Einmal pro Woche spreche ich mit meinen Mitarbeitern alle anliegenden Projekte durch: abgeschlossene, in Bearbeitung befindliche und neue Aufgaben. Den Rest der Woche lasse ich sie in Ruhe, sie können selbstbestimmt arbeiten.

Wenn Sie Dinge nicht gern aus der Hand geben, befriedigen Sie Ihr Kontrollbedürfnis einmal pro Woche. Oder einmal pro Tag. Aber rücken Sie Ihren Mitarbeitern nicht dauernd auf den Pelz, damit diese Ihre persönliche Vorgehensweise haarklein kopieren. Entwickeln Sie ein System, wie Sie sich die gewünschten Detailinformationen verschaffen, ohne Ihre Mitarbeiter in den Wahnsinn zu treiben.

Sie feuern Ihre Mitarbeiter an, wenn Sie aufhören, ihnen die Arbeit abzunehmen. Gestatten Sie ihnen selbständiges Arbeiten.

MASSNAHME

Ich verlange nicht mehr und nicht weniger, als dass Sie alles bisher Vertraute aufgeben und etwas völlig anderes versuchen. Häufig ist man versucht, Dinge zu kontrollieren, auf die es nun wirklich nicht ankommt. Probieren Sie also diese Woche aus, unwesentliche Bereiche nicht zu kontrollieren. Notieren Sie sich, welche Tätigkeiten das sein könnten. Memoranden etwa, die tunlichst tippfehlerfrei in die Öffentlichkeit entlassen werden sollten, Kunden, die innerhalb von acht Stunden zurückzurufen sind, Dateien, die 24 Stunden vor einem Treffen mit dem Kunden fertig auf Ihrem Schreibtisch liegen müssen, und so weiter.

Werfen Sie einen Blick auf diese Liste und verkneifen Sie sich die Kontrolle über einen Punkt, auf den es nicht ankommt. Gleichgültig, wofür Sie sich entscheiden, wichtig ist nur, dass Sie die Verantwortung dafür voll und ganz Ihren Angestellten überlassen. Widerstehen Sie auch dann der Versuchung dazwischenzufahren und die Sache zu retten, wenn nicht das gewünschte Ergebnis dabei herauskommt. Konzentrieren Sie sich lieber darauf, einen Mitarbeiter oder eine Mitarbeiterin auf Ihr eigenes Zuverlässigkeitsniveau mitzuziehen. Es gibt keinen anderen Weg.

7. **Seien Sie Coach, nicht Manager.**

Einer der herausragendsten Wege zu leistungsstarken Angestellten ist der des Coaching. Reines Management greift zu kurz. Was meine ich mit Coaching? Dass Sie die Potenziale jedes einzelnen Mitarbeiters erkennen und so oft wie möglich durchblicken lassen, dass Sie an ihn glauben. Dass Sie ihm helfen wollen, sich nicht selbst im Weg zu stehen, nicht den eigenen Erfolg zu torpedieren. Mit anderen Worten, Sie sollen Ihren Mitarbeitern und Mitarbeiterinnen zu der bestmöglichen persönlichen Entwicklung verhelfen, auch wenn das bedeutet, dass sich ihre Wege trennen und einzelne Angestellte sich einen neuen Arbeitgeber suchen.

Wie kann das zu guten Unternehmensergebnissen führen? Ausgezeichnete Frage. Stellen Sie sich Ihr Team als Basketball-Team vor, Sie sind der Trainer. In der modernen Wirtschaft sollte man sich nicht am Football orientieren, Basketball ist der bessere Vergleichspunkt.

In Amerika hat es sich eingebürgert, Unternehmen wie Football-Mannschaften zu führen. Football lebt von hochspezialisierten Spielern, Linebacker, Center, Tackle, Runningback. Basketball hingegen verlangt Generalisten mit einigen Sonderfähigkeiten. Alle Mitglieder der Mannschaft müssen dribbeln, abfangen, Pässe und Körbe werfen können. Ganz wie ein erfolgreiches Business-Team.

Im Football kommt die Mannschaft in den Spielpausen zusammen und hört sich an, was ein Spieler (in der Regel der Quaterback) zu sagen hat, und der Trainer legt das weitere Vorgehen fest.

Basketball ist für diese Taktik zu schnell. Es gibt keine langen Pausen, die Spieler stimmen sich während des Spiels ab. Ein solcher Ansatz ist unter den heutigen ökonomischen Bedingungen wesentlich effizienter. Man benötigt Menschen mit unspezifischen Fähigkeiten, die aus der Arbeit heraus dazulernen und sich mit wachsender Praxis steigern.

Nicht zu vergessen der Coach: Je geschickter er das Team fördert, desto besser das Team. Ihr Einsatz!

Coaching ist ein relativ junges Phänomen, das dem Bedürfnis nach Autonomie und Unabhängigkeit entgegenkommt und der Fähigkeit, den eigenen Marktwert zu erkennen, Rechnung trägt. Der Unterschied zwischen Coachen und Managen ist ähnlich wie der zwischen Inspirieren und Motivieren: Wenn Sie managen, überlegen Sie, wie Sie die Mitarbeiter zu Handlungen bewegen können, von denen Sie annehmen, dass sie zum gewünschten Ergebnis führen. Wenn Sie coachen, überlegen Sie, wie Sie die Mitarbeiter auf dem Weg zum gewünschten Ergebnis unterstützen können, wobei die Mitarbeiter selbst über die einzelnen Schritte dahin entscheiden. Letztlich kommen Sie zum Ziel, wenn Sie das Spiel richtig anpacken.

Es wurde viel über die Effizienz von Coaching als Form der Personalführung geschrieben. Aber es reicht nicht, einfach einige Coaching-Tricks in den Werkzeugkoffer zu legen. Zuhören können, Menschen an ihren Aufgaben wachsen lassen und ihnen Vollmachten geben ist nur der erste Schritt zum

Führen im 21. Jahrhundert. Über einzelne Coaching-Grundsätze hinaus sollten Sie Tag für Tag Ihre Mitarbeiter fördern und ihnen wirklich beistehen.

Als berufsmäßiger Coach für Führungskräfte habe ich mir viel Wissen über dieses Gebiet angeeignet. Aus der persönlichen Beratung von Topmanagern ergab sich häufig deren Wunsch, ich solle auch die Mitglieder der nächsten Führungsebene coachen. Dabei habe ich alles Mögliche erlebt, und ich bin schockiert, was landläufig unter Coaching verstanden wird. Coaching ist eine Kunst. Man muss herausfinden, worin eine Person besonders gut ist und diese Stärke zur Blüte bringen. (Mehr dazu in Kapitel 5.) Man muss den Klienten helfen, wie sie Wichtiges von Unwichtigem unterscheiden, damit sie auch in unübersichtlichen Situationen nicht die Orientierung verlieren (Kapitel 3).

Gutes Coaching richtet Zuständigkeiten und einfache Strukturen ein, anhand derer Menschen ihre Produktivität und ihre Ergebnisse steigern können (Kapitel 3). Berater mit dem richtigen Fingerspitzengefühl wissen, wann sie Klienten drängen oder sie in Ruhe lassen müssen (Kapitel 4) und wie sie ihnen Vertrauen in die eigenen Fähigkeiten vermitteln (Kapitel 6). Nicht zuletzt muss ein guter Coach erkennen, wann er seine Schäfchen in den Feierabend schicken muss, damit sie den Kopf wieder frei kriegen (Kapitel 7).

Sie merken schon: Der Rest dieses Buches handelt davon, wie Sie ein wirklich guter Coach werden, sodass Ihre Mitarbeiter dauerhaft Erfüllung am Arbeitsplatz finden und Sie alle zusammen großartige Ergebnisse erzielen.

Es feuert die Mitarbeiter an, wenn ein Coach bereitsteht – in guten wie in schlechten Tagen.

MASSNAHME

Fragen Sie beim nächsten Gespräch mit Angestellten, wie es so läuft. Nehmen Sie sich Zeit, hören Sie zu. Nicht so sehr den Worten, sondern dem Geist hinter diesen Worten. Ist dieser Mensch glücklich, begeistert, abgespannt oder gelangweilt? Was verrät seine Körpersprache über seine tatsächlichen Gefühle?

Ein guter Coach erkennt die Wahrheit hinter der Fassade eines Menschen und lenkt ihn mit diesem Wissen zu höherer Leistungsfähigkeit. Womit können Sie diese spezielle Person auf eine neue Ebene heben? Das möchte ich Ihnen vermitteln. Seien Sie der Coach, vermitteln Sie Ihren Mitarbeitern Selbstvertrauen. Dann treten Sie zurück und warten ab.

Letzte Schritte

Wenn es Ihnen ernst ist mit dem „Ehre deine Mitarbeiter“, dann setzen Sie sich jetzt hin und schreiben Sie auf, wie Sie Ihren Mitarbeitern Achtung erweisen können. Notieren Sie alles, was Sie tun oder getan haben, damit sich Ihre Angestellten respektiert und geschätzt fühlen. Setzen Sie sich mit anderen Mitgliedern der Führungsriege zusammen, damit Sie nichts vergessen.

Tippen Sie die Liste ab, geben Sie allen Beschäftigten ein Exemplar. Bitten Sie darum, die Wichtigkeit einzelner Handlungen mit Noten zwischen 1 und 5 zu bewerten. 5 bedeutet „absolut notwendig, damit ich mich im Team willkommen fühle“, 1 heißt „durchaus verzichtbar, meine Leistung wird davon nicht beeinflusst". Fühlen sich die Mitarbeiter und Mitarbeiterinnen wirklich durch bestimmte Verhaltensweisen geachtet?

Ich habe immer wieder eine Diskrepanz beobachtet zwischen dem, was die Führungskraft für wichtig hielt und dem, was Angestellte tatsächlich wollten. Der einzige Weg, solche Unstimmigkeiten herauszufinden, führt über die vorgeschlagene Bewertung. Wie können Sie Ihre Mitarbeiter noch besser wissen lassen, wie sehr Sie ihren jeweiligen Beitrag schätzen?

Was Achtung vor den Mitarbeitern wirklich bedeutet

Der eigentliche Grund, seine Mitarbeiter zu ehren, ist die Persönlichkeit, zu der man dadurch selbst heranreift. Sie werden so viel von Ihren Angestellten lernen, dass Sie als Person ungeheuer gewinnen und damit auch als Führungskraft. Es zwingt Sie, über sich hinauszuwachsen, und zwar vorzugsweise dann, wenn es langweilig zu werden droht. Meine Klienten haben mir oft genug erzählt, sie seien aus Langeweile ins Management aufgestiegen: Sie hatten die Rolle des angesehenen, leistungsstarken Mitarbeiters satt. In der Führungsverantwortung wurde Langeweile schnell zum Fremdwort.

Die Menschen an erste Stelle setzen heißt, ihnen nicht in die Quere zu kommen, das eigene Ego zurückzustellen und sich auf das Wesentliche zu konzentrieren. Sorge um die Mitarbeiter wird Ihr Leben viel stärker bereichern, als Sie sich das vorstellen können. Und das Betriebsergebnis kann sich auch sehen lassen.

Für mein Leben gilt das in jedem Fall. Ich begann als Ein-Frau-Unternehmen, ich wollte mein Geschäft hochziehen, aus eigener Kraft. Diese Do-it-yourself-Haltung hielt ich für den zentralen Aspekt der Selbstständigkeit. Im Rückblick erkenne ich, dass ich von meinem Mann beeinflusst war. Steve hatte sich mit 25 Jahren selbstständig gemacht, und ich weiß noch, wie neidisch ich war. Er stand nicht dauernd im Stau, er musste keinem Boss Rede und Antwort stehen. Wen störte es, wenn er sich im Pyjama an den Laptop setzte und mittags noch nicht geduscht hatte? Querelen mit Kollegen – kein Thema für ihn. (Dass er es tagtäglich äußerst anspruchsvollen Klienten Recht machen musste, entging mir völlig ...)

Also gründete ich meine eigene Firma, erst als Beraterin, später als Coach für Führungskräfte. Ich erweiterte meine Kenntnisse und Fähigkeiten, ich konzentrierte mich völlig auf gute Arbeit für meine wachsende Klientenschar. Die ersten Jahre arbeitete ich gern allein, genoss meinen Expertenstatus und die Freiheit, mich nach niemandem richten zu müssen.

Bis ich eines schönen Morgens gelangweilt aufwachte. Angeödet. Ich war es leid, allein zu arbeiten. Ich vermisste Kameradschaft, lebendigen Austausch mit Kollegen. Meine Kunden waren wunderbar, aber es reichte mir nicht. Anders als mein Mann halte ich es nicht aus, in meinem Arbeitszimmer vor mich hin zu werkeln. Ich wollte etwas bewegen, und das konnte ich nicht allein. Dazu kam der glückliche Umstand, dass ich mehr Aufträge hatte als ich bewältigen konnte. Also gründete ich eine Coaching-Firma. Wollte Menschen um mich haben.

Sie kennen das Gefühl vermutlich, haben es selbst erlebt, als man Ihnen die erste Führungsposition angeboten hat: Zusammen werden wir etwas Großartiges schaffen.

Seufz. Die Aufgabe, Mitarbeiter zu führen, war die größte Herausforderung, vor der ich je stand. Noch immer gibt es Tage, an denen ich schreien könnte und am liebsten blinden Gehorsam verlangen würde. Alle Führungskräfte, die ich kenne, haben insgeheim einen Wunsch. Irgendetwas in uns wäre gern der Diktator, der keinen Widerspruch duldet. Es bleibt natürlich ein Traum, aber jeder mir bekannte Mensch mit Führungsverantwortung träumt an irgendeinem Punkt seiner Karriere diesen Traum.

Ich beging so ziemlich jeden Fehler, den Führungskräfte begehen können, darunter auch die irrtümliche Prioritätensetzung beim Ergebnis, statt mich nach den Gefühlen meiner Mitarbeiter auf dem Weg zu diesem Ergebnis zu fragen. Rasch entdeckte ich durch massive Fehlschläge, dass ich mich zuerst um die Angestellten kümmern musste oder die Firmenziele nie erreichen würde. Nie.

Als ich meinen Mitarbeitern Priorität einräumte, lernte ich mehr über mich selbst als bei jeder anderen Tätigkeit im Lauf meines Lebens. Ich begriff, dass ich nicht alles weiß, nur weil ich der Geschäftsinhaber (der Boss) bin. Ich eignete mir Flexibilität, Mitgefühl, Fürsorge und Großzügigkeit an. Ich lernte, mein Ego auf die Bank zu setzen und meine Leute ins Rampenlicht zu rücken. Und ich konnte nach einiger Zeit meinen Stolz herunterschlucken und zugeben, dass ich öfter als mir lieb war nicht Recht hatte.

Diese Erfahrung hat mich gestärkt, mein Charakter ist viel reifer als zu meiner Zeit als einsame Freiberuflerin. Die Firma hat sich prächtig entwickelt, aber den eigentlichen Gewinn sehe ich in meinem persönlichen Wachstum.

Und genau aus diesem Grund sollen *Sie* lernen, Ihre Mitarbeiter zu ehren. Wenn Sie völlig von der Jagd nach einem bestimmten Betriebsergebnis in Anspruch genommen sind und keinen Gedanken an Ihre Mitarbeiter verschwenden, entgehen Ihnen viele Möglichkeiten. Sie lassen sich die Chance auf bessere Marktbedingungen entgehen, auf neue Führungsansätze, auf neue Strategien, die die Stärken Ihrer Mitarbeiter fördern, vor allem aber auf die Lektionen, die besonders wertvoll sind. Damit ist nicht gesagt, dass Sie auf Ihre Ziele verzichten sollen und nur noch für das Glück fremder Leute zuständig sind. Das wäre lächerlich. Es bedeutet nur, dass Sie aus eigenen Erfahrungen lernen und sich als Mensch weiterentwickeln.

Und im Grunde wissen Sie doch, dass Führen letztlich Lernen bedeutet.

So verheizen Sie Ihre Mitarbeiter ...

1. Sie gehen mitten in einem Gespräch ans Telefon.
2. Sie kommen chronisch zu spät.
3. Sie respektieren ihre Meinung nicht.
4. Sie handeln anders, als Sie reden.
5. Sie interessieren sich mehr für das Ergebnis als für die Mitarbeiter.
6. Sie führen sich als hartherziges Ekel auf und zeigen keinerlei Mitgefühl.
7. Sie scheren alle Mitarbeiter über einen Kamm und in Ihrem Führungsstil unterscheiden Sie nicht zwischen den einzelnen Persönlichkeiten.
8. Sie ergehen sich in Motivierungsversuchen, statt mit Ihren Mitarbeitern die innere Inspiration freizulegen.
9. Sie denken immer nur an das, was erledigt werden muss, nicht jedoch an das, was erreicht wurde.
10. Sie zügeln Ihr Ego nicht.

So feuern Sie Ihre Mitarbeiter an ...

1. Sie hören ihnen zu.
2. Sie schenken ihnen Aufmerksamkeit und lassen sich im Gespräch nicht von anderen Dingen ablenken.
3. Sie sind so oft wie möglich pünktlich.
4. Sie räumen Ihren Mitarbeitern und nicht den Ergebnissen Priorität ein. Ihr Team wird trotzdem (oder gerade deswegen) Großartiges leisten.
5. Sie sehen erst das Individuum und dann die Gruppe.
6. Sie bitten um Rückmeldung– und hören sich auch an, wie Ihre Mitarbeiter Ihr Verhalten einschätzen.
7. Sie verstehen sich eher als Coach denn als Manager.
8. Sie finden heraus, was ihre Mitarbeiter innerlich antreibt. Da gibt es viel zu entdecken.
9. Sie zügeln Ihr Ego und tun das, was für die Mitarbeiter das Beste ist.
10. Sie wissen, welche Herausforderung das Führen darstellt, und bemühen sich jeden Tag, eine Persönlichkeit zu sein, der man gern folgt.

KAPITEL 3

Produktivitätssteigerung

Sie glauben, Ihre Probleme wären gelöst, wenn Ihre Leute nur effizienter arbeiten würden? Irrtum!

In unseren Unternehmen wimmelt es nur so von Menschen, die auf Effizienzsteigerung im Sinn besserer Ergebnisse dringen. Kurse in Zeitmanagement gehören zu den Dauerbrennern im betriebsinternen Weiterbildungsangebot. Palm-Pilots und Terminkalender im PC erfreuen sich wachsender Beliebtheit. Man hofft, sich durch höhere Produktivität aus der Falle der Unzufriedenheit zu befreien. Wenn man nur mehr in kürzerer Zeit erledigen könnte, würde sich die ersehnte Erfüllung schon einstellen. Oder man bildet sich ein, wenn die Mitarbeiter bloß die grundlegenden Regeln des Zeitmanagements beherzigen würden, wären alle zum Abendbrot daheim.

Machen Sie's halblang. Nicht Produktivität ist Ihr Problem. In Ihrem Bereich wird schon in weniger Zeit immer mehr gearbeitet. Sie haben die Seminare besucht, die Bücher gelesen, die Bedienungsanleitung zum Palm studiert, die Kunst des Prioritätensetzens gelernt. Sie erledigen immer mehr in immer kürzer Zeit, werden dabei aber immer unzufriedener. Das ergibt keinen Sinn, oder?

Fragen Sie sich selbst: Befriedigt es Sie, wenn Sie abends Ihre

To-do-Liste durchgehen? Wohl kaum. Denn auf Ihrem Schreibtisch türmen sich Berge von Kleinkram, der abgearbeitet werden will. In unserer Das-hätte-ich-gestern-schon-erledigen-sollen-Welt schafft man es nie. Das ist der Grund.

Für Ihre Mitarbeiter ist es noch schlimmer. Sie als Führungskraft können wenigstens delegieren. Viele Ihrer Mitarbeiter sind genau dafür engagiert worden: Sie übernehmen die Arbeit. Wenn Sie glauben, nichts geht mehr, versetzen Sie sich in ihre Lage. Es dürfte Ihnen nicht schwerfallen, Sie waren es ja früher selbst – und Sie wissen genau, warum Sie ins Management wollten! Sie wollten diesen Niederungen entfliehen.

Produktivitätssteigerung läuft aber letztlich darauf hinaus, weniger zu tun, um mehr zu erreichen. Es klingt paradox, ist es aber nicht. Leistung und Produktivität lassen sich steigern durch weniger Arbeit. Sie können Ihre Ziele erreichen, indem Sie einige Projekte fallen lassen.

Lassen Sie mich an einem Beispiel erklären, warum dieser Ansatz so wirkungsvoll ist.

Rich leitete die E-Commerce-Abteilung eines großen, in die Fortune 50 aufgenommenen Unternehmens und sollte mit seinem Team den über 100 Jahre alten Markennamen der Marketingfirma ins Internetzeitalter transportieren. Eine gewaltige Aufgabe, allerdings. Das Ausmaß der Marktveränderung in den USA musste ebenso abgeschätzt und berücksichtigt werden wie die internationalen Märkte ins tägliche Geschäft integriert werden sollten. Die Liste mit abzuarbeitenden Punkten war lang und wurde immer länger.

Rich hatte sich ursprünglich an mich gewandt, weil er überhaupt keine Freizeit mehr hatte. Damals war sein Kind noch klein, und seine Frau beschwerte sich, weil sie ihn so selten sah. Der eigentliche Grund lag jedoch darin, dass er allmählich immer ineffizienter arbeitete. Wenn Rich etwas verspricht, liefert er das versprochene Ergebnis noch vor dem ver-

einbarten Zeitpunkt. Nicht selten teilt er dem Betreffenden drei oder vier Mal per E-Mail den aktuellen Stand der Angelegenheit mit. Er schiebt Dinge nicht auf die lange Bank oder sagt etwas ab, sondern krempelt die Ärmel hoch.
Doch selbst die Besten geraten mitunter aus dem Tritt. In einer solchen Phase kam Rich zu mir. Die Arbeit stand ihm und seiner Abteilung förmlich bis zum Hals. Ich sollte Rich helfen, mehr in weniger Zeit zu erledigen, produktiver zu werden. Nachdem er meine Vorschläge umgesetzt hatte – ich erzähle Ihnen gleich, um welche Strategien es sich handelt – herrschte in seiner Abteilung die „Weniger ist mehr“-Philosophie. Die Ergebnisse schossen durch die Decke: 45 Prozent Steigerung durch weniger Reisen, neu gestaltete Arbeitsumgebung und höhere Produktivität der Einzelnen. Nicht durch mehr Arbeit in weniger oder derselben Zeit. Nein, sondern indem sie ihre ganze Zeit und Aufmerksamkeit auf die wichtigsten Dinge richteten. Tu das Wichtige, wurde ihr Mantra.

Wie konnte mein Coaching einen so großen Unterschied bewirken? Der Schlüssel zum Erfolg liegt in drei Konzepten:

1. Die Kunst der Beschränkung
2. Die Kunst, Nein zu sagen
3. Konzentration durch Thementage

Die Kunst der Beschränkung

Mit Schwung geht alles leichter – anders gesagt, man kann die Schwungkraft für sich arbeiten lassen. In unserer beschleunigten Welt, in der das Sprichwort „Was du heute kannst besorgen, das verschiebe nicht auf morgen“ regiert, heißt der wah-

re Feind „Ablenkung“. Das bedeutet nichts anderes, als dass wir uns verzetteln und die Schwungkraft eben nicht für uns arbeiten lassen können. Wir müssen dauernd abstoppen und in eine andere Richtung sprinten. Anstrengend und auf Dauer ermüdend. Und irgendwann sind wir völlig ausgelaugt.
Letztlich ist es sinnvoller, sich auf die drei wichtigsten Dinge zu konzentrieren und 80 Prozent der Arbeitszeit dafür einzuplanen. Das nenne ich die Kunst der Beschränkung. Es ist eine Beschränkung auf die „mächtigen Drei“.
Jedermann kann jederzeit seine Energie auf drei Bereiche bündeln und die gewünschten Ergebnisse erzielen. Drei Projekte. Drei große Ideen. Wenn man sich mit aller Kraft hinter diese drei Dinge klemmt, kommt man erstaunlich weit. Wenn man Kontinuität in die Arbeit bringt, erreicht man viel mehr als wenn man an vielen Fronten gleichzeitig kämpft. Es kommt auf die Schwungkraft an, sie ermöglicht es, Ziele in der dafür veranschlagten Zeit auch zu erreichen.

Sie sind wahrscheinlich der Meinung, dass Sie bis zum Abend die Punkte auf Ihrer Aufgabenliste abgehakt haben werden. Aber haben Sie sich die Zeit genommen und überlegt, welche Punkte wirklich abgearbeitet werden müssen?

Denken Sie gründlich darüber nach. Auf wie viele Dinge verteilt sich Ihre Energie derzeit? Notieren Sie die einzelnen Bereiche. Berücksichtigen Sie alle Projekte, alle Anstrengungen, alle Felder, die Sie beackern. Vergessen Sie über dem eigentlichen Job nicht die Sitzungen, die E-Mails, das Öffnen der Post.
Gehen Sie einen Schritt weiter. Woran arbeitet die Abteilung insgesamt? Kein Wunder, dass sie chronisch hinterherhinkt! Nicht ein einziger Mitarbeiter beschäftigt sich lange genug mit

den wirklich wichtigen Aufgaben. Die Arbeit ist zerrissen, wird immer wieder unterbrochen und gerät aus dem Takt.

Die Kunst der Beschränkung beruht letztlich auf der Macht der Konzentration. Sie können mehr erledigen, wenn Sie sich beschränken und Ihre Energie gezielt in bestimmte Aufgaben stecken. Es kommt einfach mehr dabei heraus, wenn Sie keine halben Sachen machen: Sobald man mehr als drei Projekte oder Schwerpunkte gleichzeitig verfolgt, vergisst man leicht etwas, - in der Regel etwas Wichtiges. Also notiert man sich die Dinge, die man nicht vergessen darf, und dann verlegt man den Zettel. Oder man verwendet diese praktischen Haftzettel und kann sich nicht mehr erinnern, wo man sie hingeklebt hat. Oder, schlimmer noch, man hat alles im PC gespeichert und verschiebt die To-Dos von einem Tag auf den nächsten ...

Wenn Sie sich hingegen auf drei Dinge beschränken, haben Sie praktisch keine Chance, etwas zu vergessen. Sie schaffen Freiräume, in denen Sie an diesen drei Projekten mit einem Nachdruck arbeiten können, den Sie andernfalls nicht aufbringen würden. Ohne Beschränkung machen Sie nichts richtig und bringen sich damit um Erfolgsaussichten.

Auch Ihre Mitarbeiter sollten sich darüber klar werden, worauf es wirklich ankommt und 80 Prozent ihrer Arbeitszeit auf die Projekte – die mächtigen Drei – verwenden, die Geld bringen. Dabei können Sie ihnen helfen.

Schauen Sie sich an, welche Dimensionen diese Beschränkung annehmen kann. Ich lernte Matt in Kansas City (meinem Wohnort) kennen. Er hatte unmittelbar vor unserem ersten Treffen einige arbeitsreiche Tage in Europa und die Nacht im Flugzeug von London nach Chicago verbracht. Mit der 7-Uhr-Maschine flog er schließlich nach Kansas City, trank eine Tasse Kaffee nach der anderen und war sichtlich angespannt.

Matt wollte nicht zum Opfer seiner Karriere werden, er wollte nicht, dass sein Privatleben völlig auf der Strecke blieb. Deswegen suchte er mich auf. Damals war er Vice President für Geschäftsentwicklung einer Internetfirma im Silicon Valley und baute eine Abteilung auf, von der im Prinzip der Aktienkurs für den bevorstehenden Börsengang abhing: Wenn sein Team versagte und der anvisierte Dollarregen ausblieb, wäre das Papier wertlos. Der Druck war enorm.

Bevor ich die Geschichte zu Ende erzähle, sollten Sie wissen, wie gescheit Matt war. Er sah viel früher als andere, welche Entwicklungen die Zukunft bot, und konnte Strategien entwickeln, aus denen sich für ein Unternehmen völlig neue Geschäftsbereiche erschlossen. Seine ergebnisorientierte Haltung – Ergebnisse um jeden Preis – führte im Regelfall zu unglaublichen Gewinnen.

Leider bezahlte Matt einen hohen Preis für diese Gewinne. Seine besten Leute kündigten, er schuftete 80 Stunden die Woche und ging dem verbliebenen Führungsteam gewaltig auf die Nerven. An der Tatsache, dass er schleunigst die Infrastruktur aufbauen musste, kam er nicht vorbei. Neue Mitarbeiter mussten eingestellt, lukrative Abschlüsse unter Dach und Fach gebracht, die ganze Abteilung auf neue Einnahmen geschult und „nebenbei" die Gesamtstrategie für den Bereich weiterentwickelt werden. Matt blieben 90 Tage Zeit.

Ja, durchaus. Es war eine Herausforderung, Matt in dieser Situation zu coachen. Die Gerüchte über Dot-coms sind wahr, ich habe in den letzten Jahren mit vielen gearbeitet und weiß, dass die Menschen dort mit einer Intensität bei der Sache sind, die man selbst erlebt haben muss, um es zu verstehen.

Ich riet Matt, die Kontrolle zurückzugewinnen, indem er innehielt und drei Prioritäten bestimmte. Nicht für diesen Tag oder die nächste Woche. Damit griffe die „Kunst der Beschränkung" zu kurz: Wir sprechen vom Gesamtbild. In welchen drei Bereichen waren die gewünschten Ergebnisse zu erwarten? Darauf musste er sich konzentrieren. In welchen Gebieten war seine Aufmerksamkeit gefragt, um die notwendigen Gewinne aufweisen zu können?

Wir tauften den Befund die drei Ps: Prozess, Partner und Personal. Nachdem die drei wichtigsten Arbeitsbereiche feststanden, konnte Matt sie entsprechend angehen. Er überlegte, was während der nächsten Woche in diesen drei Bereichen anfiel, und bestimmte im nächsten Schritt die Prioritäten für die einzelnen Tage. Dieses Vorgehen zwang Matt zu der Bewertung, welche Schritte am schnellsten zum Aufbau der notwendigen Infrastruktur führten. Bisher hatten ihn sein überquellender Terminplan und die stets drängende nächste Aufgabe dieser Entscheidung enthoben. Die tägliche Tretmühle verhinderte, dass er seine Tätigkeit analysierte und das Wichtige vom Unwichtigen unterschied.

Das Tolle an der Beschränkung auf drei Bereiche ist zudem, dass Matt nun alles ablehnen konnte, was nicht zu diesen Schwerpunkten gehörte.

Was dann geschah? Richtig geraten: Matt organisierte sein Team, erzielte gigantische Gewinne, übergab seine Abteilung an einen guten Manager und baut seither bei einer anderen Firma wieder eine neue Abteilung auf.

Damit nicht genug. Als Matt das Gefühl hatte, für seine alte Firma nichts mehr tun zu können, wechselte er zu einem Unternehmen, bei dem er mehr oder weniger dieselbe Aufgabe übernahm: Am Reißbrett einen neuen Geschäftsbereich zu planen. Wir trafen uns in San Fransisco zum Dinner, als Matt gerade drei Wochen bei der neuen Firma arbeitete. Ich war sehr neugierig, wie er das gewaltige Pensum bewältigte. Würde er wieder in dieselben Fehler verfallen? Wir sind schließlich alle nur Menschen.

Matt vertraute mir die drei Schwerpunkte an, die er mit seinem Team abarbeitete. Seine Stimme klang ausgeglichen und

sicher, ganz anders als bei unserem ersten Treffen. Ich wusste, Matt würde es schaffen, was auch immer er sich vornahm.
An diesem Abend lächelte ich in mich hinein. Ist es nicht schön, ruhig, gefasst und konzentriert zu sein statt abgehetzt und verzettelt? Ja, ich lächelte an diesem Abend, weil meine Strategie funktioniert.

MASSNAHME

In einem ersten Schritt nutzen Sie die Kunst der Beschränkung, indem Sie die drei Bereiche identifizieren, auf die Sie sich beschränken wollen. Nehmen Sie sich Zeit für die folgende Übung.
Welche Dinge sind am ergiebigsten, welche Ihrer Aufgaben stärken das Unternehmen und/oder die Mitarbeiter am meisten? Notieren Sie die drei wichtigsten Bereiche:

1.

2.

3.

Betrifft einer der Punkte das Ausräumen von Hindernissen oder, positiv ausgedrückt, den Aufbau einer günstigen Arbeitsumgebung? Wenn nicht, lesen Sie bitte noch einmal Kapitel 1: Vom Chaos zur Vernunft. Das ist notwendig, damit Sie neue Ideen in Ihre Alltagsarbeit einbauen können.

Bevor Sie fortfahren, sollten Sie unbedingt abklären, ob die drei Bereiche Sie Ihrem Ziel für die nächsten 90 Tage (das Sie in der Einleitung festgesetzt haben) näher bringen. Eine neue Strategie ist nur dann sinnvoll, wenn sie zu den angestrebten

Unternehmenszielen passt. Führt eine Beschränkung auf die gewählten Bereiche zu den gewünschten Ergebnissen? Wenn Sie diese Frage mit Ja beantworten können, sind die Bereiche gut gewählt. Wenn nicht, treten Sie noch einmal einen Schritt zurück und bestimmen Sie, in welchen Bereichen Ihre Aufmerksamkeit besonders nötig ist, damit Sie erreichen, was Sie sich vorgenommen haben.

Innerhalb dieser Bereiche legen Sie dann fest, wie Sie die gewünschten Ergebnisse erhalten. Gut. Jetzt gehen Sie einen Schritt weiter. Welche drei Dinge würden in dieser Woche in den drei Bereichen Ergebnisse produzieren? Welche drei Dinge können Sie im Verlauf des Monats ergebniswirksam tun? Wie sieht es in diesem Quartal aus? Im laufenden Jahr?

Widmen Sie 80 Prozent Ihrer Arbeitszeit diesen drei Dingen. Es klingt sehr schlicht, aber Sie sollten es ausprobieren. Sie werden überrascht sein, wie viel Sie von den wirklich wichtigen Dingen erledigen können.

Die Kunst der Beschränkung auf Teamebene

Am besten führen Sie die Übung unverzüglich zusammen mit Ihren Mitarbeitern durch. Folgende Schritte helfen, die „Kunst der Beschränkung" auf die „mächtigen Drei" innerhalb der Abteilung beziehungsweise innerhalb des Unternehmens zu implementieren.

Schritt 1: Das 90-Tage-Ziel

In der Einleitung habe ich Sie gebeten, ein Ziel festzulegen, an dem Sie den Erfolg der hier dargelegten Methode ablesen können. Es ist an der Zeit, dieses Ziel auf den Tisch zu legen und zu betrachten. Auf diesen Brennpunkt konzentriert sich die gemeinsame Arbeit im Zeichen der „mächtigen Drei".

Schritt 2: Was liegt an?

Bitten Sie Ihre Mitarbeiter, eine Liste mit allen derzeit anliegenden Aufgaben zu erstellen, entweder bevor Sie alle im Besprechungsraum zusammenrufen oder indem Sie ihnen die nötige Zeit zu Beginn der Sitzung einräumen. Überspringen Sie Schritt 2 keinesfalls, denn es ist sehr wichtig, dass die Mitarbeiter wissen, an welchen Ergebnissen sie während der folgenden drei Monate arbeiten sollen. Auch Kleinigkeiten wie „E-Mails beantworten" oder „unternehmensinterne Veranstaltungen besuchen" sollten auf der Liste stehen.

Alle sollen sich genau vor Augen führen, was auf ihrem Schreibtisch wartet. Wenn das nicht klar wird, wie sollte man festsetzen, welche Arbeiten die wirklich ergebnisrelevanten sind?

Sie können die Sitzung auflockern, indem Sie Pappteller mitbringen und die einzelnen Aufgaben auf Kärtchen schreiben lassen. Visuelle Hilfsmittel beschleunigen Einsichten. Wenn sich die Angestellten ihre mit Kärtchen überquellenden Teller ansehen, wissen sie, warum sie das Gefühl der Überarbeitung nicht loswerden: Sie sind überarbeitet!

Schritt 3: Die mächtigen Drei

Wiederholen Sie die Vorgänge, die Sie bereits für sich allein durchgeführt haben. Jeder Mitarbeiter soll seine „mächtigen Drei", die drei vordringlichsten Arbeitsbereiche definieren. Welche Gebiete verlangen 80 Prozent der Arbeitszeit Ihrer Mitarbeiter, wenn sie die Ergebnisse bringen wollen, für die sie eingestellt wurden? Es ist Ihre Aufgabe, die Meinungsbildung in der Abteilung zu koordinieren, sodass sich die Mitarbeiter über die drei wichtigsten Bereiche verständigen.

Schritt 4: Persönliche Leistungen an das Unternehmensziel binden

Die Erwartungen, die Sie an jeden einzelnen Mitarbeiter stellen, müssen an das 90-Tage-Ziel geknüpft sein, sonst ist es von vorneherein zum Scheitern verurteilt. Wenn Sie festgelegt haben, was das Team erreichen soll (das ist Ihre Aufgabe), müssen Sie jedem Einzelnen helfen, die eigene Rolle auf dem Weg zum gemeinsamen Ziel zu verstehen.

Ein großes Flipchart mit Papier ist hilfreich. Notieren Sie links die Namen aller Mitarbeiter, ergänzen Sie in einer mittleren Spalte die drei Bereiche, auf die sich die Mitarbeiter konzentrieren sollen, und schreiben Sie rechts – immer noch personenbezogen – die drei Tätigkeiten auf, mit denen die Abteilung das 90-Tage-Ziel erreichen wird. Auch hier müssen Sie in der Diskussion jeden Zweifel ausräumen, welche Aktivitäten Ihre Leute in den Mittelpunkt rücken sollen.

Ein Wort zur Vorsicht: Wirklich gute Führungskräfte schaffen den Mitarbeitern einen Rahmen, ziehen sich aber aus der eigentlichen Arbeit heraus und lassen den Menschen die nötigen Freiräume. In diesem Fall ist das 90-Tage-Ziel der Rahmen, die Beschränkung auf drei Bereiche das vorgegebene Verfahren, um es zu erreichen. Wie dieses Konzept inhaltlich zu füllen ist, sollten Sie Ihren Mitarbeitern überlassen – sie kennen die Antwort.

Wenn Sie eine kleine Abteilung führen, können Sie einen Stift zücken und direkt anfangen oder die Strategie mit drei wichtigen Mitarbeitern ausarbeiten. Das Arbeitsblatt „Die Kunst der Beschränkung“ hilft Ihnen dabei. Seien Sie gespannt, in welchen Punkten sich die Antworten Ihrer Mitarbeiter von Ihren eigenen unterscheiden.

Arbeitsblatt: Die Kunst der Beschränkung auf die mächtigen Drei

Name des/der Angestellten	Arbeits schwerpunkte	Tätigkeitsschwerpunkte der nächsten90 Tage
1.	1.	1.
	2.	2.
	3.	3.
2.	1.	1.
	2.	2.
	3.	3.
3.	1.	1.
	2.	2.
	3.	3.

Innere Widerstände gegen Selbstbeschränkung

Wenn wir unseren Klienten dieses Konzept vorstellen, stoßen wir immer wieder auf ähnliche Einwände. Vielleicht erkennen Sie sich ja in den folgenden Bedenken wieder.

1. **Sie legen sich ungern fest.**
   Offene, flexible Menschen schränken sich ungern ein und empfinden die „mächtigen Drei" als erdrückend. Sie suchen gern neue Chancen und jonglieren mit vielen Dingen gleichzeitig. Ich finde das sehr gut und respektiere den Ansatz, nicht zuletzt, weil es meiner eigenen Neigung entspricht. Je neuer und heißer eine Sache ist, desto lieber ist sie mir. Ich lasse

mich leicht verführen, wenn mir eine Innovation größere Nähe zu meinen Zielen oder mehr Spannung auf dem Weg dorthin verspricht. Warum sollte man nicht die Geschäftstätigkeit kräftig ausweiten, in eine andere Stadt ziehen, ein Haus mit Garten kaufen, einrichten respektive anlegen, warum nicht ein neues Trainingsprogramm entwickeln, ein neues Buch schreiben und drei Mal im Jahr in Urlaub fahren? Ich beschreibe nichts anderes als zwölf Monate meines Lebens.

Ich weiß aber auch, dass man zwar alles tun kann, was man will, aber nicht alles auf einmal. Zumindest nicht alles gleich gut: Man kann vieles anfangen, aber ohne Beschränkung wird man es nicht zur Meisterschaft bringen und sich nebenbei selbst fertig machen.

Nicht mehr und nicht weniger will ich mit den „mächtigen Drei" erreichen. Solange Sie Ihre Energie nicht für ausgewählte Projekte bündeln, laufen Sie Gefahr, mittelmäßige Ergebnisse zu produzieren. Aber wir waren uns einig, dass Sie zur Spitze gehören wollen, also beißen Sie in den sauren Apfel und legen Sie sich fest. In welche drei Bereiche sollten Sie 80 Prozent Ihrer Arbeitszeit investieren, um die gewünschten Ergebnisse zu erzielen?

Immerhin gestatte ich Ihnen drei Gebiete, auf denen Sie sich tummeln dürfen. Das sollte Sie doch eine gewisse Weile unterhalten.

2. **Sie haben Angst, etwas zu verpassen.**

„Bloß nicht zu kurz kommen!" – da hebt der altbekannte Neidreflex sein hässliches Haupt. Unsere Welt bietet uns einfach zu viele Möglichkeiten. Ich habe zahlreiche Unterredungen mit Klienten geführt, die vom Wachstum ihrer Firmen überrollt oder von der Geschwindigkeit der eigenen Karriere überrascht wurden. Das Telefon klingelt ohne Unterlass, es laufen mehr E-Mails auf, als man beantworten kann, und der

Terminkalender ist mit wichtigen Sitzungen gespickt. Es gibt schlimmere Probleme, schon wahr. Immerhin zeigt es uns, dass wir auf dem richtigen Weg sind, dass die Kunden unser Produkt wollen, dass sie uns die Bude einrennen, um es zu kaufen.

Häufig werden meine Klienten von all den Chancen, die sich nun eröffnen, überfordert. Nicht weil sie nicht mit jeder Einzelnen dieser Chancen umgehen könnten. Aber eine Möglichkeit ist schöner als die andere. Wenn sie sich für x entscheiden, lacht das Glück, wenn sie sich für y entscheiden, können sie ebenfalls extrem erfolgreich sein. Einer meiner Klienten hat es letzte Woche auf den Punkt gebracht. Ich fragte ihn nach seinem Befinden, und er antwortete: „Betäubt und verwirrt. Ich treffe Entscheidungen normalerweise ohne Zögern, aber diesmal erschlägt es mich förmlich."

Wenn Sie mit demselben Problem kämpfen, haben Sie womöglich Schuldgefühle, weil Sie die Vielzahl der Möglichkeiten als Problem empfinden. Das höre ich zumindest oft von meinen Klienten. Wir sind so erzogen, dass wir dankbar sind, wenn sich uns Chancen bieten, und jeder von uns hat ja auch schon weniger rosige Zeiten erlebt. Wie kann man sich über Erfolg beschweren? In Wahrheit liegt das Problem in der Überlastung, in dem Übermaß guter Ideen. Wir beschweren uns, weil die Vielzahl von Chancen uns harte Entscheidungen abverlangt. Wir denken: Wären es bloß zwei Alternativen, die Entscheidung fiele leicht. Das Übermaß frustriert, weil man unter vielen Möglichkeiten die richtigen auswählen muss.

Quälen Sie sich nicht länger und gestehen Sie sich das Recht zu, frustriert zu sein. Es ist völlig in Ordnung, wenn Sie nach einer Lösung für Ihr Problem suchen.

Die Lösung heißt: Akzeptieren Sie einfach, dass Sie den Erfolg verdient haben!

Vielleicht glauben Sie, eine einmal ausgeschlagene Chance

käme nie wieder. Vielleicht hängen Sie Zeiten nach, in denen Sie alles für eine solche Chance gegeben hätten. Und plötzlich eröffnen sich mehr Möglichkeiten, als Sie je zu träumen gewagt hätten. Vertrauen Sie auf Ihre Fähigkeit, attraktive Gelegenheiten anzulocken. Sie bleibt Ihnen treu, diese Fähigkeit. Bestimmt.

Doch der Weg verlangt Ihnen Entscheidungen ab. Sie müssen faszinierende Aussichten ausschlagen. So ist es eben. Die „mächtigen Drei" können Sie schon nächste Woche neu definieren, wenn Sie bessere Chancen wittern. Aber für jetzt sollten Sie sich für drei Bereiche entscheiden.

3. **Sie wissen nicht, wie Sie den übrigen Anforderungen genügen sollen.**

Der allererste Einwand gegen die „mächtigen Drei" ist meistens: Wie soll man sich gegen die anderen Aufgaben verhalten? Wenn ich 80 Prozent der Arbeitszeit mit den wichtigen Dingen verbringen soll, was ist mit den anderen, ja nur graduell weniger wichtigen? Gute Frage. Lesen Sie weiter, Antwort folgt.

Die Kunst, Nein zu sagen

Wenn Menschen beschließen, Arbeit und Leben wieder ins Gleichgewicht zu bringen, passiert in der Regel Folgendes: Sie wollen sofort viele neue Gewohnheiten einführen. Neues Schulungsprogramm entwickeln, den Fußballclub des Juniors trainieren, jeden Sonntag in die Kirche gehen und sich im Komitee XY engagieren, einmal die Woche etwas mit dem Lebenspartner unternehmen, regelmäßig Freunde treffen et cetera. Hilfe! Jedes Ding hat seine Zeit, aber nicht alle Dinge zur gleichen Zeit. Und genau das versucht man: Alles gleichzeitig unter einen Hut zu bekommen.

Der bereits erwähnte Rich hat es glänzend formuliert:

Die wichtigste, aber oft missverstandene Fähigkeit in unserer schnelllebigen, wettbewerbsintensiven Wirtschaft ist die, Arbeit und Aufgaben auf das Jahresergebnis abzustimmen. Meinem Team musste ich tatsächlich vor allem erklären, worauf es nicht ankam. Das war wichtiger als zu erläutern, was getan werden musste.

Sie müssen herausfinden, wie Sie Ihre Mitarbeiter in der Beschränkung auf die mit Blick auf den Jahresüberschuss festgesetzten Tätigkeiten unterstützen können. Sonst werden Sie die anvisierten Ziele nicht erreichen. Es gibt einfach zu viele verlockende Ablenkungen, zu viele aufregende Chancen, die sich ergeben und die Aufmerksamkeit von den festgesetzten Aufgaben abziehen.

Wurden die „mächtigen Drei" erst einmal gefunden, die Arbeitsschwerpunkte festgelegt, dann müssen Aufgaben gestrichen werden. Alles, was nichts zu den drei Schwerpunkten beiträgt, gehört in den Müll. Alles. Ich weiß, das fällt nicht leicht. Die wenigsten Menschen lassen sich gern etwas entgehen. Aber der Teller darf nicht so voll geladen werden, die Völlerei muss ein Ende haben. So ungern wir loslassen, so gewiss erreichen wir unsere Ziele nur durch Beschränkung.

MASSNAHME

Betrachten Sie die Liste mit Aufgaben, die Ihr Team bei der Sitzung zusammengetragen hat. Markieren Sie alle Tätigkeiten, die nicht mit den „mächtigen Drei" zusammenhängen. Was kann unmittelbar in den Müll wandern? Die Entscheidung fällt schwer, das verstehe ich nur zu gut. Gestatten Sie Ihren Leuten – und sich selbst – 20 Prozent der derzeitigen Aufgaben zu streichen. Was ist entbehrlich?

Entwickeln Sie Maßnahmen, um diese Dinge mit Anstand abzuschließen. Wenn andere Menschen betroffen sind, sorgen Sie dafür, dass sich niemand gekränkt fühlt. Oft ist es am besten, die Wahrheit zu sagen. Fast jeder hat Verständnis für Ihre Argumente, wenn Sie sich die Zeit nehmen, den Hintergrund der Entscheidung zu erläutern.

Warum fällt ein Nein so schwer?

Neinsagen ist oft schwierig; auch Sie wehren sich vermutlich dagegen, wichtige Aufgaben einfach zu streichen. Folgende Argumente bekomme ich fast immer von meinen Klienten zu hören, warum sie diese und jene Arbeiten nicht aufgeben könnten.

1. **Sie glauben einfach nicht, dass die Arbeitslast reduziert werden kann, und wollen sich damit erst gar nicht belasten.**
Darüber muss ich jedes Mal lachen. Den Kopf in den Sand zu stecken hat noch kein Problem gelöst. Wer in Führungspositionen strebt, sollte sich schwierige Telefonate zutrauen. Unsere Unternehmen benötigen dringend Menschen, die sich von Widrigkeiten nicht aus der Fassung bringen lassen. Probleme ignorieren ist keine Lösung, das wissen Sie selbst.

2. **Sie wollen niemanden enttäuschen, wissen aber, dass die Beschränkung unvermeidlich darauf hinausliefe.**

Wenn meine Klienten dieses Argument vorschieben, frage ich bloß: „Sind Ihnen die anderen wichtiger als Ihr eigenes Leben?" Denn das wäre die Folge. Wenn man niemanden enttäuschen will, stellt man die Interessen der anderen über die eigenen. Sind fremde Probleme, Bedürfnisse oder Sorgen wichtiger als Ihre eigenen? Ich glaube nicht.

Dem Teufelskreis muss Einhalt geboten werden, und ich möchte, dass Sie ihn jetzt und hier anhalten. Jedes abgelehnte Projekt, mit dem Sie anderen Hoffnungen rauben oder anderweitig Schmerzen zufügen, wird Sie beim nächsten Mal genauer nachdenken lassen, was Sie übernehmen und was nicht. Sehen Sie, wie mächtig die „mächtigen Drei" sind? Sie helfen Ihnen, Ja zu sagen zu den wesentlichen und Nein zu den unwesentlichen Dingen, für die Ihnen die Energie oder die Kapazität fehlt. Auf diese Weise wachsen sie sich erst gar nicht zum Problem aus. Sie haben sich selbst in eine unangenehme Situation gebracht, wenn Sie Aufgaben übernehmen, die mit Ihrem 90-Tage-Ziel nichts zu tun haben.

Also atmen Sie tief durch und tun Sie, was getan werden muss.

3. **Es sieht nicht gut aus, wenn Sie bei zugesagten Projekten die Notbremse ziehen.**

Dazu kann ich nur sagen: Wie würde es denn aussehen, wenn das Team mittelmäßige Ergebnisse bringt? Genau das wird aber passieren, wenn Projekte weitergeführt werden, die die Unternehmensziele nicht voranbringen. Wenn Sie überarbeitet sind und für neue Aufträge schlicht keine Kapazitäten frei haben, dann müssen Sie sich auf ergebnisrelevante Tätigkeiten konzentrieren. Sie sitzen mit Ihrem Team in einem Boot. Wenn Sie ihm weitere Bürden aufhalsen, bricht schiere Hetze

aus, damit auch die nicht so wichtigen Dinge erledigt werden können. Mit dem Ergebnis, dass die Abteilung ordentlich, aber nicht hervorragend arbeitet.
Glauben Sie mir, Sie stehen mit mittelmäßig erledigten Arbeiten schlechter da als mit abgelehnten Projekten. Planen Sie die Arbeitsbelastung so, dass Sie und Ihre Abteilung Außerordentliches leisten können. Jederzeit. Lehnen Sie alles ab, was nicht zu den „mächtigen Drei" passt.

4. **Es wird nicht toleriert, wenn Sie bestimmte Aufgaben ablehnen.**
Gut, dieser Punkt geht an Sie. Manches lässt sich wirklich nicht umgehen, bestimmte Rechenschaftsberichte und Sitzungen darf man nicht vernachlässigen, E-Mails wollen beantwortet, Post geöffnet werden und dergleichen mehr. Aber nur zu oft verschlingen diese Verwaltungsaufgaben mehr Zeit als nötig. Auch hier gilt es, die Dinge in einem Rutsch abzuarbeiten, um den Schwung zu nutzen. Dazu gleich mehr im Zusammenhang mit den Thementagen.

Konzentration durch Thementage

Meiner Erfahrung nach hilft es wenig, wenn Sie für sich gut strukturiert und diszipliniert arbeiten. Wenn sich die Menschen in Ihrer Umgebung verzetteln, werden diese mit ihren Problemen an Sie herantreten und damit ablenken. Haben Sie sich oft schon einen Plan für den nächsten Tag zurechtgelegt, aber sobald Sie im Büro waren, wurde er von Kollegen oder Mitarbeitern über den Haufen geworfen? Das meine ich. Dieses Problem bekommen Sie mit Thementagen in den Griff.

Sie funktionieren so. Am Monatsanfang (oder im Januar) überlegen Sie sich, unter welches Thema Sie die einzelnen Tage stellen. Ich spreche von Thema, denn jeder Tag sollte einer einzigen Aufgabe gewidmet sein. Können Sie sich vorstellen, den ganzen Tag mit einer Tätigkeit zu verbringen, die Geld in die Kasse spült? Oder sich einen Tag zu wählen, an dem Sie die anstehenden Verwaltungsaufgaben abarbeiten? Sie können viel erledigen, wenn Sie sich auf etwas konzentrieren.

Darum geht es bei den Thementagen. Es sind Tage, an denen Sie sich stundenlang auf eine Sache konzentrieren können. Die meisten unserer Klienten taufen diese Tage Lasertage, Support-Tage und freie Tage.

Lasertage sind ganz den einnahmerelevanten Aufgaben gewidmet. Keine Sitzungen, keine Post, keine Gespräche nach dem Motto „Kann ich Sie kurz ...“. Die Zeit ist ganz den mächtigen Drei vorbehalten und alles andere wird ausgeblendet.

An Support-Tagen bauen sie den Verwaltungsberg ab, der sich während der Projektarbeit aufhäuft: Post und E-Mail beantworten, zurückrufen, an Versammlungen teilnehmen, alles, was an Nebenarbeiten zu den einnahmerelevanten Tätigkeiten anfällt.

An freien Tagen sind Sie nicht im Büro. Kein Anrufbeantworter, kein Gedanke an die Arbeit, keine Minute im Dienst der Firma.

Sie müssen sich nicht an diese Einteilung halten. Laser-, Support- und freie Tage sind nur eine Möglichkeit unter vielen. Manche unserer Klienten haben Kreativtage eingeführt, um neue Vorschläge zu erarbeiten, Personaltage, um die Zusammenarbeit zu verbessern, Planungstage für langfristige Projekte, und interne Tage, um die Unternehmenspolitik abzuklopfen. Jeder Bereich, der konzentrierte Arbeit verlangt, sollte mit einem eigenen Thementag abgedeckt werden. Der Trick besteht darin, sich hinzusetzen und die Tage in den Kalender einzutragen. Jetzt gleich.

MASSNAHME

Der erste Schritt auf dem Weg zu Thementagen verlangt, dass Sie sich über die Themen klar werden, die einen eigenen Tag verdienen. Welche Arbeitsbereiche verlangen äußerste Konzentration? Schreiben Sie sich auf, welche Art Thementage für Sie in Frage kommen.

Im zweiten Schritt sollten Sie bestimmen, wie viele Tage Sie je Thema benötigen. Sind es drei Lasertage, weil Sie hohe Zielvorgaben erfüllen wollen? Oder drei Support-Tage, weil in letzter Zeit so viel liegen geblieben ist? Mit Sicherheit werden Planungstage notwendig sein, denn die meisten Führungskräfte stellen diese Aufgabe als weniger dringend hinten an. Entscheiden Sie, wie viele Tage für welche Bereiche nötig sind.

Der dritte Schritt beinhaltet die praktische Umsetzung: Tragen Sie die Tage in Ihren Kalender ein. Wenn ich Kalender aus Papier nutze, arbeite ich gern mit Farbstiften: Gelb für Lasertage, Grün für Support-Tage, pink für freie Tage. Das geht bei virtuellen Kalendern natürlich nicht. Überlegen Sie sich die Einteilung der Thementage gut.

Vierter und letzter Schritt: Befolgen Sie Ihren Plan! Sonst erschließt sich Ihnen die Konzentration durch Thementage nie.

Thementage auf Abteilungsebene

Wann immer wir dieses Konzept vorstellen, sind unsere Klienten hellauf begeistert. Sie wissen, wie viel man erledigen kann, wenn man am Stück Zeit für exzellente Arbeit hat. Aber bei der Umsetzung stellt sich immer wieder heraus, dass die ganze Abteilung so arbeiten muss, sonst kostet es zu viel Energie und Zeit, um die Freiräume zu verteidigen.

Wenn alle Mitarbeiter ihre Arbeit auf Thementage verteilen, gewinnt man nicht nur für sich selbst die nötige Ruhe, sondern die Produktivität steigt insgesamt gewaltig an. Stellen Sie sich nur vor, was alles in Reichweite liegt, wenn sich alle zwei volle Tage auf einnahmerelevante Projekte konzentrieren! Jetzt haben Sie es erfasst.

Jede Organisation, die diese Einstellung praktiziert, profitiert massiv. Brian und seine 15 Außendienstler können das nur bestätigen. Vor vier Jahren kam Brian mit einem Problem zu mir, das nur wenigen Managern fremd sein dürfte. Brian war Vertriebsleiter, hatte aber zudem seinen eigenen Kundenstamm zu betreuen. Das verschlang damals noch 80 Prozent seiner Zeit, für die Mitarbeiter blieb kaum Raum. Die Abteilung war in einem desolaten Zustand, lieferte aber die geforderten Zahlen. Wie das? Brian allein holte 70 Prozent der Zielvorgabe des gesamten Teams herein.

Ich vergewisserte mich zunächst, ob Brian wirklich Manager sein wollte. Der Verdacht, dass ein Mann oder eine Frau stärker an der konkreten Arbeit denn an der Führung eines Teams interessiert ist, liegt bei einem so eklatanten Missverhältnis einfach nahe. Aber Brian wusste nur nicht, wie er beide Verantwortungsbereiche gleich gut bewältigen sollte. Also konnten wir mit der Arbeit beginnen.

Zunächst legten wir die „mächtigen Drei" sowohl für seine Rolle als Manager als auch für seine Rolle im Verkauf fest. Am Schluss bleiben fünf Bereiche übrig, zwei in Bezug auf die Führungsaufgabe (Personal und Politik) und drei in Bezug auf den Verkauf (Kundenwerbung, Präsentationen und Abschlüsse). Anschließend setzten wir Thementage fest, an denen Brian die wichtigsten Aufgaben abarbeiten konnte. Montags war sein Managertag. Er traf sich mit den Mitarbeitern, widmete sich Interna und überhaupt allen Fragen, die an ihn als Chef herangetragen wurden. Dienstag und Mittwoch waren seine Verkaufstage, er traf sich mit Kunden und schloss Verträge ab. Die Donnerstage waren für Post und andere Verwaltungsaufgaben reserviert, Freitag war noch einmal Managerarbeit angesagt.

Nachdem diese Einteilung einmal klar war, überzeugte Brian seine Mitarbeiter, nach einem vergleichbaren Schema zu arbeiten. Wenn Donnerstags alle mit dem Schriftverkehr und anderen Nebenarbeiten beschäftigt waren, entfielen auch die typischen Erreichbarkeitsprobleme. Synergieeffekte schmierten die Maschine, und alles lief wie am Schnürchen, weil sich alle zur gleichen Zeit um die gleichen Dinge kümmerten. Reibungspunkte wurden entschärft, es blieb nichts mehr liegen und die Zahlen wuchsen in den Himmel. Brians Anteil an den Abschlüssen der Abteilung sank von 70 auf 20 Prozent, obwohl er seine persönliche Bilanz um 25 Prozent steigerte. Seine Mitarbeiter verkauften mehr, weil sie die Schwungkraft nutzten.

MASSNAHME

Wenn Sie für sich die Thementage festgelegt haben, rufen Sie Ihre Mitarbeiter zusammen und legen Sie mit ihnen ebenfalls Thementage fest. Es ist unbedingt nötig, dass die Schwerpunkte für die ganze Abteilung koordiniert werden. Stellen Sie sicher, dass alle Mitarbeiter den Lasertag oder den Support-Tag auf denselben Wochentag legen. Ohne diese Koordination sind Konflikte vorprogrammiert. Dann kollidiert zum Beispiel die Abteilungsbesprechung mit dem Lasertag eines Außendienstlers. Die Synchronisierung des Tageplans ist unabdingbar. Es feuert sie an, wenn man an einem Tag mehr schafft als sonst in einer ganzen Woche!

Der Schlüssel zum Erfolg: Einfachheit

Unsere Welt ist so kompliziert, dass die Einfachheit den Schlüssel zum Erfolg an die Hand gibt. Wer Ergebnisse will, sollte sich punktgenau konzentrieren. Wer die Fluktuation niedrig halten will, muss Mitarbeitern ermöglichen, wertvolle Beiträge zu leisten und Projekte abzuschließen. Das gelingt nur, wenn sie sich fokussieren können. Wer Mitarbeiter pünktlich in den Feierabend schicken will, ohne bei den Ergebnissen Abstriche hinzunehmen, dem bleibt nur der Weg über möglichst ablenkungsfreie Arbeitsbedingungen.
Und die Moral von der Geschicht'?

Herausragende Führungskräfte konzentrieren sich auf das Wesentliche und leiten ihre Mitarbeiter dazu an, sich auf das Wesentliche zu konzentrieren. Alles Unwesentliche fliegt auf den Müll.

So verheizen Sie Ihre Mitarbeiter ...

1. Sie glauben, das Problem würde sich in Luft auflösen, wenn die Mitarbeiter ihre Zeit nur besser nutzen würden.
2. Sie verteilen immer neue Aufgaben, ohne an anderer Stelle für Entlastung zu sorgen.
3. Ihre Mitarbeiter werden von tausend Ideen und Möglichkeiten abgelenkt.
4. Sie unterstützen die Mitarbeiter nicht bei der Setzung von Prioritäten.
5. Ihre Mitarbeiter schuften ununterbrochen, haben aber nie das Gefühl, etwas zu Ende zu bringen.
6. Sie halten jede Idee für eine gute Idee und setzen sie auf die To-do-Liste. Die anderen können nicht Nein sagen, nur Sie haben die Befugnis dazu.
7. Sie können sich nicht für eine Auswahl aus der Unzahl von Möglichkeiten entscheiden, und halsen dem Team auf, alles einzeln auszuprobieren.
8. Sie ziehen nicht die Notbremse, wenn sich ein Projekt als offensichtlich ineffizient erweist.
9. Sie springen ständig von einer Sache zur nächsten und erwarten von Ihren Mitarbeitern dasselbe.
10. Sie mögen es gerne kompliziert und halten alles Einfache für schlicht im Sinn von dumm.

So feuern Sie Ihre Mitarbeiter an ...

1. Sie wissen, welche Arbeiten die Gewinn- und Verlustrechnung positiv beeinflussen und teilen die Energien der Abteilung entsprechend ein.
2. Sie helfen den Mitarbeitern, alles Unwesentliche in den Orkus zu schicken.
3. Sie konzentrieren Ihre Aufmerksamkeit auf die wichtigsten drei Punkte und unterstützen das Team beim Setzen von Prioritäten.
4. Sie erkennen – und nutzen die Macht der Schwungkraft.
5. Sie können Nein sagen. Freundlich, aber bestimmt.
6. Sie ziehen rasch die Notbremse, wenn sich Projekte als wenig ergiebig erweisen.
7. Sie erwehren sich aller Ablenkungen. Und wenn Sie diesen Abwehrkampf für Ihre Mitarbeiter mitübernehmen.
8. Sie sind stolz auf Ihre Einsicht, wie viel man an einem Tag durch Konzentration schaffen kann.
9. Sie bevorzugen Thementage, weil dann alle im Gleichklang arbeiten.
10. Ihr zweiter Name ist Einfachheit.

KAPITEL 4

Im Geschwindigkeits-rausch

Wir leben im Internetzeitalter. Wir gehen schnell, reden schnell, essen schnell und sagen dann: „Ich muss mich beeilen." Die Menschen sind entweder fasziniert von dieser beschleunigten Welt oder fühlen sich von ihr ausgelaugt.

Einerseits müssen wir schnell sein, um den Wettbewerbern voraus zu sein. Kunden erwarten auf Anfragen rasch Auskunft, niemand steht gern in einer Warteschlange. Sofortige Bedürfniserfüllung heißt das Zauberwort. Die Mehrzahl der Berater predigt – zu Recht –, Geschwindigkeit sei Trumpf.

Das gilt aber nur, solange Geschwindigkeit nicht zum Selbstzweck wird. Für wichtige Entscheidungen sollte man sich Zeit lassen, und wenn man müde ist, muss man sich ausruhen. Wer das nicht beherzigt, zerstört seine Arbeitsfähigkeit. Schnelligkeit der Schnelligkeit wegen darf nicht sein. Heute müssen Führungskräfte für Geschwindigkeit sorgen, indem sie die Richtung präzise vorgeben.

Warum sollte man sich abhetzen, wenn man doch nicht die gewünschten Ergebnisse erzielt? Es führt nur zu totaler Erschöpfung, den Mitarbeitern geht früher oder später die Puste aus.

Einer meiner Mitarbeiter, Ron Mudge, sagte unlängst: „Wenn die Landschaft bei 55 Meilen pro Stunde am Autofenster vorbeifliegt, sieht man ganz andere Dinge, als wenn man mit dem Fahrrad oder zu Fuß unterwegs ist. Unterschiedliche Geschwindigkeiten führen zu unterschiedlichen Sichtweisen." Gut formuliert.

Viele Menschen hasten von einem Feuerwehreinsatz zum nächsten, ohne wirklich über ihr Tun nachzudenken. Sie verbringen ihr Leben quasi auf dem Highway, aber das kann es auf Dauer nicht sein. Was würden sie sehen, riechen, hören, wenn sie mit dem Fahrrad fahren? Was entgeht ihnen, weil sie nicht spazieren gehen?

Wer heute bestehen will, sollte diese Wahrheit beherzigen. Manchmal muss es schnell gehen, manchmal langsam, manchmal bringt die Technik den entscheidenden Wettbewerbsvorteil, manchmal das Personal.

Wer sich in der Geschwindigkeit verschätzt, die einer Situation angemessen ist, wird aus der Kurve getragen. Wer will das schon?

Die angemessene Geschwindigkeit

Schritt 1: Das Richtige tun

Die Kontrolle gewinnt in unserer beschleunigten Welt am ehesten zurück, wer sicherstellt, dass die wirklich wichtigen Aufgaben abgearbeitet werden. Wer Geschwindigkeit als Wettbewerbsvorteil nutzen will, sollte unbedingt schnell das Richtige tun.

Leider geschieht es oft, dass die Verantwortlichen von Termin zu Termin hetzen und darüber vergessen, das Wichtige vom

Unwichtigen zu scheiden. Je schneller sie sich bewegen, desto mehr verengt sich ihr Blickfeld. Was, wenn sie 80 Prozent eines Tages auf Dinge verwenden, die sich im Jahresergebnis überhaupt nicht niederschlagen? Die keinen Wert schöpfen? Oh. So gewinnt man in unserer Welt keinen Blumentopf.

Also holen Sie tief Luft und fragen Sie sich: „Ist das wichtig?" Wenn ja, wunderbar. Wenn nicht, sind ein paar Änderungen fällig. (Wenn Sie die Frage nicht beantworten können, lesen Sie bitte noch einmal Kapitel 3 zur „Produktivitätssteigerung" und legen Sie die Bereiche fest, auf die Sie sich konzentrieren wollen.)

Schritt 2: Langfristige Ziele im Blick behalten

Mir fällt zu diesem Punkt kein treffenderer Vergleich ein als der mit Formel-1-Fahrern. Kennen Sie die häufigste Unglücksursache? Die meisten Unfälle passieren, weil die Piloten sich für einen Moment auf den unmittelbar vor ihnen liegenden Streckenabschnitt konzentrieren. Hohe Geschwindigkeiten bewältigt nur unfallfrei, wer über die nächste Kurve hinausdenkt. Die Maschinen brechen bei hektischen Lenkmanövern aus, also ist vorausschauendes Fahren gefordert. Wer erst in der Kurve reagiert, hat schon verloren.

Wer die Geschwindigkeit im Unternehmen erhöhen will, muss über die heutigen Aufgaben hinaus in die Zukunft blicken. Was wird in sechs Monaten sein? Wenn Schnelligkeit ein Wettbewerbsvorteil ist, muss sich eine Person in der Organisation ständig um die Straßenverhältnisse hinter der nächsten Kurve kümmern. Dreimal dürfen Sie raten, wem diese Aufgabe wohl zufällt!

MASSNAHME

Wenn Sie noch nicht geklärt haben, in welche Richtung sich die Geschäftstätigkeit entwickeln soll, klären Sie diesen Punkt.

Schnappen Sie sich Ihren Kalender und planen Sie sobald wie möglich einen komplett bürofreien Tag ein, an dem Sie sich Gedanken über die Zukunft machen. Auf welche Rahmenbedingungen müssen Sie sich einstellen? Formulieren Sie die Vision schriftlich und besprechen Sie das Papier mit Ihren Mitarbeitern.

Fragen Sie, wer Kapazitäten frei hat, um die Zukunft zu planen. Suchen Sie Unterstützung bei einer Gruppe oder engagieren Sie einen Coach, der sich auf Visionsfindung spezialisiert hat. Nur wer weiß, was auf ihn zukommt, kann die notwendigen Maßnahmen ergreifen, ohne ins Schleudern zu geraten.

Schritt 3: Die optimale Geschwindigkeit wählen

Wir haben nicht die Zeit, um jede beliebige Arbeit in aller Ruhe anzugehen. Ich bin nicht so naiv, das anzunehmen, und es wäre auch schlicht falsch. Der Markt wartet nicht auf uns; wir müssen wendig, geschmeidig und anpassungsfähig bleiben.

Aber schneller ist nicht in jedem Fall besser. Soll Ihr Augenarzt schnell oder nicht doch lieber sorgfältig operieren? Wenn es um unsere Augen geht, ziehen wir wohl ein bedächtiges, ruhiges Arbeiten vor.

Keinesfalls sollten wir beim Personal Abstriche machen, weil es schnell gehen soll. Es gab Zeiten, da hatte ich so viel zu tun, dass ich händeringend nach Mitarbeitern suchte. Aber jedes Mal – wirklich jedes Mal –, wenn wir uns nicht die Zeit nahmen, um die Idealbesetzung zu finden, stellten sich die schnell Angeworbenen als katastrophale Fehlschläge heraus. Schnellschüsse beim Personal, Einstellungen auf Teufel komm raus, weil man in Arbeit versinkt, ist ein ganz schlechter Zug. Es geht immer daneben.

Überlegen Sie sich genau, was wie schnell getan werden muss. Es kann Situationen geben, in denen sich 24 Stunden Bedenkzeit auszahlen. Andere Sachverhalte erfordern Nichtstun. Viele Führungskräfte nehmen sich nicht die Zeit zu solchen Überlegungen. Sie kümmern sich nur um den nächsten Haken in ihrer Agenda – wieder ein Punkt erledigt. Leider bringen sie mit diesem hamstergleichen Gerenne nicht selten ihre Mitarbeiter um den Verstand.

MASSNAHME

Das Geschwindigkeitsproblem bekommen Sie am besten in den Griff, wenn Ihre Mitarbeiter exemplarisch alle Tätigkeiten auflisten, die sie innerhalb eines bestimmten Monats erledigen müssen. Dazu gehören Rückrufe, kleinere und größere Projekte, einfach alles, was Zeit kostet. (Wahrscheinlich haben Sie diesen Schritt bereits im Zusammenhang mit einer anderen Übung, die ich in diesem Buch empfohlen habe, getan.)
Entscheiden Sie für jede dieser Tätigkeiten, in welchem Zeitraum sie spätestens erledigt werden muss. Ich habe zum Beispiel in meinem Unternehmen die Regel aufgestellt, dass E-Mails innerhalb von 24 Stunden zu beantworten sind, und sei es nur mit der Auskunft, dass wir für die eigentliche Antwort noch ein oder zwei Tage Zeit brauchen. Ich rege mich gern darüber auf, wenn ich eine E-Mail schreibe und tagelang auf die Antwort warte. Hat man für die wichtigsten Routinetätigkeiten solche Standardreaktionszeiten festgelegt, kann man je nach äußeren Umständen von Tag zu Tag entscheiden, ob man schneller oder langsamer arbeiten muss.
Angenehmer Nebeneffekt dieser Disziplinierung ist, dass die

Mitarbeiter ein Gespür dafür entwickeln, welche Tätigkeiten keinen Aufschub dulden. Oft definieren Chefs angemessene Reaktionszeiten ganz anders als die Angestellten. Die hier vorgeschlagene Maßnahme eröffnet den Dialog über solche Differenzen.

Schritt 4: Die richtige Infrastruktur schaffen

Wenn in Ihrer Branche Geschwindigkeit ein Überlebenskriterium ist, dann sollten die Arbeitsbedingungen darauf abgestimmt sein. Deutsche Autos sind auf Geschwindigkeiten über 100 km/h ausgelegt, die Autobahnen entsprechend ausgebaut. In den USA würde entweder der Motor seinen Geist aufgeben oder der Highway uns mit seinen Schlaglöchern das Rasen verleiden. Nicht dass wir nicht schnell fahren könnten. Durchaus. Aber unser Verkehrssystem taugt nicht für hohe Geschwindigkeiten. Die Infrastruktur ist ein entscheidender Faktor, wenn es um Geschwindigkeit geht.

Wenn der Markt rasche Reaktionen erfordert, müssen die Bedingungen stimmen und die Systeme dieser Belastung standhalten. Sonst bricht früher oder später alles zusammen und mündet im totalen Chaos. Kaufen Sie nicht amerikanische Wagen für deutsche Autobahnen.

Meine Klientin Michelle kämpfte mit diesem Problem. Sie bat mich, ihr bei der Erstellung eines strategischen Drei-Jahres-Planes für ihren Geschäftsbereich zu helfen. Als Vice President einer bereits börsennotierten Internetfirma stand sie vor der Frage: Wie soll es jetzt weitergehen? Der Börsengang hatte alles andere in den Hintergrund gedrängt. Michelle wusste, wenn sie jetzt nach der erfolgten Börsennotierung blieb, benötigte sie eine neue Vision.

Während wir verschiedene Richtungen andachten, die ihre

Abteilung einschlagen konnte, erkannten wir sonnenklar eine phantastische Gelegenheit, die die Konkurrenzunternehmen offenbar übersahen. Man musste den Markt nur besetzen, bevor sie aufwachten. Michelles erste Reaktion war, loszuspurten und das Konzept parallel zur Markteinführung zur Marktreife zu bringen. Aus dem Bauch heraus wollte sie unverzüglich den Zielmarkt bedienen.

Die Eile fand nicht meinen Beifall. Michelle benötigte Zeit, um den Erfolg der neuen Strategie sowohl von den personellen als auch von den sonstigen Voraussetzungen her sicherzustellen. Natürlich sollte sie nicht Wochen warten, bis alles im Detail vorbereitet war. Aber sie musste abklären, ob die Abteilung das erforderliche Tempo über einen längeren Zeitraum halten konnte. Den Mitarbeitern steckte der Börsengang noch in den Knochen, unter Umständen hätte Michelle sie mit diesen neuen, massiven Anforderungen an den Rand ihrer Kräfte und darüber hinaus getrieben.

Wie oft haben Sie von Ihren Mitarbeitern verlangt, ein Ziel trotz fehlender Ressourcen zu erreichen? Und es ihnen – sie haben es das letzte Mal ja auch geschafft – wieder und wieder abverlangt? So inspiriert man Menschen nicht, so verfehlt man garantiert gute Ergebnisse.

Zu fünft – Michelle, ihre drei Manager und ich – nahmen wir uns einen Tag Zeit und entwickelten innerhalb von acht Stunden einen Plan. Unter anderem fragten wir nach den notwendigen Voraussetzungen, ohne die der Erfolg ausbleiben würde. Wenn das Produkt praktisch über Nacht auf den Markt geworfen werden sollte, welche Systeme, Routinen und Ressourcen mussten dann vorhanden sein? Wir erstellten einen Maßnahmenkatalog mit exakten Terminen, bis zu denen bestimmte

Infrastrukturelemente bereitstehen sollten. Michelle übernahm die Aufgabe, die übrigen Unternehmensbereiche zur Unterstützung des neuen Marktsegments zu gewinnen und die Prioritäten entsprechend umzustellen. Ihre Manager sorgten für die richtigen Maschinen, die nötigen Schulungen, neue Mitarbeiter und die Berichtsstrukturen, damit der Coup gelang.

Dieser eine Planungstag war entscheidend.

Was dabei herauskam? Sie mischten den Markt gehörig auf, ohne Mitarbeiter und Ressourcen zu verschleißen, denn sie dachten weit genug voraus und konnten den Schnellschuss deswegen langfristig platzieren.

MASSNAHME

Welche Ressourcen und Hilfsmittel verhindern in Ihrem Verantwortungsbereich Zusammenbrüche? Entwickeln Sie mit Ihrem Team Ideen, unter welchen Voraussetzungen schnelle Entscheidungen getroffen und umgesetzt werden können. Investieren Sie die nötige Zeit und das nötige Geld, um diese Punkte zu realisieren. Vielleicht brauchen Sie eine zuverlässigere Telefonanlage, schnellere Internetverbindungen, leistungsfähigere Rechner oder auch neues Personal, das gute Mitarbeiter von Routinetätigkeiten entlastet. Vielleicht müssen Sie die bisherige Tätigkeit neu strukturieren oder in entscheidenden Punkten verbessern, bevor sich der Aufschwung einstellt. Mir kommt es vor allem auf eins an: Entwickeln Sie eine Ressourcen-Liste und arbeiten Sie diese ab. Und dann verwirklichen Sie Ihre Vision.

Schritt 5: Wissen, wann es genug ist

Jogging kann Sie einiges über das Geschäftsleben lehren.

Ich weiß noch, wie ich mich damals zum regelmäßigen Laufen entschlossen hatte. Sonderlich laufbegeistert war ich nie. Die Aschenbahn hat mich schon in der High School nicht gereizt, ich mied Sportarten, bei denen man sprinten oder ein paar Runden auf dem Spielfeld drehen musste. Mir waren Aerobic und Tanzen lieber, aber ich habe Läufer immer beneidet.

Lange malte ich mir nur aus, wie schön das Joggen doch sein müsste. Ich hätte meinen Tag gern mit einem Fünf-Kilometer-Lauf begonnen, sehnte mich nach der Klarheit, die sich durch intensives Üben einstellt. Kurz: Ich wollte gern wie die Menschen in meinem Bekanntenkreis sein, die regelmäßig joggten.

Die klassische Falle schnappte zu: Ich dachte, ich wäre fit für ein ausgewachsenes Jogging-Programm, denn ich betrieb seit einigen Jahren intensives Walking. Aber es gibt schon gewisse Unterschiede.

Eines schönen Tages begann ich frohgemut mein Lauftraining. Ich band meine Schuhe zu, machte ein paar Dehnübungen und spazierte durch die Haustür. Ich hatte mir eigentlich vorgenommen, einige Straßenzüge weit zu gehen, um mich aufzuwärmen. Aber ich war so heiß darauf zu laufen, also lief ich los.

Ungefähr bis zur nächsten Querstraße stellte ich mir vor, ich würde einen Marathon laufen. Wenn ich schon anfange zu laufen, warum dann nicht aufs Ganze gehen? Der Wind strich durch mein Haar, es war herrlich. Aber ich lief planlos und allein, sodass mich niemand mitzog. Ich wollte einfach laufen, bis mein Körper signalisierte: Genug!

Nach der dritten Querstraße war ich erschöpft. In diesem Moment fuhr unser Nachbar vorbei, hupte und winkte mir zu. Also rannte ich weiter, die Blöße wollte ich mir denn doch nicht geben. An der nächsten Querstraße war es vorbei, ich musste anhalten. Wie lange hatte ich durchgehalten? Die Uhr war genau fünf Minuten vorgerückt!

Joggen ist viel schwieriger als es aussieht. Und exakt dasselbe gilt für die Wirtschaft. Gehen Sie einen Marathon genauso an wie ein Rennen über die Distanz von wenigen Kilometern? Zu viele Führungskräfte konzentrieren sich auf kurzfristige Erfolge und vergessen, dass der am besten lacht, der zuletzt lacht. Der umgekehrte Fehler – dass der Chef über die langfristigen Ziele die Quartalszahlen aus dem Blick verliert – ist genauso häufig und zeitigt nicht weniger verheerende Folgen.

Wenn ich eins aus dem Joggen gelernt habe, dann: Halt die Pausen ein. Die erste Woche war eine grausame Erfahrung. Ich hatte mir vorgenommen, einen Monat lang täglich zu laufen, und hielt mich in der ersten Woche sklavisch daran. Erfahrene Jogger wissen, dass man kaum effektiver dafür sorgen kann, sich zu verletzen. Am siebten Tag rutschte ich aus, weil mein Körper überfordert war. Nach einigen Tagen Ruhe schaffte ich fünfzehn Minuten am Stück. Die Erholungsphasen sind der Schlüssel zum Erfolg.

Wer seinem Team keine Ruhe gönnt, Zeiten, in denen man neue Kraft schöpfen, die Batterien wieder aufladen kann, begeht denselben Fehler wie ich mit meinem Jogging-Experiment. Die Mitarbeiter werden ins Straucheln geraten, verlieren den Boden unter den Füßen. Wie oft haben Sie ihnen abverlangt, aufzudrehen und ein bestimmtes gewaltiges Ziel zu erreichen? Und kaum dass es erreicht war, ihnen erneut übermenschliche Anstrengungen abverlangt? Niemand hält das Woche um Woche durch. Sie müssen Ihren Mitarbeitern Ruhe gönnen, Zeit zum Ausspannen. Wenn nicht, sind Probleme vorprogrammiert.

MASSNAHME

Wenn Sie gerade Ihre Mitarbeiter auf ein großes Ziel einstimmen, planen Sie bitte nach Erreichen des Ziels eine Erholungsphase ein. Das ist unverzichtbar. Auch wenn das nächste Projekt nur ein oder zwei Wochen in Anspruch nimmt.

Menschen brauchen Erholungsphasen, sonst sind sie nicht zu Spitzenleistungen in der Lage. Irgendwann machen Leib und Seele nicht mehr mit – und die Mitarbeiter und Mitarbeiterinnen produzieren nur noch Mittelmaß. Oder, schlimmer noch, verlassen das Unternehmen. Dieses Risiko kann sich keine Führungskraft leisten.

Schritt 6: Lernphasen einplanen

Die zweite Lektion, die mich das Laufen gelehrt hat: Der Erfolg stellt sich erst mit der Zeit ein. Jede Geschäftstätigkeit entwickelt sich, Ziele erreicht man nicht über Nacht. Wenn Sie Erfolge anstreben – die Absatzzahlen verdoppeln oder eine gute Führungskraft sein oder einen gewinnträchtigen Geschäftsbereich ausbauen wollen –, dann brauchen Sie Zeit. Sie dürfen nicht heute mit dem Laufen anfangen und sich morgen zum Marathon anmelden. Die Teilnahme am Marathon müssen Sie sich erarbeiten.

Mit anderen Worten: Tag für Tag sind die kleinen Schritte wichtig, die Sie Ihrem Team zumuten können. Welche Tätigkeit trägt heute dazu bei, dass Sie Ihrem Ziel näher kommen? Schön, dann tun Sie das. Vergleichen Sie sich nicht ständig mit anderen: Was tun die? Das ist zu einfach. Wer Rennen gewinnen will, muss die kollektive Kraft des Teams nutzen, statt auf die Konkurrenz zu starren.

Ich verstehe Ihre Ungeduld gut. Ein Teil von Ihnen will die

Lernkurve abkürzen. Dann haben Sie nur eine Wahl: Feuern Sie alle Mitarbeiter und stellen Sie neue ein, die genau wissen, was sie tun und die gewünschten Ergebnisse in 24 Stunden abliefern. Zu extrem? Aber Sie tun nichts anderes, wenn Sie Ihrem Team nicht die nötige Zeit zum Lernen einräumen. Sie verheizen sie, wenn Sie ihnen die Möglichkeit nehmen, ihre Fähigkeiten zu entwickeln.

Was kennzeichnet gute Führungskräfte?

Das Geschwindigkeitsproblem ist unter anderem deswegen so drängend geworden, weil unsere Welt an einem Technikwahn leidet. Auf Schritt und Tritt werden wir von neuen und besseren Techniken verfolgt, die keinen Lebensbereich verschonen. Schon stellen uns Genomforscher in Aussicht, dass wir demnächst unsere eigene Spezies optimieren können. Web-Freaks arbeiten an dem Traum, jeden Einkauf und jede Kommunikation vom heimischen PC aus im Pyjama zu erledigen. Und wir werden von ihren Visionen angesteckt.

Die Produkte kommen unglaublich schnell auf den Markt, und diese Schnelligkeit durchdringt jeden Winkel unserer Welt. Schnelligkeit ist schick, und wir wollen noch schneller werden. Auf den Bericht warten? Kommt nicht in Frage! Das Projekt lässt sich doch in ein oder zweit Tagen abwickeln, sagen Sie, und werden ärgerlich, wenn Mitarbeiter um Aufschub bitten. Sie finden, es geht nicht schnell genug und zweifeln schon an der Qualifikation Ihres Teams. Ob es der Aufgabe gewachsen ist?

Aber es geht gar nicht um Schnelligkeit. Alles ist eine Frage der Erwartungshaltung. Sie müssen das Heft wieder in die

Hand nehmen und dürfen sich nicht blenden lassen von den neuen Techniken, die unablässig in den Markt branden. Ist Schnelligkeit für Sie ein Wettbewerbsvorteil oder befriedigt der Geschwindigkeitsrausch ganz andere Bedürfnisse?
Ich bin kein Verfechter des „zurück zur Natur", predige nicht die Vorzüge der einfachen Dinge des Lebens. Meines Erachtens kann man der Technikgläubigkeit nicht mit einer Vogel-Strauß-Politik begegnen. Es ist phantastisch, wie sehr die Technik unser Leben verändert. Veränderung ist gut. Solange wir nicht die Perspektive aus dem Blick verlieren, sind all diese Wunderdinge gut, gleichgültig, wie oft uns der Kopf schwirrt. Einverstanden? Wer heute ökonomisch erfolgreich sein will, muss technische Neuerungen, die unsere Arbeit erleichtern, von solchen unterscheiden können, die das Leben bloß komplizierter gestalten.
Hier zwei Vorschläge, wie wir die Kontrolle in unserer beschleunigten Welt zurückgewinnen.

1. Seltene Feuerwehreinsätze

Einer der Gründe, warum wir uns so zerrissen fühlen, ist die Neigung, Probleme nur zu lindern, statt sie zu lösen: Wir wählen die nächstliegende Lösung, handeln uns damit aber Folgeprobleme ein, die sich mit etwas Überlegung hätten vermeiden lassen.
Als ich das Material für dieses Buch zusammenstellte, klagten viele meiner Klienten, sie hätten nicht genug Zeit, um sich ein Gesamtbild zu verschaffen. „Ich habe den ganzen Tag mit Krisenbewältigung und Problemen verbracht", erklärte Joe mitten in einer Coaching-Stunde. „Kein Wunder, dass wir die Spitzenergebnisse nicht schaffen, obwohl ich genau weiß, dass mein Team dazu in der Lage wäre. Ich komme mir wie ein Feuerwehrmann vor, der das Haus zu retten versucht."
In vielen Köpfen hallt dieses „Feuer! Feuer!" wieder. Darin

liegt eine der größten Herausforderungen unserer beschleunigten Arbeitswelt. Man versucht zu retten, was zu retten ist, und rast von einem Einsatz zum nächsten. Aber der Löschschaum deckt die Probleme nur zu. Kurzfristige Lösungen in der Hoffnung, dass sich die Lage schon entspannen wird, verhindern eine echte Bereinigung. Aber die Lage entspannt sich nicht von selbst, und ein Teufelskreis beginnt.

Gute Führungskräfte packen ein Problem bei der Wurzel an. Keine Interimslösungen. Keine Schnellschüsse. Sie mögen den Eindruck von rastloser Tätigkeit vermitteln, aber in Wirklichkeit weichen Sie dem Unvermeidlichen aus.

Michael, auch er einer unserer Klienten, gehörte zu den besten Feuerwehrmännern, die ich kenne. Als CEO einer wachstumsstarken Produktionsfirma meisterte er jede Krise, die zur Vordertür hereinkam. War gerade Ebbe in der Kasse, vertröstete er einen Lieferanten, um einen anderen zu bezahlen. Beschwerte sich der vertröstete Lieferant, wurde seine Rechnungen beglichen und ein dritter hingehalten. Michael versetzte schwache Manager in andere Abteilungen und hoffte, ihre Leistungen würden sich dort bessern. Er entließ sie ungern, sondern veränderte nur die Zuständigkeiten. Beschwerte sich ein Kunde, setzte Michael unabhängig vom Inhalt der Beschwerde Himmel und Hölle in Bewegung, um den Kunden zufrieden zu stellen. Oft verursachte dieses Entgegenkommen an anderen Stellen Engpässe.

Ich konnte Michael bewusst machen, welch hohen Preis er für diese ständigen Ad-hoc-Lösungen zahlte. Er musste die Finanzströme so regeln, dass die Kreditorenabteilung nicht in einer Dauerkrise schwebte. Die Führungscrew musste dem Wachstum des Unternehmens angepasst werden. Die Erfül-

lung von Reklamationen durfte nicht die Lieferungen an andere Kunden gefährden.
Michaels Feuerwehreinsätze stürzten das Unternehmen in die Krise. Durch langfristige Lösungen wurde sein Bestand gesichert.

MASSNAHME

Um den Teufelskreis immer neuer Brandherde zu durchbrechen, sollten Sie rückverfolgen, wo die Brandursache liegt. Wann immer Sie ein Problem lösen sollen, legen Sie eine kurze Notiz im Palm Pilot ab. Sehen Sie am Ende der Woche an, welche Probleme sich wiederholen. Ist ein bestimmter Mitarbeiter auffällig häufig betroffen? Dann haben Sie ein Personalproblem. Wenn Sie den Grund für die Leistungsmängel des Mitarbeiters beheben, haben Sie auch das Problem gelöst. Bricht das Computersystem immer wieder zusammen? Rüsten Sie es auf, und das Problem ist gelöst. Ruft ein Kunde immer wieder an und beschwert sich? Schicken Sie ihn zum Teufel (höflich, versteht sich), und das Problem ist gelöst.
Suchen Sie nach der Wurzel des Übels, und lösen Sie das Problem dort, wo es entsteht. Damit ist es ein für allemal aus der Welt.

2. Persönlicher Kontakt statt Technik

Haben Sie je eine E-Mail geschickt, die der Empfänger in den falschen Hals bekommen hat? Geben Sie's zu, das ist bestimmt schon passiert. Sie hacken eilig eine Mitteilung in den PC, und plötzlich ist die gesamte Belegschaft in Aufruhr. Ein Missverständnis liegt vor, durch das die Angelegenheit viel zu viel

Gewicht bekommt. Sie wollten ein kleines Problem in zwei Minuten mit einer E-Mail lösen und sind drei Tage lang damit beschäftigt, die Ruhe wiederherzustellen.

Die gewaltige Ausweitung der Kommunikationsmöglichkeiten verführt zu der – falschen – Meinung, man könne mit der Technik Beziehungen knüpfen. Immer häufiger verstecken sich Führungskräfte hinter dem Bildschirm und ihren Anrufbeantwortern und entschuldigen sich mit einem überquellenden Terminkalender.

Stimmt ja, Sie sind sehr beschäftigt, aber wenn Sie in der beschleunigten Welt den Überblick nicht verlieren wollen, müssen Sie aus Ihrer Höhle kriechen und mit Ihren Leuten reden. Das ist der Königsweg, um sich die Loyalität der Mitarbeiter zu sichern und sie im Unternehmen zu halten. E-Mail und Anrufbeantworter sind wunderbare Hilfsmittel, um die Pflege vorhandener Beziehungen zu erleichtern. Aber der persönliche Kontakt ist unentbehrlich.

Keine Zeit? Oje. Soviel Zeit muss sein. Ohne Mitarbeiter wären Sie keine Führungskraft, und deren intensives Engagement können Sie nur mit Präsenz fördern. Die Zeit, die Sie mit ihnen verbringen, ist gut investiert.

MASSNAHME

Der Aufbau von Beziehungen ist zeitintensiv. Das wissen Sie selbst, was also tun Sie, um tragfähige Beziehungen zu Ihren Mitarbeitern aufzubauen? Legen Sie sich jetzt Maßnahmen zurecht, wie Sie mit den Talenten in Ihrer Organisation mehr Zeit verbringen. Sie könnten zum Beispiel einmal im Monat mit wichtigen Mitarbeitern essen gehen oder sie auf vierteljährliche Kundenbesuche mitnehmen. Was Sie unternehmen, ist nicht so wichtig, Hauptsache, dass Sie etwas unternehmen.

Entwickeln Sie einen Plan, wie Sie „Echtzeit" mit ihrem Team verbringen, und halten Sie sich daran. Es hilft nichts, sich hinter Technik zu verstecken. Die Antwort liegt im Zusammensein.

Wie Sie ein schnelles Team gewinnen

Wenn Sie blitzschnell auf Reklamationen reagieren oder die Eroberung neuer Märkte intensiv vorantreiben, heißt das noch lange nicht, dass Sie ähnlich rasch auf Anliegen Ihrer Mitarbeiter reagieren.
Wie kommt es, dass manche Führungskräfte sich ein Bein ausreißen, um Kundenwünsche in weniger als 24 Stunden zu erfüllen, aber Wochen brauchen, bis sie sich den Problemen ihrer Angestellten widmen? Es kommt, denke ich, daher, dass sie die Leistungen ihre Untergebenen für selbstverständlich halten. Das ist ein Fehler. Wenn Sie Ihre Mitarbeiter enttäuschen und einem Problem aus dem Weg gehen, signalisieren Sie ihnen, wie unwichtig sie im Vergleich zu allem anderen sind. Wenn Sie Schnelligkeit als Wettbewerbsvorteil einsetzen, dann wenden Sie bitte diese Schnelligkeit auch auf Ihre Mitarbeiter an.
Hier einige Möglichkeiten, wie unsere Klienten die Geschwindigkeit mit ihren Teams mit großartigem Erfolg nutzten.

1. **Seien Sie immer höflich, erweisen Sie Ihren Mitarbeitern stets Respekt.**

Das heißt unter anderem, dass Sie alle E-Mails beantworten und jeden Anrufer auf dem Anrufbeantworter zurückrufen sollten, auch wenn Sie wenig Lust haben, mit dem oder der

Betreffenden zu reden. Warum? Weil Sie mit jeder unerwiderten Mitteilung gegen den gebotenen Respekt verstoßen.
Vor kurzem wollte ich über das Internet etwas bestellen, benötigte aber zu einem bestimmten Punkt noch eine Auskunft. Also schickte ich eine E-Mail mit meiner kurzen Frage, bevor ich mit meiner Kreditkartennummer herausrücken wollte. Zurück kam eine automatische Mail, die mir innerhalb von 24 Stunden ausführlichere Nachricht versprach. Das ist zwei Wochen her, die Antwort lässt immer noch auf sich warten. Ich habe das Produkt bei einem anderen Anbieter erworben.
Die Kritik am Kundendienst ist natürlich wohlfeil, aber wenn Sie sich den Sachverhalt zu Herzen nehmen und umsetzen, ist viel gewonnen. Behandeln Sie Ihre Mitarbeiter ähnlich? Beantworten Sie für sich folgende Fragen:

- Wenn Ihnen ein Mitarbeiter eine E-Mail schickt, beantworten Sie diese direkt oder brauchen Sie einige Tage, bis Sie dazu kommen?
- Rufen Sie Mitarbeiter innerhalb von 24 Stunden zurück, wenn sie Ihnen eine Nachricht auf dem Anrufbeantworter hinterlassen haben?
- Wie lange dauert es im Schnitt, bis Sie sich mit Problemen befassen, die von den Mitarbeitern an Sie herangetragen werden?
- Wäre diese Zeitspanne angemessen, wenn es sich um die Anfrage eines Kunden handeln würde?
- Meiden Sie bestimmte Mitarbeiter, aus welchen Gründen auch immer?

Wenn meine Mitarbeiter Angestellte coachen, steht die Klage über die langwierigen Entscheidungen der Führungskräfte an erster Stelle. Höflichkeit und Respekt haben sich verabschiedet, seit die Geschwindigkeit in der Arbeitswelt regiert.
Bitte reden Sie sich nicht mit Ihrem Terminkalender heraus.

Hier können Sie die Technik für sich nutzen und Anfragen beantworten, und sei es nur durch ein Zwischenbescheid in der Art: „Hallo John, ich arbeite an der Sache, kriege aber xy nicht an die Strippe." Sie feuern Ihre Mitarbeiter an, wenn Sie deren Probleme sofort erledigen.

Es kommt darauf an zuvorkommend, höflich und respektvoll zu handeln. Nicht antworten heißt dem anderen den Respekt zu verweigern. Denn wer Respekt verdient, den ruft man zurück.

Um nicht den ganzen Tag mit E-Mails und Rückrufen zu zerstückeln, sollten Sie feste Zeitblöcke für Antworten einplanen. Wir empfehlen unseren Klienten, morgens eine Stunde für E-Mails und einen Tag in der Woche für komplizierte Fälle zu reservieren (der Support-Tag aus Kapitel 3). Je konzentrierter man sich einem Problem widmet, desto schneller und effizienter arbeitet man daran. Versuchen Sie es, es funktioniert.

Bevor Sie sich über unsere unhöfliche Gesellschaft beklagen, sollten Sie vor der eigenen Haustür kehren. Ich bin immer wieder von den Socken, weil Menschen überrascht reagieren, wenn ich zurückrufe. In welcher Welt leben wir eigentlich?

MASSNAHME

Versprechen Sie sich selbst, jede Anfrage innerhalb von 48 Stunden zu beantworten. Besser wäre innerhalb von 24 Stunden, aber Sie sollten sich auch nicht überfordern. In einem zweiten Schritt können Sie sich dann vornehmen, binnen eines Tages zu antworten. Schieben Sie nicht die massive Arbeitslast vor. Rufen Sie Mitarbeiter zurück. Beantworten Sie deren E-Mails umgehend. Befassen Sie sich mit ihren Problemen und widmen Sie ihnen genügend Zeit. Das ist die Aufgabe von Führungskräften.

2. **Halten Sie die Rückmeldeschleife klein.**

Zu den größten Vorteilen des Internets gehört die Geschwindigkeit, mit der man Informationen über Kunden einholen kann. Man kann morgens um 8 Uhr einen neuen Dienst ins Netz stellen und bis zum Mittagessen Hunderte von Kundenreaktionen registrieren. Und bis zum nächsten Morgen strickt man die Anwendung für die eigenen Mitarbeiter um. Das nenne ich Schnelligkeit als Wettbewerbsvorteil. Sie bekommen die nötigen Auskünfte und können damit arbeiten. Postwendend. Gut führen heißt heute, Ideen aus dem Kundendienst direkt auf die eigenen Mitarbeiter anzuwenden. Um in einer beschleunigten Welt Schritt zu halten, muss die ganze Abteilung auf dem Laufenden bleiben. Die Information der Mitarbeiter hat nicht Zeit bis morgen, sondern muss heute noch erfolgen. Und umgekehrt muss der oder die Leitende wissen, was mit den Mitarbeitern los ist und gegebenenfalls in Windeseile reagieren. Nichts heizt die Gerüchteküche mehr auf als lange Wartezeiten auf Antworten.

Einer meiner Klienten hatte einen tollen Einfall, wie er sein Team schnell informieren konnte. Hollywood brachte ihn auf die Idee. Wenn Sie häufig im Internet für die Musikbranche recherchieren, wissen Sie, dass fast jeder bekannte Interpret seine eigene Homepage hat. Die Plattenindustrie richtet sie für ihre Musiker ein und pflegt die Seiten, so dass sie immer aktuell sind. Wenn sich über einen Star Gerüchte verbreiten, schauen die Fans sofort im Internet nach, um die Wahrheit zu erfahren. Auf der Homepage steht, was an einem Gerücht stimmt und was nicht. „Ja, es stimmt, Britney Spears war gestern in Mall of America." Oder: „Nein, völlig falsch, sie war nicht in Mall of America."

Das ist ein kostengünstiger und einfacher Weg für die Künstler, ihre Version der Geschichte darzustellen. Die Methode erlaubt große Spontaneität und funktioniert.

Scott und ich saßen also beim Mittagessen und unterhielten uns über die unglaubliche Gerüchteküche in seiner Firma. Er sei den lieben langen Tag nur damit beschäftigt, falsche Vorstellungen wieder gerade zu rücken, klagte er, und da kam ihm die Idee. Warum sollte er nicht eine Seite im Intranet einrichten und die Plattenindustrie kopieren?

Bekam er fortan Wind von Geschichten, die im Umlauf waren, konnte er eine Gegendarstellung ins Intranet stellen. Nach einer kurzen Anlaufzeit holten sich die Mitarbeiter die Storys auf den Bildschirm und die Gerüchte erstarben, noch bevor sie sich richtig entfalten konnten.

Schade um den Klatsch, stimmt schon, aber eine tolle Möglichkeit, die Geschwindigkeit für sich arbeiten zu lassen und die Mitarbeiter zu informieren. Das nenne ich eine rasche Antwort.

MASSNAHME

Wie können Sie die Rückkopplungsschleife kurz halten? Wenn Mitarbeiter Antworten benötigen, dann am liebsten sofort. Nicht morgen oder übermorgen. Welche Schritte sind erforderlich, um den Informationsfluss zwischen Ihnen und den Mitarbeitern zu beschleunigen? Probieren Sie eine Idee noch in dieser Woche aus.

Zeitverschwendung?

„Was für eine Zeitverschwendung! Ich hasse es, wenn man mir meine Zeit stiehlt!“

Das sagte eine Klientin vor kurzem zu mir, und ich muss zugeben, dass ich in Lachen ausbrach. Nicht weil ich mich über sie lustig gemacht hätte. Es ist nur witzig, dass so viele meiner Klienten sich darüber beschweren.

Was soll das überhaupt heißen, Zeitverschwendung?

Es ist, als hätte das Streben nach äußerster Effizienz die Freude aus Ihrem Leben gelöscht. Sie werden ungeduldig, wenn jemand einfach nur so zum Schwätzen aufgelegt ist. Schließlich müssen Sie arbeiten, denken Sie, und hören gar nicht zu, weil Sie an die Zeitverschwendung denken, die Sie nun hinnehmen müssen.

Sie ärgern sich über die Schlange am Bankschalter, weil Sie Wichtigeres zu tun haben als zu warten. Sie sind ganz zappelig, wenn Sie die Besorgung erledigt haben, weil es so lange gedauert hat. Sie trommeln mit den Fingerspitzen, während Sie einer Angestellten zuhören; der nächste Sitzungstermin hockt Ihnen im Nacken. Sie sind umtriebig, viel beschäftigt und auf Zack. Alles, was Sie bremst, erscheint Ihnen als Zeitverschwendung.

Die Ironie dabei ist, dass Sie vor lauter Wut über die verlorene Zeit wichtige Gelegenheiten verpassen. Die besten Ideen wehen einen im Vorübergehen an, aber Sie sind so mit sich beschäftigt, dass Sie diese Dinge gar nicht wahrnehmen. Deswegen musste ich lachen.

Schauen Sie zu, dass Sie solche Momente nicht als Zeitverschwendung, sondern als willkommene Abwechslung betrachten. Die zum Schwatz aufgelegte Person bringt Sie womöglich auf eine zündende Idee, aus der sich ein gewinnträchtiges Projekt entwickelt. Nicht dass sie darauf hinauswollte, nein, aber ihre Worte können in Ihnen etwas auslösen.

Ich habe das selbst erlebt. Es war bei einer Konferenz, und ich ärgerte mich über die langweilige Veranstaltung. Die Rednerin hatte im Grunde nichts zu sagen, aber plötzlich stellte sie eine interessante Frage. Als Antwort auf diese Frage erfand ich eine neue Coaching-Philosophie, aus der sich ein großer neuer Geschäftsbereich entwickelte. Mein Unternehmen expandierte um Faktor 4, weil ich nicht aus dem Gefühl der Langeweile heraus völlig abgeschaltet, sondern trotzdem der Rede gelauscht hatte.

Hätte ich abgeschaltet, würden diese Einnahmen nicht fließen. Noch die dümmste Bemerkung kann Sie auf grandiose Gedanken bringen.

Stellen wir uns noch einmal in die Schlange am Bankschalter. Vielleicht steht vor oder hinter Ihnen jener Kunde, dem Sie verzweifelt hinterher telefonieren, aber nicht zu fassen kriegen? Man weiß nie, wen man trifft, aber man trifft niemanden, wenn man immer nur auf den nächsten Termin fixiert ist.

Verstehen Sie mich nicht falsch. Sie sollen sich natürlich nicht absichtlich langweilige Aufgaben aufhalsen. Sie sollten nur den Moment genießen, statt sich über die „verschwendete" Zeit aufzuregen. Ob die Zeit fliegt oder schleicht – jeder Augenblick ist kostbar.

Die Ungeduld spiegelt oft nur das eigene Erleben. Sie werden sich solange langweilen, bis Sie sich ändern.

Statt sich in der Schlange zu ärgern, fragen Sie sich lieber, was Sie daran so sehr stört.

Vielleicht finden Sie es schrecklich, wie die Bank mit der Zeit ihrer Kunden umgeht. Nehmen Sie es zum Anlass, über Ihre eigenen Kunden nachzudenken. Stimmt das System, mit dem deren Anfragen bearbeitet werden?

Vielleicht sollten Sie doch jenen Assistenten einstellen, den Sie abgelehnt haben. Die einfachsten Dinge können weit rei-

chende Folgen haben, wenn wir ihnen nur etwas Aufmerksamkeit schenken.
Wenn Sie das nächste Mal stöhnen: „Was für eine Zeitverschwendung!“, möchte ich, dass Sie lachen. Welche Einsicht hält die Langeweile bereit? Schauen Sie in sich hinein. Das Leben ist der größte Lehrmeister, es bringt Ihnen alles bei, was Sie wissen müssen. Aber Sie müssen ihm eine Chance geben und dürfen sich nicht von dem Götzenbild der Geschwindigkeit ablenken lassen von all dem, was das Leben Ihnen bietet. Nur dann haben Sie wirklich begriffen, was es heißt, die Geschwindigkeit für sich arbeiten zu lassen.

So verheizen Sie Ihre Mitarbeiter ...

1. Sie drängeln ohne Unterlass.
2. Sie erklären alles für wichtig und in Ihren Augen duldet nichts den geringsten Aufschub.
3. Sie stellen die Ressourcen nicht zur Verfügung, die für den Erfolg notwendig sind.
4. Sie fordern permanent 150 Prozent Leistung und halten ihre Mitarbeiter für VW-Käfer (er läuft und läuft und ...)
5. Sie spielen Feuerwehrmann oder -frau und hetzen von einem Brandherd zum nächsten.
6. Sie sorgen nicht für Maschinen, Systeme und Verfahren, die hohe Geschwindigkeiten aushalten, sondern mogeln sich stattdessen mit Flickschusterei durch.
7. Sie verstecken sich hinter der Technik, weil Sie damit angeblich schneller kommunizieren können.
8. Sie lassen im Unternehmen nur eine Geschwindigkeitsstufe zu: schnell.

9. Sie nehmen sich nicht die Zeit, um zu unterscheiden, welche Aufgaben sofort zu erledigen sind, und welche mehr Muße verlangen.
10. Sie legen Ungeduld an den Tag.

So feuern Sie Ihre Mitarbeiter an ...

1. Sie drücken auf die Tube und lassen dann wieder Zeit zum Luft holen.
2. Sie sagen klar, was keinen Aufschub duldet und was warten kann.
3. Sie sorgen für die Voraussetzungen, die Ihren Leuten glänzende Leistungen ermöglichen.
4. Sie variieren das Tempo so, dass kein Dauerstress entsteht.
5. Sie hassen Feuerwehreinsätze. Treten Probleme auf, suchen Sie nach der Ursache und bereinigen diese.
6. Sie organisieren die Abläufe so, dass sie hohe Geschwindigkeiten wirklich aushalten.
7. Sie setzen Technik in verträglichen Maßen ein – und wissen, wann es Zeit ist, sich persönlich zu treffen.
8. Sie wissen um die verschiedenen Perspektiven, die Sie durch verschiedene Geschwindigkeiten gewinnen. Und Sie schauen sich die Welt ganz bewusst von verschiedenen Warten an.
9. Sie unterstützen fortlaufend bei der richtigen Gewichtung von Aufgaben. Ihre Mitarbeiter werden Sie dafür besonders schätzen.
10. Sie sind ungeduldig, aber die Lektion, die in Ihrer Ungeduld steckt, weisen Sie nicht von sich, sondern Sie lernen daraus.

KAPITEL 5

Stärkung der Stärken

Viele Führungskräfte konzentrieren sich zu stark auf Dinge, die nicht funktionieren. Daraus erwächst ein großes Problem für ihre Mitarbeiter, aber ein noch größeres für sie selbst. Erinnern Sie sich an die letzten Leistungsbeurteilungen? Wenn diese so verlaufen sind wie die Mehrzahl der mir bekannt gewordenen oder von mir selbst erlebten Mitarbeitergespräche, dann lief das ungefähr so.

Es ist wieder so weit, die Beurteilungsbögen sind schon länger da. Sie schieben die Gespräche seit Wochen vor sich her, weil Sie diese Pflichtübung genauso hassen wie Ihre Angestellten das tun. Sobald Sie die Leistungsbeurteilung nur erwähnen, verdrehen diese die Augen. Die Mitarbeiter wollen ihre Gehaltserhöhung, könnten auf die Formalitäten aber gut verzichten, und Sie können es ihnen nicht verdenken. Aber Sie wissen natürlich, dass es sein muss, und die Personalabteilung besteht ohnehin darauf, also schaufeln Sie die Zeit dafür frei. Sie tun es den Mitarbeitern zuliebe, sagen Sie sich, und bereiten sich nach Kräften auf Ihre verantwortungsvolle Aufgabe vor.

Pro Mitarbeitergespräch setzen Sie eine Stunde an. In den er-

sten zehn Minuten ist die Atmosphäre entspannt, beide Gesprächspartner fühlen sich wohl. Sie besprechen mit dem oder der Angestellten Erreichtes, betonen die Erfolge und loben sogar seine oder ihre herausragende Rolle im Team.
Aber, wie gesagt, für das Gespräch ist eine ganze Stunde eingeplant, also nutzen Sie die Chance, um so genannte Entwicklungsmöglichkeiten aufzuzeigen. Das heißt, Sie benennen Gebiete, auf denen der Mitarbeiter ein neues Niveau erreichen sollte, und skizzieren Verhaltensweisen und Tätigkeiten, die noch nie zu seinen Stärken gehörten und deswegen eine echte Herausforderung für ihn darstellen. Und, Hand aufs Herz, eben darum erwähnen Sie diese ja, der Betreffende soll mit allen Wassern gewaschen werden. Es sei an der Zeit, Schwächen zu überwinden, sagen Sie wohlwollend während des Gesprächs.
Vielleicht haben Sie eine neue Position für den Betreffenden im Sinn, wollen sehen, wie schnell er seine noch unterentwickelten Fähigkeiten steigert. Hatte es nicht einst ein Vorgesetzter mit Ihnen genau so gemacht, und hat es Ihnen geschadet? Nein. Sie wünschen dem jungen Mann (der jungen Frau) eine ähnliche Karriere, also lassen Sie ihm dieselbe Behandlung angedeihen.
Wenn solche Gespräche zu Ende sind, was, glauben Sie, geht in Ihren Mitarbeitern vor? Die Klügeren sind wild entschlossen, sich eine neue Stelle zu suchen, und kündigen, sobald sie eine gefunden haben. Die Übrigen reden sich ein, sie würden gern etwas Neues ausprobieren und lassen sich auf die „Entwicklungsmöglichkeiten" ein.
Die meisten springen kopfüber in die Rolle und versuchen mit aller Gewalt jemand zu sein, der sie nicht sind. Statt sich auf ihre Stärken zu konzentrieren, quälen sie sich mit Dingen, die ihnen nicht liegen. Das haben ihnen Chef oder Chefin schließlich nahe gelegt, und der Karriere zuliebe sind sie zu ei-

nigem bereit. Ein Jahr lang strengen sie sich an, um den gewünschten Anforderungen zu genügen. Und die Mitarbeiter enttäuschen Sie als Vorgesetzte(n) nicht, denn was sie sich in den Kopf gesetzt haben, das schaffen sie auch.

Der unordentliche Mitarbeiter hat das Chaos auf seinem Schreibtisch eingedämmt. Es wirkt immer noch nicht super aufgeräumt, aber es ist schon viel besser. Der Introvertierte geht mehr aus sich heraus, ist zwar immer noch keine Betriebsnudel, aber doch aufgeschlossener als früher. Und der selbstvergessen vor sich hin werkelnde Tüftler bringt sich ein bisschen stärker ins Team ein.

Beim nächsten Beurteilungsgespräch loben Sie das Erreichte, erkennen die massiven Anstrengungen in den aufgezeigten Entwicklungsgebieten an – und dann beginnt das Ganze von Neuem. Die Latte wird höher gelegt und die Leute damit in eine Richtung geschubst, die ihren natürlichen Neigungen nicht entspricht. Das Augenmerk liegt auf der Überwindung von Schwächen.

Haben Sie sich je gefragt, ob die immer höheren Ansprüche Ihre Mitarbeiter nicht verrückt machen?

Nach einigen Jahren sitzen in Ihrer Abteilung Menschen mit ausgewogenem Profil. Sie sind auf keinem Gebiet wirklich Spitze, aber in allen guter Durchschnitt. Ihre Stärken wurden zugunsten der Schwächen vernachlässigt. Die Mitarbeiterführung trägt die gewünschten Früchte: Allround-Talente.

Leider ist der Spaß an der Arbeit auf der Strecke geblieben. In aller Ausgewogenheit erledigen die Angestellten ihre Aufgaben, aber ohne die innere Anteilnahme, ohne die Begeisterung, die Sie sich für das Team wünschen. Auf den Beurteilungsbögen stagnieren die Leistungen, und allmählich dämmert Ihnen, dass es dabei bleiben wird. Jahrein, jahraus erledigen Ihre Mitarbeiter dieselben Aufgaben, verbessern sich geringfügig, erreichen aber nie die Höhen, die Sie ihnen eigentlich zugetraut hätten. Ein herber Schlag.

Und wer sollte Ihren Platz einnehmen, wenn Sie die nächste Sprosse auf der Karriereleiter erklimmen? Keiner sticht aus der Menge hervor.

Die Schuld liegt einzig und allein bei Ihnen selbst. Mit der Betonung von Entwicklungsmöglichkeiten haben Sie die Entfaltung von Stärken verhindert. Um der Ausgewogenheit willen trieben Sie den Mitarbeitern eben jene Begabungen aus, die zu Meisterleistungen hätten führen können. Statt mit vorhandenen Pfunden zu wuchern, lenkten Sie die Aufmerksamkeit auf Defizite. Das Ergebnis ist Durchschnitt, eine dumpfe Masse, in der einer wie der andere denkt und handelt.

Die Marketing-Beraterin Vickie Sullivan formulierte es präzise: „Was im Überfluss vorhanden ist, wird verwässert. Und was verwässert ist, wird Massenware."

Sie haben es erfasst: Wenn Gleichmacherei regiert, gehen Mitarbeiter in der Menge unter. Wundert es Sie noch, dass der rechte Kreativkick ausbleibt und Innovation dem Team ein Fremdwort bleibt? Wundert es Sie, dass die Angehörigen Ihrer Abteilung nicht selbstständig denken, keine eigene Meinung entwickeln und Ihnen blind gehorchen? Sie wollten doch, dass die Mitarbeiter ihre Schwächen erkennen und bekämpfen. Sie wollten doch, dass die Mitarbeiter Stärken vernachlässigen, damit auch die Option auf Glanzleistungen aufgeben und ihre Aufmerksamkeit auf andere Bereiche lenken. Jetzt werkelt die Belegschaft vor sich hin und fragt sich, ob ihre Arbeit überhaupt etwas bewirkt. Die Einzelnen fragen sich, warum sie immer hinterherhinken und alles ein bisschen, aber nichts so richtig gut können. Sie verstehen ebenso wenig wie ihre Leitung, was eigentlich schief gelaufen ist, sie haben sich

ja an die Regeln gehalten, aber der Erfolg blieb aus. Und sie ziehen den Schluss, sie seien wohl nicht gut genug.
In Ihrer Abteilung wollen Sie die Besten der Besten haben. Sie suchen nach den Michael Jordans, Wayne Gretzkys oder Tiger Woods' Ihrer Branche. Der Konkurrenzdruck ist groß, und Ihre Leute müssen an vorderster Front kämpfen, neue Einfälle für gut verkäufliche Problemlösungen entwickeln, heiße Ideen mit solider Verarbeitung kombinieren können.
Das ist der Schlüssel zu unerschöpflich sprudelnden Einnahmequellen, aber nur die Besten der Besten können sie anzapfen.

Es wäre so einfach, wenn man nur die richtige Technik oder die richtigen Verfahren einsetzen müsste, um geschäftlich Erfolg zu haben. Aber Sie sind abhängig von der Leistungskraft Ihrer Mitarbeiter – und erziehen diese auch noch zur Mittelmäßigkeit!

Wirklich gute Mitarbeiter fragen sich nicht, was ihre Arbeit bringt, und konzentrieren sich nicht auf Dinge, die ihnen nicht liegen. Wirklich gute Mitarbeiter kennen ihre Stärken, wissen, wie sie glänzen können und suchen nach Mitteln und Wegen, ihre Neigungen auszuleben. Und wenn solchen Mitarbeitern ein Licht aufgeht, bekommen die Anleger beim Anblick des Jahresabschlusses leuchtende Augen!
Das Schlimmste an den so genannten Entwicklungsmöglichkeiten ist, dass viele Unternehmen gleichzeitig dieselben Ideen entwickeln. Statt ihre jeweiligen Besonderheiten auszuschöpfen, werden sie Nachahmer. Dann läuft der Wettbewerb über den Preis, denn das ist das einzige Kriterium bei Massenartikeln. Der Preiskampf treibt die Gewinnspanne in den Keller, Einnahmen lassen sich nur mit größeren Marktanteilen

steigern und die Mitarbeiter rotieren, weil sie es allen recht machen wollen.
Der Führungskraft fällt die Aufgabe zu, die Stärken der Mitarbeiter zu fördern. Wuchern Sie mit den Pfunden, die Sie haben. Das gilt auch für das Unternehmen insgesamt. Wenn Sie die Stärken stärken, stärken Sie die Bilanz. Aus einer starken Position heraus lässt sich der Markt viel leichter erobern mit Produkten und Dienstleistungen – und vor allem mit den Mitarbeitern.

Wie Sie die Fluktuation niedrig halten

Noch ein zweiter Grund spricht für den Einstellungswechsel von der bloßen Aufgabenerfüllung hin zur Stärkung der Stärken: die Fluktuation. Auch wenn die Angestellten zunächst versuchen, den Anforderungen der Vorgesetzten zu genügen, früher oder später gehen sie. Genug ist genug! Sie ahnen nicht, wie viele Klienten uns wegen dieses Problems aufsuchen. Wer über einen längeren Zeitraum gegen seine Neigungen arbeitet, ist über kurz oder lang ausgelaugt und unzufrieden. Wenn man nicht spürt, dass man etwas besser als andere beherrscht, beginnt man an sich zu zweifeln und verzweifelt, weil man nicht genug erreicht, weder für die Firma noch für sich selbst. Das führt letztlich in die innere Kündigung oder zum Dienst nach Vorschrift. Oder schlimmer noch zur Suche nach einem neuen Arbeitgeber. Denn es könnte ja an der gegenwärtigen Position liegen, dass man auf keinen grünen Zweig kommt – oder an den Vorgesetzten. Und weg sind sie.
Wer seine Mitarbeiter halten will, sollte zunächst vor der eigenen Tür kehren. Womit treiben Sie Ihre Leute in die Flucht?

Nein, lassen Sie die Einkommensfrage jetzt beiseite. Schauen Sie sich Ihr Auftreten an. Denken Sie daran: Gallup hat in Meinungsumfragen ermittelt, dass Angestellte aus zwei Gründen kündigen: 1. Ärger mit dem Chef, 2. Unterforderung verbunden mit dem Gefühl, nichts zum Unternehmenserfolg beitragen zu können.
Das Leben ist viel entspannter, wenn man nicht das Unmögliche, sondern das Mögliche versucht. Hier ein Beispiel, wie die Konzentration auf Stärken der Bilanz und den Mitarbeitern gut tut.
Andy engagierte meine Coaching-Firma für seine Führungscrew. Im wachstumsabhängigen Hightechbereich kommt es darauf an, möglichst rasch gute Zahlen vorzulegen. Andy wusste, dass seine 30-jährigen Manager nicht die nötige Erfahrung im Umgang mit Menschen hatten, und flehte uns an, mit seinem Leitungsteam zu arbeiten. Er flehte wirklich – in seiner Firma lag einiges im Argen. Zwischen den Abteilungen waren Grabenkämpfe an der Tagesordnung, das allzu ausgeprägte Selbstbewusstsein der Abteilungsleiter erwies sich als Hemmschuh. Ich nenne es das Leithammel-Syndrom. Jeder will der Erste sein und das Unternehmen bleibt dabei auf der Strecke. Wenn sich die Abteilungsleiter gegenseitig das Wasser abgraben, liegt die Arbeitsmoral schnell am Boden.
Aus genau diesem Grund beauftragte Andy uns. Das Unternehmen durchlebte eine Phase massiver Abwanderung. Der junge CEO setzte sich persönlich mit jedem ausscheidenden Mitarbeiter zusammen, um die Gründe für die Kündigung zu erfahren. Es war im Wesentlichen immer derselbe: Sie hatten die Schnauze von den internen Kämpfen gestrichen voll. Andy wusste, dass sich seine Manager ändern mussten oder die Firma würde nicht überleben.
Ich arbeitete zunächst mit Andy und wollte herausfinden, wo seine Stärken lagen. In welchen Funktionen, die zur Rolle des

Unternehmensleiters gehörten, glänzte er? Wovor scheute er zurück? Er erkannte schnell, dass er sich nach bestimmten Vorstellungen richtete, wie ein Unternehmensführer zu sein habe, und nicht nach dem, was in ihm selbst steckte. Das ist ein ganz entscheidender Punkt. Sobald man seine Gaben, seine natürlichen Talente einsetzt, fühlt man sich wohler in der eigenen Haut und kann sich selbst annehmen. Das Bedürfnis, nur nicht negativ aufzufallen, verschwindet, und man kann seine vorhandenen Anlagen zur Meisterschaft entfalten.

Andy ging diesen Weg. Er musste sich vor seinem Managementteam und den Geldgebern nicht mehr beweisen, weil er sich über seine Stärken klar wurde. Als 35-jähriger hatte er sich an gesetzten, an den Schläfen ergrauten Nadelstreifenträgern orientiert, statt den Charme seiner jungenhaften Begeisterungsfähigkeit und seine rasche Auffassungsgabe voll auszuspielen.

Wenn ich auf Platzhirsche stoße, die ihr Revier zu Lasten des Firmenwohls verteidigen, setze ich sofort bei deren Vorgesetzten, also in der Regel beim CEO an. Dort liegt meistens die Lösung des Problems. Andy kaschierte seine Unsicherheit mit aggressiver Streitlust, und diese Eigenschaft spiegelte sich im Führungsteam. Man kann den Einfluss des eigenen Verhaltens auf die Mitarbeiter kaum überschätzen.

Doch das war nur der Anfang unseres Coachings. Anschließend begannen die Sitzungen mit den sechs ranghöchsten Managern, und wir analysierten deren Stärken. Auch hier mussten wir zunächst die Schuldzuweisungen unterlaufen, so sehr war jeder auf die Fehler der anderen fixiert. Insgeheim hielten sie sich nicht für gut genug, und entsprechend unsicher wirkten sie – trotz ihrer großen Klappe.

Zwei der sechs Manager entschieden, dass Menschenführung nicht zu ihren Stärken zählte und wechselten in eher strategische, Technik-geprägte Positionen. Wohlgemerkt: Sie handelten aus freien Stücken, der Stellenwechsel geschah auf ihren eigenen Wunsch hin. Wenn man sich über sich selbst und die eigene berufliche Stärken klar wird, definiert man seine Wünsche neu. Wie will man seine Arbeitszeit verbringen? Die beiden Ex-Manager litten unter dem Führungsanspruch und waren klug genug, ihre Stärken an anderer Stelle auszubauen.

Simon zeichnete sechs Monate später für die Entwicklung eines neuen Geschäftsbereichs von Andys Firma verantwortlich, er hat ein Händchen für Aufbaustrategien. Sobald eine Anlage läuft und funktioniert, überlässt er anderen das Feld und wendet sich einem neuen Projekt zu. Planen und Anfahren neuer Betriebe – das ist sein Ding.

Nach 90 Tagen war Andys Firma wie verwandelt. Die Mitglieder der Führungsriege entdeckten ihre unterschiedlichen Vorzüge. Sie baten die Angestellten um Mithilfe beim Ausbau ihrer eigenen Stärken. Das Thema Fluktuation hatte sich erledigt. Trotz der verrückten Arbeitsbedingungen blieben die Menschen, weil sie etwas bewegen konnten.

Zuständigkeiten nach Befähigung und Neigung

Sie, verehrter Leser, gehen schon mal auf Abstand? Ich höre förmlich Ihren Einwand: „Aber Jen, Sie haben keine Ahnung, wie es bei uns ausschaut. Ich muss meinen Mitarbeitern täglich neue Aufgabenbereiche übertragen. Wir wachsen so schnell (entwickeln uns so schnell, akquirieren so schnell – setzen Sie das Passende ein), dass sich die Konzentration auf ein oder zwei Stärken ausschließt. Die Arbeit wächst uns sonst über den Kopf. Ich sehe nicht, wie Ihr Ansatz funktionieren sollte.“ Na, wenigstens sind Sie ehrlich.

Das Tempo ist in vielen Unternehmen wirklich mörderisch, und die Führungskräfte überlegen sich nicht genau, welcher Mitarbeiter für welchen Job am besten geeignet ist. Wer gerade freie Kapazitäten und Lust hat, bekommt die Aufgabe. Alles eilt und drängt. Ich kenne die Situation nur zu gut, glauben Sie mir. Manchmal quillt mein Schreibtisch über, und der Wunsch, dass die Papierberge verschwinden, gleichgültig wer sie abträgt, wird übermächtig. Aber jedes Mal, wenn ich nicht darauf achte, wem ich welchen Auftrag anvertraue, läuft etwas schief. Ein Klient kündigt wütend die Zusammenarbeit auf, weil ihm meine detailversessene, ergebnisorientierte Assistentin über den Mund gefahren ist. Ihr Kollege ist umgänglicher und einfühlsamer und hätte die Situation besser eingeschätzt. Oder ich brumme meiner kreativen Sekretärin endlose Tabellen auf, aber dann dauert es ewig, zwei kleine Zahlendreher aufzuspüren, die ihr versehentlich unterlaufen sind. Meine andere Sekretärin erledigt solche Dinge hingegen unglaublich zuverlässig. Die Arbeit ist vom Tisch, aber nicht mit der Qualität, die ich mir vorstelle.

Es ist schon klar, dass vieles liegen bliebe, wenn jeder nur täte, was er besonders gut kann. Aber erstens sollen die Mitarbeiter nur 80 Prozent der Arbeitszeit Dingen widmen, die zu ihren starken Seiten gehören. 20 Prozent bleiben für die Aufgaben frei, die eben erledigt werden müssen. Zweitens müssen die 80 Prozent nicht von nun auf jetzt erreicht werden; der Anteil kann nach und nach angehoben werden. Fließende, natürliche Übergänge sind gesünder als ein organisatorischer Umbruch.

Auch dazu ein Beispiel aus meiner Praxis. Ich habe ein Fortune 100-Unternehmen im Sinn, in dem die meisten anfallenden Arbeiten von Menschen erledigt werden, die auf dem jeweiligen Gebiet besonders begabt sind.

John ist seit Jahren dabei und hat sich bis zum Director hochgearbeitet. Heute berichten acht Mitarbeiter direkt an ihn; das kleine, aber ehrgeizige Team soll die unternehmensinternen Abläufe optimieren.

Als John sich zur Stärkung der Stärken entschloss, dachte er noch, dass die meisten Arbeiten wahrscheinlich durchs Raster fallen würden. Statt die Idee vorbehaltlos in der Abteilung vorzustellen, entwickelten wir zunächst einen Plan. Falls die Zuordnung schon auf dem Papier nicht aufging, wollten wir die Abteilung nicht unnötig in Unruhe versetzen. Wir tüftelten die Neuordnung detailliert aus, und siehe da: Es funktionierte.

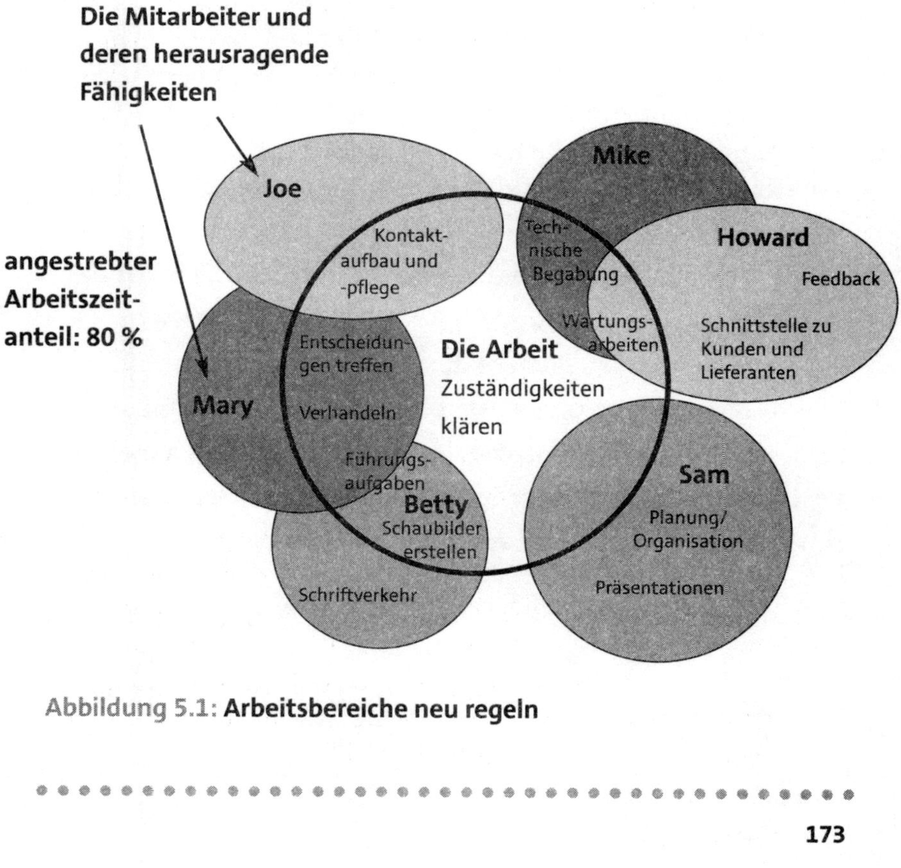

Abbildung 5.1: **Arbeitsbereiche neu regeln**

Betrachten Sie Abbildung 5.1. Der Kreis in der Mitte umfasst die Arbeiten, die erledigt werden müssen. In den Kreisen um die einzelnen Namen sind die jeweiligen Stärken von Johns Mitarbeitern aufgeführt. Nur ein kleiner Teil der Arbeiten ließ sich nicht zuordnen, sondern musste unter allen gesplittet werden. Wie sich die Sache nach Durchführung des Plans entwickelt hat? Erraten: Die Erträge wuchsen in den Himmel, weil jeder aus einer starken Position heraus handelte.

Stärken haben heißt nicht automatisch, dass alle dazugehörigen Fähigkeiten voll entwickelt sind. Nur die Anlagen sind vorhanden, und weil Anlagen Bestandteil der Persönlichkeit sind, befähigen sie uns zu Höchstleistungen. Der Schlüssel liegt in der Identifikation. Ohne sie fehlt uns der lange Atem, um unser Talent voll zu entfalten. Je länger Ihre Mitarbeiter in Bereichen arbeiten, zu denen sie eine innere Affinität haben, desto mehr werden sie ihre Fähigkeiten vervollkommnen.

Wenn Sie schnelle Fortschritte und den finanziellen Durchbruch wollen, müssen Sie die vorhandenen Stärken Ihres Teams nutzen. Wenn Sie die Stärken stärken, wird die Arbeit mit vergleichsweise niedrigem Aufwand auf sehr hohem Niveau erledigt. So gelangen neue Produkte schneller auf den Markt. Besetzen Sie den Außendienst mit geborenen Verkäufern – schon steigt der Absatz. Besetzen Sie hingegen diesen Posten mit einem introvertierten Tüftler: Monate ziehen ins Land, bevor dieselben Absatzzahlen erreicht werden.

Es feuert Mitarbeiter an, wenn sie ihren Beitrag aus einer Position der Stärke heraus leisten können. Die lachenden Gesichter – und das Ergebnis unter dem Strich – sind die Mühe allemal wert.

Fangen wir bei Ihren Stärken an

Sie können Ihre Mitarbeiter am wirksamsten bei der Identifizierung der Stärken unterstützen, wenn Sie sich selbst kennen. Was geht Ihnen persönlich besonders leicht von der Hand? Wenn Sie das Verfahren am eigenen Leib erlebt haben, wissen Sie sofort, wie es auf die Mitglieder Ihrer Abteilung passt.
In welchen Bereichen liegen Ihre Führungsstärken?
Keine einfache Frage, stimmt's? Wir stellen sie unseren Klienten vor allen anderen Fragen: Was können Sie besonders gut? Die meisten wissen nicht recht, was sie antworten sollen – die Gründe wurden in diesen Kapitel bereits genannt –, können aber in Sekundenschnelle alles aufzählen, was sie tun müssen. Gilt das auch für Sie?
Im Folgenden präsentiere ich Ihnen vier Wege, wie Sie Ihre starken Seiten entdecken können.

Worin sind Sie richtig gut?

Zwischen Ihnen und Ihren Begabungen steht gewissermaßen die Sprache: Es ist wirklich schwer, die richtigen Worte für ein Talent zu finden. Als Kinder haben wir nicht gelernt, unsere guten Seiten hervorzuheben, weil das als unbescheiden gilt. Aber die folgende Übung lehrt Sie nicht Arroganz, Sie sollen vielmehr den Wert erkennen, den Sie für die Firma schöpfen. Gerade weil Sie eine Führungsrolle bekleiden, sollten Sie sich auf positive Eigenschaften konzentrieren. Die Liste mit Führungsqualitäten will Ihnen bei der Artikulation Ihrer Stärken helfen. Das heißt natürlich nicht, dass Sie nur diese und keine anderen Qualitäten hätten, aber hier geht es um die Verbesserung Ihrer Führungsfähigkeiten.

MASSNAHME

Nehmen Sie sich Zeit und lesen Sie folgende Checkliste durch. Wo liegen Ihre Stärken? Es ist völlig in Ordnung, wenn Sie einen einzigen Punkt ankreuzen – vielleicht sind Sie in einem Gebiet so überragend, dass alles andere dagegen verblasst. Vielleicht können sich Ihre Fähigkeiten auf einer ganzen Reihe von Gebieten sehen lassen. Kreuzen Sie jede Aussage an, in der sich Ihre Persönlichkeit und Ihr Führungsstil spiegelt. Welche Fähigkeiten beschreiben Ihre Stärken?

Checkliste Führungseigenschaften

- ☐ Ich inspiriere andere Menschen zu Höhenflügen.
- ☐ Ich bin ein guter Zuhörer und achte auf die leisen Zwischentöne, auf das, was zwischen den Zeilen gesagt wird.
- ☐ Ich sehe das Potenzial, das ein Mensch mitbringt.
- ☐ Ich schätze Unterschiede in Stil, Vermögen, Herangehensweise und Herkunft.
- ☐ Auch wenn alles im Chaos versinkt, sehe ich die wirklich wesentlichen Punkte und konzentriere mich ganz darauf.
- ☐ Mein Blick bleibt nicht am aktuell Vorhandenen hängen, ich liege mit meinen Prognosen in Bezug auf die Zukunft oft richtig.
- ☐ Ich verstehe mich darauf, Dinge so dringend zu machen, dass sie auch erledigt werden, ich weiß aber auch, wann es genug ist.
- ☐ Ich bin für meinen Humor bekannt. Meine Mitarbeiter finden es klasse, dass wir so viel lachen.

- ☐ Ich vertrete die Interessen meiner Mitarbeiter im Unternehmen, sie können sich 100 Prozent auf mich verlassen.
- ☐ Ich weiß, welche Hebel ich wann in Bewegung setzen muss, um ein bestimmtes Ergebnis zu erhalten.
- ☐ Ich beseitige die Hindernisse, damit sich meine Mitarbeiter auf das konzentrieren können, wovon sie am meisten verstehen: ihre Arbeit.
- ☐ Ich schaffe eine angenehme Atmosphäre, in der sich meine Mitarbeiter wohl und sicher fühlen, sicher genug, um Risiken einzugehen. Auch wer schlechte Neuigkeiten bringt, braucht nichts zu fürchten.
- ☐ Ich scheue keine Mühe, damit ein Auftrag erledigt wird, ohne einem Mitarbeiter zu nahe zu treten.
- ☐ Ich ziehe auch schwierige Entscheidungen durch, wenn es denn sein muss.
- ☐ Ich kann respektvoll und höflich die Wahrheit sagen.
- ☐ Ich knüpfe auf Schritt und Tritt gute Beziehungen.
- ☐ Ich verbinde mühelos Leben und Arbeit.
- ☐ Ich fühle mich wohl in meiner Haut und strahle das auch auf andere aus.
- ☐ Ich bin empfänglich für die Emotionen anderer Menschen.
- ☐ Menschen fühlen sich in meiner Umgebung wohl. Sie wissen, dass sie bei mir kein Blatt vor den Mund nehmen müssen.
- ☐ Ich bin anpassungsfähig und stehe neuen Ideen offen gegenüber.
- ☐ Ich kann auch zwischen unterschiedlichen Temperamenten ausgleichen, die sich scheinbar ausschließen, und sie in ein extrem leistungsfähiges Team einbinden.

- ☐ Ich bin ein ausgezeichneter Verhandlungsführer und beherzige den Grundsatz, dass jede Seite dabei gewinnen muss.
- ☐ Ich möchte mit Menschen zusammenarbeiten, die mehr auf dem Kasten haben als ich. Schließlich kommt es auf die Leistung der Gruppe an.
- ☐ Man macht sich über mich lustig, weil ich alles durchplane. Es kommt selten vor, dass etwas meinen Zeitplan durcheinander wirbelt.
- ☐ Ich kann auch komplizierte Begriffe einfach erklären.
- ☐ Meine kommunikativen Fähigkeiten sind sehr ausgeprägt, die Menschen nehmen meine Argumente ernst.
- ☐ Zahlen sind meine Welt, ich kann sie zu meinem Vorteil nutzen.
- ☐ Die meisten Menschen vertrauen mir. Sie wissen, dass ich für meine Wertvorstellungen einstehe.
- ☐ Ich strahle positive Energie ab, und das zieht die Menschen an.
- ☐ Ich gehe gern ins Detail, und wenn ich eine großartige Idee aufgreife, dann wird es auch etwas.
- ☐ Ich komme mit völlig divergierenden Meinungen klar und kann zu jedem Thema Diskussionen leiten.
- ☐ Ich bin ein guter Coach. Die Menschen in meiner Umgebung geben immer ihr Bestes.
- ☐ Man gebe mir zwei oder drei unzusammenhängende Ideen und ich zaubere daraus etwas Großartiges.

Fragen Sie fünf Leute

Weil wir dazu erzogen werden, an unseren Schwächen zu arbeiten, tun wir uns in aller Regel schwer mit der Frage, worin wir wirklich gut sind. Ich habe immer wieder festgestellt, dass unsere Mitmenschen in dieser Hinsicht mehr sehen als wir selbst und dass man sie deswegen hinzuziehen sollte. Unsere eigenen blinden Flecken sehen wir nicht, und das trifft auch auf diesen Punkt zu: Wir sehen nicht, was wir gut können.

Wen sollten Sie um Hilfe bitten? Am besten fragen Sie fünf Menschen, die Sie gut kennen, die wissen, wie Sie führen, und die Ihnen gegenüber Klartext reden. Das schränkt den Personenkreis sehr ein, denn die meisten Ihrer Bekannten würden Ihnen nur sagen, was Sie hören wollen. Hier aber ist eine Hand voll Menschen gefragt, die Ihnen sagen, was Sie hören müssen. Achten Sie unbedingt darauf, dass Sie ein unverblümtes Echo bekommen.

Sobald Ihre „Informanten" mit Ihren Schwächen anfangen, fallen Sie ihnen ins Wort und sagen: „Nein, es geht jetzt nicht um meine Schwächen. Darum kümmern wir uns später." Seien Sie standhaft und anspruchsvoll, damit Sie auch wirklich das richtige Feedback bekommen.

MASSNAHME

Setzen Sie sich in dieser Woche mit fünf Menschen zusammen, die Ihnen die gewünschte Rückmeldung geben können. Fragen Sie: „Worin bin ich richtig gut?" Lehnen Sie sich zurück und hören Sie zu. Beurteilen Sie die Aussagen nicht, sondern übernehmen und verinnerlichen Sie sie. Wie können Sie die Kenntnis Ihrer angeborenen Talente in bessere Teamergebnisse umsetzen? Lassen Sie sich eine Möglichkeit einfallen und probieren Sie diese in der laufenden Woche aus.

Engagieren Sie einen Coach

Ein gut ausgebildeter Trainer kann bei der positiven Selbsterkenntnis sehr hilfreich sein. Mein Team hat über unzählige Stunden Führungskräfte darauf geschult, eigene Talente in ihr Selbstbild einzubauen und zur persönlichen Leistungssteigerung aus einer Position der Stärke heraus zu nutzen. Vielleicht entscheiden auch Sie sich für diesen Weg individueller Betreuung.

Denken Sie daran, dass uns nur zu oft gerade unsere Stärken aus dem Blick geraten, weil wir sie für selbstverständlich halten. Sie gehören so sehr zu unserer Person, dass wir ihren Wert gar nicht mehr zu schätzen wissen. Ein guter Coach zeigt uns Fähigkeiten, mit denen wir das Quartalsergebnis direkt steigern können.

Bedenken Sie Ihre Wirkung auf die Mitarbeiter

Sobald Sie diesen Ansatz verinnerlicht haben, werden Sie automatisch darauf achten, was Sie gut und was Sie weniger gut können. Aber ich möchte erreichen, dass Sie das Ganze auf ein neues Niveau heben. Stellen Sie sich vor, Sie würden Ihr Leben als Außenstehender betrachten und hätten einzig und allein die Aufgabe, Ihre Stärken zu beurteilen. Welche Handlungen kommen ganz natürlich und wie von selbst? Womit ernten Sie die meisten Lorbeeren? Wofür lobt man Sie mit schöner Regelmäßigkeit?

Notieren Sie Ihre Beobachtungen in Ihren Planer oder in den Palm-Pilot. Nach einiger Zeit werden sich Trends herausbilden. Welche Fähigkeiten sind besonders stark vertreten? Herausragende Führungspersönlichkeiten handeln aus einer Position der Stärke, nicht der Schwäche.

Zu seinen Schwächen stehen

Die besten Führungskräfte, die ich kenne, haben eines gemeinsam: Sie fühlen sich wohl in ihrer Haut und dadurch wirken sie authentisch. Die Betonung eigener Stärken hat einen unüberschätzbaren Vorteil: Sie müssen Ihre Energie nicht darauf verschwenden, eine Rolle zu spielen.

In unserer schnelllebigen Zeit beschränkt sich die Aufgabe der meisten Manager nicht auf die Führung des Bereichs oder der Abteilung, sie müssen zudem eigene Leistungsvorgaben erfüllen. Spitzenvertreter leiten den Vertrieb, verkaufen aber auch selbst. Spitzentechniker leiten ein Team von Ingenieuren und sind Ansprechpartner bei Problemfällen. Die Zeiten, in denen man sich ganz auf die Leitung einer Abteilung konzentrieren konnte, sind vorbei. Deswegen ist es heute wichtiger denn je, sich auf eigene Stärken zu besinnen.

An dieser Stelle will ich noch einmal auf Andy zurückkommen. Als der junge CEO seine Stärken aufdeckte, stellte sich auch eine gewisse Furcht ein. Wenn er seine Schwächen nicht mehr versteckte, so Andys Befürchtung, könnten diese als Waffe gegen ihn verwandt werden. Konkurrenten würden darin Angriffspunkte sehen und sich die Gelegenheit nicht entgehen lassen.

Gut beobachtet, sagte ich ihm. Dieser Gedankengang übersieht nur eins: Eine Führungskraft muss nicht in allen Bereichen die oder der Beste sein – wofür hätte sie sonst Mitarbeiter? Solange man die richtigen Personen mit den richtigen Aufgaben betraut, ist alles abgedeckt, was der Markt fordert: geballte Intelligenz, Sachkenntnis und Befähigung. Andy war wieder dem Märchen aufgesessen, er müsse alles selbst machen. Insgeheim dachte er, er müsse auf alles eine Antwort wissen und dürfe nie zugeben, dass er nicht in jedem Fall allein entscheiden könne. Diese Denkmuster sind überholt.

Es ist ungeheuer befreiend, wenn Sie zugeben, dass Sie in bestimmten Bereichen sehr gut sind und in anderen eben nicht so gut. Ich kann das aus eigener Erfahrung sagen, ich habe es als Riesensatz nach vorn erlebt – persönlich wie finanziell.

Als ich mit meiner Kolumne begann, dachte ich, ich dürfe nur über Dinge schreiben, die ich richtig gemacht hatte. Ich schrieb über Erfolge, funktionierende Strategien, bewältigte Probleme. Niemand sollte mich bei Fehlern ertappen, ich setzte mich stets in ein positives Licht. Die Kolumne wurde wohlwollend aufgenommen, hatte aber keineswegs einen überwältigenden Erfolg.

Dann sagte mir Madeleine Homan, die mich damals coachte, ich solle mehr von Herzen schreiben und gab mir als Hausaufgabe ein Buch von Jack Kornfield zu lesen. Es war geistreich und bewegte mich sehr, teilweise brachte es mich sogar zum Weinen. Das lag an dem tiefen Mitgefühl, dass aus jedem Wort sprach, vor allem weil der Autor seine Fehler zugab. Er erzählte von seinen Erfahrungen mit falschen Entscheidungen oder schlechtem Betragen, und seine Verletzlichkeit rührte mich zutiefst an.

In der Kolumne für die nächste Woche berichtete ich über einen eklatanten Missgriff, der mir unterlaufen war. Bisher hatten mir ein oder zwei Leser pro Woche zustimmende Worte geschrieben, aber diesmal bekam ich über 100 E-Mails. Viele Leser reagierten sehr emotional. Sie waren von meiner Fähigkeit, ich selbst zu sein und Fehler zugeben zu können, beeindruckt, und sie hatten zum ersten Mal den Eindruck, ich schriebe ganz speziell für sie. Die Kolumne wurde innerhalb weniger Wochen von den großen Wirtschaftszeitungen der USA übernommen. Nur weil ich mich nicht mehr verstellte.

Was geschieht, wenn Sie aufhören, jemand anderes zu spielen

und Sie selbst sind? Ihre Mitarbeiter werden sich Ihnen in bisher unbekannter Weise verbunden fühlen. Heutzutage kommt es wesentlich auf Loyalität an, und die einflussreichsten Führungskräfte sind jene, die sich in ihrer Haut wohl fühlen.

MASSNAHME

Es ist Zeit, dass Sie aufhören, sich zu verstellen. Geben Sie noch diese Woche vor Ihren Mitarbeiter zu, dass Sie dies oder jenes nicht so gut beherrschen. Nein, Sie sollen sich nicht selbst bezichtigen, Sie sollen nur diesen Bereich delegieren und dem Mitarbeiter deutlich sagen, dass er einfach besser für die Aufgabe geeignet ist. Es darf nicht so aussehen, als wären Sie einfach zu faul dazu. Der Unterschied ist deutlich, oder?
Wer führen will, muss vor allem lernen, dass man nicht die erste Geige spielt. Das Bedürfnis, immer im Recht und im Rampenlicht zu sein, treibt einen Keil zwischen Sie und Ihre Mitarbeiter, denn Sie verhindern, dass deren Arbeit die gebührende Anerkennung findet. Werden Sie sich über Ihre Stärken klar und überlassen Sie alles andere Ihren Mitarbeitern.
Dass die besten Leiter Menschen einstellen, die klüger sind als sie selbst, ist ein geflügeltes Wort und unglaublich wahr. Es liegt an Ihnen, die Hilfe Ihrer Mitarbeiter anzunehmen.

Entdecken Sie die Stärken Ihrer Mitarbeiter

Es ist eine Sache, die eigenen Stärken zu erkennen, aber eine völlig andere, auch die Mitarbeiter dahin zu bringen, dass sie ihre jeweiligen Stärken erkennen.

Ich saß einmal mit einer Freundin in einem Café und sprach mit ihr über diese Philosophie. Pat fragte mich, was ich für ihre größte Stärke hielte. Meine Freundin ist ein sehr vorausschauender Mensch. Wenn man in ihre Schränke guckt, entdeckt man genug Nahrungsmittel, um drei Jahre lang davon zu leben. Meine Vorräte hingegen reichen nicht einmal bis zum Ende der Woche. Pat ist gut organisiert und überlegt sich im Voraus, was schief gehen könnte, ist also genau die Richtige, wenn es darum geht, Probleme schon im Vorfeld auszuräumen.

Als ich ihr das sagte, war sie erstaunt. „Aber das versteht sich doch von selbst“, rief sie. Eben nicht! Deswegen dürfen Sie nicht vergessen, wie schwierig es ist, eigene Stärken zu entdecken, und müssen Geduld mit Ihren Mitarbeitern haben. Man findet nicht von heute auf morgen heraus, was man besonders gut kann, und wenn man es weiß, dauert es eine gewisse Zeit, bis man es in sein Denken und Handeln integriert hat.

Sie können den Prozess beschleunigen, wenn Sie jedem Mitarbeiter die Aufgaben zuweisen, die er besonders leicht bewältigt. Vergessen Sie nicht, diese Leichtigkeit auf hohem Niveau anzuerkennen, zu betonen und zu loben. Es ist erstaunlich, wozu Menschen in der Lage sind, wenn sie Anerkennung für gut geleistete Arbeit finden.

MASSNAHME

Vereinbaren Sie mit jedem direkten Untergebenen einen Gesprächstermin, bei dem es ausschließlich um die Einsicht in die Stärken des Betroffenen gehen soll. Sie können ihnen zur Vorbereitung dieses Kapitel aus meinem Buch kopieren, damit sie eine Vorstellung von der Zielrichtung bekommen. Stellen Sie sicher, dass sie sich unmittelbar nach dem Gespräch auf eine Tätigkeit stürzen, die sie aus einer Position der Stärke heraus erledigen können. Diese unmittelbare Umsetzung ist sehr wichtig, überlegen Sie sich also genau, welche Bereiche für welchen Mitarbeiter in Frage kommen.

Abhilfe bei Arbeitsüberlastung

Jetzt wird es knifflig: Es gilt, die Zuständigkeiten und Aufgaben umzuverteilen auf die verschiedenen Köpfe – entsprechend der jeweiligen Stärken und abgestimmt auf die Bedürfnisse des Unternehmens. Man wird normalerweise nicht die ganze Abteilung durcheinander würfeln, nur weil man die Stärken seiner Mitarbeiter entdeckt hat. Dafür steckt einfach zu viel Zeit und Energie in der Organisationsplanung. Außerdem kann man Organigramme nicht auf Individuen abstimmen, sie beruhen vielmehr auf den Tätigkeiten, die zur Erledigung des Firmenziels erforderlich sind. Die Philosophie der Stärke will nichts anderes, als Menschen innerhalb ihrer organisatorischen Position zu stärken. Gehen Sie mit Bedacht vor. Wie schon gesagt, der Vorgang braucht Zeit. Was können Sie heute tun, um die Ergebnisse aus den Stärken Ihrer Mitarbeiter heraus zu verbessern? Das Augenmerk liegt immer auf der Leistungsfähigkeit des Teams – und den Auswirkungen auf den Jahresgewinn. Mitarbeiter im Unternehmen zu halten und dafür zu sorgen, dass sie sich wohlfühlen, ist ein und dasselbe. Den Wohlfühlfaktor in Zahlen umzusetzen, darin liegt die Herausforderung.

MASSNAHME

Viele Angestellte fühlen sich bereits überlastet. Sie sollten ihnen also nicht noch mehr aufhalsen. Ich empfehle Ihnen, mit den Mitarbeitern eine Liste zusammenzustellen, welche Aufgaben derzeit anstehen und wer dafür verantwortlich ist. Ist ein anderer Mitarbeiter für bestimmte Aufgaben besser geeignet? Ist ein Mitarbeiter frei, der einen Teil der Aufgabe übernehmen könnte? Geben Sie Ihren Leuten die Möglichkeit, von sich aus das zu übernehmen, womit sie glänzen können, und bewerten Sie ihre Leistungen nach dem Ergebnis.
Erst wenn Sie selbst mit dem Ansatz, persönliche Stärken und wirtschaftliche Ergebnisse im Zusammenhang zu sehen, vertrauter sind, ist es an der Zeit, die Mitarbeiter mit Aufgaben zu betrauen, die ihren Vorlieben entgegenkommen. Wichtiger noch: Dann werden die Mitarbeiter von sich aus Chancen erkennen.

Stecken Sie Mitarbeiter nicht in eine Schublade!

Geben Sie bitte Acht, dass Sie Ihre Mitarbeiter nicht in Schubladen stecken. Immer neue Anregungen sind in der heutigen Wirtschaft gefragt, alles ist im Fluss, und gerade die Begabtesten wollen nicht tagein, tagaus immer dasselbe tun. Ein und dieselbe Tätigkeit acht Stunden lang durchhalten, könnten Sie sich das für sich vorstellen?

Die Stärken der Mitarbeiter und Mitarbeiterinnen als Entscheidungskriterium für die Arbeitszuteilung nehmen, heißt nicht, ihnen die Chance zu nehmen, sich zu entwickeln und an neuen Aufgaben zu wachsen. Wir entdecken uns selbst in neuen Situationen. Behalten Sie im Hinterkopf, dass Sie Ihren Mitarbeitern zu Erfolgserlebnissen durch Aufgabenzuteilung nach Neigung und Begabung verhelfen wollen. Gönnen Sie ihnen die Entwicklung ihrer Talente und helfen Sie ihnen von da aus, neue Fähigkeiten zu entwickeln.

Michael Jordan spielte gut Basketball. Tag für Tag lernte er etwas dazu und spielte immer besser Basketball. Eines Tages hatte er Lust, Baseball zu spielen. Er ist begabt im Umgang mit Bällen, also schadet Baseballspielen seinen Basketballeinsätzen nicht. Michael Jordan spielte Baseball, hatte seinen Spaß dabei und blieb am Ende bei dem, was er am besten konnte: Basketball. Ihre Mitarbeiter wollen genau das: Wenn sie ihre eigenen Stärken kennen, experimentieren sie gern mit neuen Verhaltensmustern und setzen sich unverkrampft unbekannten Situationen aus. Wenn sie dabei neue Fähigkeiten entwickeln, umso besser. Wenn nicht, schadet der Wechsel nicht, denn sie können sich problemlos auf ihre Stärken zurückziehen. Das Experiment hat keinen Einfluss auf die Arbeitsleistung.

Neues fällt leichter, wenn man bereits Herausforderungen gemeistert hat.

Der Charme des Selbstvertrauens

Über lange Jahre hatte ich die angenehme Aufgabe, den stellvertretenden Personalvorstand eines Unternehmens zu coachen. Später eröffnete er ein Kaffeehaus, und wir saßen dort und sprachen über die Probleme, mit denen sich Führungskräfte konfrontiert sehen. Denny sagte: „Jen, viele benehmen sich wie ein Schwein, aber letztlich wollen sie damit nur übertünchen, dass sie sich eigentlich nicht für gut genug halten." Wer führen will, muss sich meiner Meinung nach auf Psychologie verstehen. Wenn das Humankapital die entscheidende Ressource der Zukunft ist, muss man dieses Kapital zu nutzen verstehen und Blockaden überwinden, die Menschen an Höhenflügen hindern. Dazu müssen Sie nicht an die Uni zurückkehren und Psychologie studieren. Aber Sie müssen sich darüber klar werden, dass Probleme mit dem Selbstwertgefühl die Leistungsfähigkeit Ihrer Mitarbeiter beeinträchtigen und letztlich auf den Jahresgewinn durchschlagen.

Wenn Sie Ihren Mitarbeitern dabei helfen, die eigenen Stärken zu finden, stützen Sie deren Selbstwertgefühl mehr als durch irgendeine andere Maßnahme. Und mit dem Selbstwertgefühl Ihrer Mitarbeiter steigen die Ergebnisse.

Wir brauchen Menschen, die uns bestätigen und sagen, wie erstaunlich wir sind. Übernehmen Sie diese Rolle für Ihre Mitarbeiter?

So verheizen Sie Ihre Mitarbeiter ...

1. Sie reiten immerzu auf ihren Schwächen herum.
2. Sie legen die Latte höher und höher und machen ihnen das Leben schwer. Der ewige Kampf zermürbt.
3. Sie legen Wert auf ausgewogene Fähigkeiten. Man wird nicht befördert, wenn man im Strom der Masse mitschwimmt.
4. Sie erledigen die besten Aufgaben am liebsten selbst, auch wenn ein Mitarbeiter viel besser dafür geeignet wäre.
5. Ihre Mitarbeiter haben das Gefühl, den Anforderungen nicht zu genügen. Richtig wütend werden sie, wenn sie merken, dass sie in eine falsche Richtung gedrängt wurden.
6. Sie tun so, als gäbe es nichts, was Sie nicht könnten.
7. Sie stecken Ihre Mitarbeiter in Schubladen und verweigern ihnen neue Aufgaben.
8. Sie missachten die Stärken, die Ihre Mitarbeiter ins Team einbringen.
9. Sie schnüren Ihre Mitarbeiter in ein Karrierekorsett.
10. Sie sagen Ihren Mitarbeitern nie, wie phantastisch sie arbeiten.

So feuern Sie Ihre Mitarbeiter an ...

1. Sie gestatten Ihren Mitarbeitern, aus einer Position der Stärke heraus zu arbeiten.
2. Sie sagen Ihren Mitarbeitern, dass sie sich auf ihre Stärken konzentrieren und die Schwächen links liegen lassen sollen.
3. Sie erlauben Ihren Mitarbeitern, sich auf Aufgaben zu stürzen,

die sie mit Bravour erledigen können. Und Sie erkennen die Leistungen lobend an.

4. Sie verteilen Aufgaben nach Befähigung.
5. Sie sagen Ihren Mitarbeitern, was Sie selbst gut können und in welchen Bereichen Sie Hilfe benötigen. Dann fällt der Glanz auf die Mitarbeiter.
6. Sie geben Ihren Mitarbeitern die Freiheit, Neues auszuprobieren, aber erst, wenn sie sich bewährt haben. Risiken verlieren viel von ihrem Schrecken, wenn man sich seiner selbst sicher ist.
7. Sie respektieren und unterstützen unterschiedliche Karrierevorstellungen.
8. Sie machen sich klar, dass Ihr eigener Werdegang als Führungskraft heute nicht mehr funktionieren würde.
9. Sie erkennen eine große Bandbreite von Fähigkeiten und Talenten an.
10. Sie sagen Ihren Mitarbeitern, wie wunderbar sie arbeiten. Immer und immer wieder.

KAPITEL 6

Kommunizieren mit aller Macht

Vor kurzem sagte einer meiner Klienten etwas, das eine Seite in mir zum Klingen brachte. Chris hatte sich telefonisch entschuldigt, weil er unsere Sitzung absagen musste (selbst Organisationsgenies müssen manchmal umdisponieren), und brachte mich kurz auf Stand, was seinen Zeitplan für die laufende Woche anging. „Jen", schloss er, „vor einem Jahr haben Sie doch gesagt, Kommunizieren sei ein zentrales Element, wenn man sich weiterentwickeln wolle, nicht wahr? Also ich bin jetzt soweit. Ich will meine kommunikativen Fähigkeiten verbessern." Ich finde es toll, wenn meine Klienten sich die harten Nüsse freiwillig vornehmen. Und Kommunikation ist eine verdammt harte Nuss, auch wenn sie zu den „weichen" Fähigkeiten gerechnet wird. Aber sie ist unentbehrlich, wenn man Ergebnisse sehen, ein Team inspirieren und die richtige Richtung einschlagen will.

In einer Wirtschaft, deren Normaltempo bei dreifacher Schallgeschwindigkeit liegt und in der täglich Tausende von Daten zu verarbeiten sind, müssen Führungskräfte mit aller Macht kommunizieren. In Höchstgeschwindigkeit.

Aber die meisten Verantwortlichen beherzigen noch nicht einmal die einfachsten und grundlegenden Regeln, wie sie mit den abhängig Beschäftigten reden sollten, geschweige denn die differenzierten Anforderungen, denen sie heute genügen müssten. Sie lassen jedes Fingerspitzengefühl vermissen.

Was mich wieder an Chris erinnert, der eine kleine, aber extrem erfolgreiche Firma für Finanzplanung besitzt. Im letzten Jahr lief ihm das Personal davon, nachdem er eine wichtige Mitarbeiterin entlassen hatte – sie hatten sich auseinander entwickelt. Das Unternehmen stand an einer Schwelle, und Chris musste entscheiden, in welche Richtung und wie es weitergehen sollte. Die Anforderungen des Marktes hatten sich verändert. Um nicht unterzugehen, war ein neues Konzept notwendig.

Chris hatte es sich einfacher vorgestellt, die Personalprobleme zu lösen. Er merkte schnell, dass sich zwischen ihm und seiner langjährigen Mitarbeiterin ein stillschweigendes Einverständnis aufgebaut hatte, sodass vieles gar nicht mehr gesagt werden musste. Sie hatte gewusst, wie sie seine Aussagen zu interpretieren hatte, und konnte seine Reaktionen genau einschätzen. Nach fünf Jahren Zusammenarbeit gibt es nicht mehr viele Überraschungen. Aber Chris unterschätzte die Last, die ihm damit auch gegenüber den anderen Mitarbeitern von den Schultern genommen wurde.

Er stellte immer neue Bewerber ein, nur um die meisten nach kurzer Zeit wieder zu entlassen. Keiner entsprach seinen Erwartungen.

Ich verdeutlichte Chris seinen Anteil an dem Personalkarussell: Er nahm sich nicht genug Zeit, den Neuen seine Anforderungen zu erklären. Insgeheim dachte er, sie würden ihm – wie seine ehemalige Mitarbeiterin – jeden Wunsch an der Nasenspitze ablesen, auch wenn sie nicht fünf Jahre, sondern erst einen Monat bei ihm waren. Alte Gewohnheiten streift man nur mit Mühe ab.

Als Chris also endlich zu der Einsicht kam, dass er etwas für seine Kommunikation tun musste, reagierte ich begeistert: „Chris, der Zeitpunkt könnte nicht besser sein. Ich schreibe gerade an dem Kapitel ‚Kommunizieren mit aller Macht', das passt wunderbar." Worauf Chris antwortete: „Jen, ich will nicht lernen, wie ich mit Macht kommuniziere. Mir fehlt das Kommunizieren mit Freundlichkeit."

Der Satz gab mir zu denken. Das Defizit vieler Führungskräfte – mich eingeschlossen – liegt eher darin, dass wir zu schnell harsch und ungeduldig werden. In unserer überhasteten chaotischen Welt wäre ein bisschen mehr Freundlichkeit dringend notwendig.

In dem Wort Macht steckt das, was man sich in Führungspositionen wünscht. Woran denken Sie, wenn Sie es hören? Die meisten Menschen verstehen darunter, über andere Menschen bestimmen zu können. Implizit mitgedacht ist: Wer Macht hat, ist stark, anderen überlegen, auf jeden Fall einflussreicher. Vor unserem geistigen Auge stellt sich ein grausamer Sklaventreiber ein, der die Peitsche schwingt. Gewalt und Missbrauch prägen das landläufige Bild von der Macht.

Ich benutze das Wort „Macht" in dem Sinn, auch in der Führungsrolle authentisch zu bleiben. Mächtig sein heißt, sich nicht zu verstellen, heißt, man selbst zu sein, in sich zu ruhen. Es heißt nicht, über andere zu herrschen, sondern mit anderen zu herrschen.

Wenn Sie sagen: Das steht in meiner Macht, dann beziehen Sie sich nicht nur auf die Befugnis, etwas zu tun, sondern auch auf die Befähigung dazu. Macht kommt von machen können.

Charlie Kreiner, der Gründer des amerikanischen Institute for Diversity Education, vertieft mit seiner Definition des Begriffs genau diesen Aspekt. Kreiner bezeichnet Macht als das Vermögen, Leben in seiner ganzen Vielfalt zu schaffen, zu nähren und zu erhalten. An die Stelle des landläufigen Bildes tritt bei ihm eine regenerative Macht.

Dieses Verständnis passt ausgezeichnet in die heutige Wirtschaftslandschaft. Erneuerbare, evolutionäre und im Wachstum begriffene Macht. Ist Ihre Art der Kommunikation regenerativ, wächst die Durchschlagskraft einer Mitteilung mit dem Akt der Weitergabe?

Chris hatte Recht. Macht hängt ganz eng mit Freundlichkeit zusammen. Macht will höflich und zuvorkommend ausgeübt werden. Wahre Macht zeigt sich darin, dass die Ideen eines Menschen weiterleben, wenn er selbst längst von der Bühne abgetreten ist. Herausragende Führungspersönlichkeiten hinterlassen den Menschen, mit denen sie zusammengearbeitet haben, ein Erbe. Das gelingt aber nur, wenn man mit aller Macht kommunizieren kann.

Warum ist Kommunikation so wichtig?

Ich habe viele Führungskräfte kennen gelernt, die hervorragende Arbeit leisten, wenn sie Visionen für ihr Team entwickeln sollen, aber kläglich scheitern, wenn sie ihrem Team diese Vision vermitteln wollen. Der Fokus von Führungskräften liegt auf dem „Was“, aber die Angestellten fragen vorrangig nach dem „Wie“. Und oft finden ihre Vorgesetzten nicht die richtigen Worte, um den Weg zum Ziel zu beschreiben. Stattdessen hauen sie ihren Mitarbeitern um die Ohren: „Dafür habe ich euch doch eingestellt! Findet es heraus." Der Angestellte zieht frustriert von dannen und kann die Aufgabe nicht lösen, obwohl die Lösung doch allen Beteiligten am Herzen liegt. Zu allem Überfluss macht der Vorgesetzte das Team auch noch für das Scheitern verantwortlich.

Lassen Sie es mich mit einem Gleichnis erklären. Stellen Sie sich vor, Sie stünden auf einem Felsvorsprung am Rande einer Klamm und befänden sich in der Neuen Welt. Auf der anderen Seite der Schlucht, in der Alten Welt, leben Ihre Angestellten. Eine Brücke verbindet beide Welten, und Sie möchten Ihre Mitarbeiter in Ihre Welt holen. In der Neuen Welt spielt die Musik, es ist eine aufregende Welt voller Chancen, Neuerungen und Gewinne. Aber die Beschäftigten lieben ihre Alte Welt und behalten die vertraute Herangehensweise bei, während Sie immer verzweifelter von der anderen Seite herüberwinken, um die neue Denkart zu propagieren.

Das zumindest habe ich bei den meisten Führungskräften, bildlich gesprochen, beobachtet: Sie versuchen von ihrem Standpunkt aus, aus Sicht der Angestellten also von jenseits des Abgrunds, Überzeugungsarbeit zu leisten. Sie wedeln mit den Armen und hüpfen auf der Stelle und schreien sich auf ihrem Felsvorsprung die Seele aus dem Leib. Aber an so exponierten Stellen weht ein scharfer Wind, der ihre Worte fortträgt, und so laut sie auch schreien, man hört sie nicht. Früher oder später sind sie erschöpft. Dann klopfen sie Sprüche wie: „Ich kann machen, was ich will, sie hören einfach nicht zu", oder: „Ich bin wohl nicht in der Lage, sie aus ihrem Trott zu reißen", oder: „Sie sind schlicht und ergreifend zu blöd, ich muss bessere Mitarbeiter einstellen."

Warum beschleicht Sie nicht der Verdacht, dass Gebrüll, Gefuchtel und Gehüpfe die falschen Mittel sind? Warum kommen Sie nicht auf den nahe liegenden Gedanken, über die Brücke zu gehen und Ihre Mitarbeiter abzuholen, wenn es sein muss, einzeln?

Das war es, was Chris versäumt hatte. Er hatte es versäumt, sich in die Denkstrukturen seiner Mitarbeiter hineinzuversetzen und ihnen eine Brücke zu seinen Ideen zu bauen. Das ist ein ganz üblicher Fehler. Die meisten Ideen scheitern nicht am Unwillen oder Unvermögen der Angestellten, sondern an der Unfähigkeit ihrer Vorgesetzten, zu erklären, wohin die Reise gehen soll.

Bei einer Sitzung redete sich Chris über einen Mitarbeiter in Rage, der ihn hatte hängen lassen. Fast jeder, der Mitarbeiterverantwortung trägt, hat so etwas schon erlebt. Man delegiert ein Projekt und der Beauftragte vermasselt es. Es ist ätzend, und meistens regt man sich mächtig auf. Chris schäumte vor Wut.

Er hatte einige Monate zuvor beschlossen, seine Anstrengungen zu verdoppeln. Mitarbeiter, an die er Projekte delegieren konnte, hatte er genug; diesmal suchte er quasi einen Klon seiner selbst, sodass er den Ausstoß des Unternehmens verdreifachen konnte, ohne von seiner Seite mehr Arbeitszeit hineinzustecken. Wir beide hielten den Jungen, den er einstellte, für den geeigneten Kandidaten.

Während der Einarbeitung achtete Chris peinlich genau auf die Fähigkeiten des Neuen. Bevor er ihm wirklich wichtige Aufgaben übertrug, prüfte er ihn auf Herz und Nieren. Als er sich sicher war und dachte, der Mann sei ausreichend geschult, vertraute er ihm das Filetstück des Geschäfts an: die Finanzen. Das Kartenhaus brach zusammen.

Während Chris also bei der bewussten Sitzung vor Wut schäumte, fragte ich ihn ruhig: „Wie viel Zeit haben Sie sich genommen, um dem Mann diese wichtige Aufgabe zu erklären?“ Chris darauf: „Darum geht es doch gar nicht! Er hat ein Riesenunheil im wichtigsten Bereich meiner Firma angerichtet!“ „Gut“, sagte ich, „das habe ich schon verstanden. Aber wie viel Zeit haben Sie sich genommen, um dem Mann diese wichtige Aufgabe zu erklären?“ Es waren, wie sich herausstellte, keine fünf Minuten gewesen.

Chris hatte weniger als fünf Minuten verwandt, um dem Neuen die zentralen Finanzfragen der Firma zu erklären. Fünf Minuten! Aber er war davon überzeugt, dass der Mitarbeiter das alles hätte wissen müssen: „Aber Jen, ich bezahle ihm ein Riesengehalt, weil ich davon ausgehe, dass er sich auf seinen Job versteht!“

Er hätte es wissen müssen? Woher? Woher um alles in der Welt hätte der Angestellte wissen können, was Chris von ihm erwartete? Welche Ziele mit der Durchführung dieser Arbeit verbunden waren? Chris wurde ziemlich kleinlaut, als ihm sein Anteil an dem Schlamassel klar wurde.

Wenn ein Unternehmen Spitzenzahlen erwirtschaften soll, muss der Mann oder die Frau an der Spitze ein Kommunikationsgenie sein. Kommunikations-, nicht Manipulationsgenie. Ich würde es für eine Beleidigung Ihrer Intelligenz halten, wenn ich Ihnen zeigen wollte, wie Sie Ihre Mitarbeiter so manipulieren, dass sie Ihren Willen umsetzen. Nein, ich stehe für authentische Führung ein: Verstellen Sie sich nicht, lernen Sie die Kunst der Kommunikation, und Ihr Team wird Ihnen gern folgen.

Meiner, in der Arbeit mit Führungskräften gewachsenen Auffassung nach lässt sich „Kommunizieren mit aller Macht“ auf folgende Formel bringen:

Strategische Absicht + Botschaft + persönlicher Stil
+ Authentizität + Überlegtheit
x
Vertrauen
= Kommunikationsgenie

Die strategische Absicht, das „Was"

Solange nicht klar ist, wie dieses Bild „Neue Welt" inhaltlich gefüllt wird, helfen Überlegungen, wie die Brücke dahin zu überqueren sei, wenig. Aber statt nun eine riesige Vision für Sie und Ihre Firma zu entwickeln – denn vermutlich haben Sie wie die meisten Führungskräfte bereits eine Vorstellung von der Richtung, in die es gehen soll – beschränken wir uns hier darauf, ein wichtiges Ergebnis festzusetzen, das Sie innerhalb der nächsten zwölf Monate erreichen wollen. Das nenne ich „strategische Absicht". Andere sprechen lieber von einer Vision für das Unternehmen. Ich bevorzuge den Ausdruck „strategische Absicht", weil er 1. das strategische Ziel beinhaltet, in dem die wesentliche Intention des Unternehmens eingebunden ist, und 2. die Absicht darin steckt, einen Traum zu verwirklichen.

Kennen Sie die Stoßrichtung Ihres Unternehmens? Ich frage deshalb, weil ich lange Zeit ganz selbstverständlich angenommen habe, dass die meisten Führungskräfte an der Spitze eine mitreißende Vision für ihren Bereich haben und nun vor dem Problem stehen, wie sie diese Vision der Belegschaft mit dem nötigen Nachdruck vermitteln.

Damit lag ich wahrscheinlich falsch.

Vor einiger Zeit war ich mit Klienten zum Lunch verabredet. Es ging um die Aufteilung des Coaching-Angebots für die beiden Technik-Leiter. Zwei der Anwesenden sind gemeinsam für die Führung und das Wachstum der auf IT spezialisierten Unternehmensberatung verantwortlich. Die kleine Firma durchlebt gerade jene entscheidende Wachstumsphase, die ich als Hyperwachstum bezeichne. Die beiden schalteten höher und höher, um keine der phantastischen Möglichkeiten auszulassen. Eine aufregende Zeit!

Während des Mittagessens legte ich ihnen das neue Kommunikationsmodell dar, das ich im Zusammenhang mit der strategischen Absicht kurz zuvor entwickelt hatte. Das heißt, ich wollte es ihnen erklären, aber ich kam nicht sehr weit, denn wir blieben bereits bei der Zielsetzung hängen. Wer nicht weiß, wohin er will, kommt nie an. Aber das wissen Sie ja längst.

Dave sah Scott an: „Wir haben eine Vision, nicht wahr?" Unversehens verhakten sich die beiden in einer hitzigen Diskussion über das Thema. Wieder zwei Minuten später schütteten wir uns vor Lachen aus und Dave sagte: „Da müssen wir wohl noch ein bisschen was tun."

Die Entwicklung einer strategischen Vision gehört zu den wichtigsten Führungsaufgaben überhaupt. Dabei denke ich nicht an Zielvorgaben, an schriftlich fixierte Anforderungen, auf die das Unternehmen hinarbeiten soll. Eine strategische Absicht erfordert vielmehr einen Zukunftsentwurf und ein geistiges Bild von der Welt von morgen. Vision ist unlösbar mit Größe verbunden, mit einem scharfen Sinn für das Mögliche. Es geht um das Träumen großer Träume und darum, trotz aller Härten für sich selbst und das Team zu wissen, wofür man das alles auf sich nimmt.

Viele Menschen leben gern in den Tag hinein. Aber wenn man einfach mal schaut, was passiert, verfängt man sich in Mittelmäßigkeit oder, schlimmer noch, gerät beim Mittagessen in hitzige Diskussionen über das Unternehmensziel. Ihre Mitarbeiter müssen einen guten Grund haben, um Ihnen zu folgen. Sonst folgen sie Ihnen nicht, sondern hebeln den neuen Hokuspokus zur Produktivitätssteigerung einfach aus oder pflastern die neue coole Web-Seite mit Horrorstorys über ihre unfähigen Manager zu. Ohne strategische Absicht ist Ihnen ein Platz in solchen Meinungsbörsen sicher.

Wie Sie zu einer strategischen Absicht kommen? Verlassen Sie Ihr Büro, schieben Sie die Alltagsarbeit beiseite und träumen Sie. Was sehen Sie in der Zukunft, wenn Sie Ihre Gedanken schweifen lassen? Manche Menschen suchen ihre Vision auf einem 48-Stunden-Trip in die Wälder ohne Proviantpakete. Andere legen sich an den Pool im Garten ihrer Luxusvilla. Sie können Ihre Vision überall finden, nur nicht im Büro.

Wer sich die Unternehmensführung teilt, sollte gemeinschaftlich suchen. Zwei meiner Klienten waren einst an dieser Idee so interessiert, dass sie sich ein Wochenende lang in ein Hotelzimmer einschlossen und erst wieder herauskamen, nachdem die Vision schriftlich vorlag und sie sich 100 Prozent einig waren. Der Erfolg war durchschlagend, die Firma prosperiert heute noch aufgrund der Idee von damals.

Aber es dürfen nicht zu viele Personen beteiligt sein. Strategische Absichten entwickeln ist eine recht diktatorische Angelegenheit. Das gehört zu den wertvollsten Eigenschaften einer Führungskraft: wissen, wann das Team nicht gefragt werden darf. Oft genug muss das Ziel von einer einzigen Person entwickelt werden.

Und scheuen Sie sich nicht, dieses Ziel zu wechseln. Vielleicht haben Sie Ihre strategische Absicht bereits vor Jahren entwickelt, sodass sie Ihnen inzwischen langweilig erscheint oder auch bereits verwirklicht ist. Darauf sollte man achten. Als ich meine Firma gründete, wollte ich einfach nur meinen Lebensstil fortführen. Eigentlich reduzierte sich meine ganze „Strategie“ auf das Bezahlen der Miete, ohne einen anderen Job annehmen zu müssen. Dieses Stadium ließ ich ziemlich schnell hinter mir, und Ihnen wird es nicht anders ergehen. Wenn Sie anfangen, können Sie vielleicht höchstens ein oder zwei Jahre

vorhersehen. Mit ein bisschen Übung werden Ihre Einfälle größer und über sehr viel längere Zeiträume tragfähig sein.
Ich weiß nur, dass man träumen muss. Es ist an der Zeit, dass Sie sich zurückziehen und entscheiden, was Sie wirklich wollen. Ihre Mitarbeiter werden es Ihnen danken, und die Geschäftszahlen werden für sich sprechen.

MASSNAHME

Welche strategische Absicht verfolgen Sie in den nächsten zwölf Monaten? Denken Sie über die Bereiche nach, die Ihnen besonders nahe liegen, und über die Ergebnisse, die erreicht werden sollen. Was wollen Sie mit Ihren Mitarbeitern innerhalb eines Jahres auf die Beine stellen? Halten Sie Ihre strategische Absicht schriftlich fest und weihen Sie Ihre Mitarbeiter ein. Die Mitarbeiter müssen genauso unmissverständlich wie Sie wissen, wohin die Reise gehen soll.

Plädoyer gegen „Unternehmens-Leitsätze"

Verwechseln Sie bitte nicht strategische Absicht und „Unternehmens-Leitsätze". Sie sollen hier nicht eine Mission für Ihr Unternehmen, Ihre Abteilung oder gar für Ihr Leben formulieren. Meiner Meinung nach hören Sie am besten auf, an solche Dinge Zeit zu verschwenden.
Ich weiß, dass ich damit gegen die herrschende Auffassung verstoße. Aber die Wahrheit muss auf den Tisch. Als Coach für Führungskräfte habe ich Tage und Wochen in kleinen wie großen Unternehmen verbracht. Oft hängt im Empfangs- oder Eingangsbereich ein geschmackvoller Rahmen mit dem so genannten „Unternehmens-Leitbild". Natürlich studiere ich bei

jedem meiner Klienten den Text. Aber wer liest das außer mir? Wenn ich mich dann mit dem CEO oder anderen hochrangigen Führungskräften zusammensetze, wissen Sie, was dann passiert?

Die wenigsten Unternehmen halten sich an den schlauen Spruch an der Wand. Wenn ich nachfrage, wie dieses Leitbild mit der Geschäftstätigkeit zusammenhängt, folgen in der Regel weitschweifige Erklärungen, wie viele Tausende von Dollars und Arbeitsstunden in der Formulierung dieses netten kleinen Satzes stecken. Monate habe es gedauert, höre ich. Externe Berater haben die gesamte Organisation in den Prozess einbezogen. Klausurtagungen an Wochenenden. Jedes einzelne Wort gewendet und gewogen. Das Leitbild müsse doch etwas bringen, wenn es so viel Mühe gekostet hat.

Wirklich? Selten genug, denke ich. Es macht sich gut an der Wand, hat aber mit der Wirklichkeit nichts zu schaffen.

Wer an der Spitze eines Unternehmens steht, muss eine Vision als Richtschnur haben. Man benötigt ein Endergebnis, eine Möglichkeit, die Arbeitsleistung zu messen. Um erfolgreiche Durchführung der Arbeit, um Leistungen geht es letztlich im Wirtschaftsleben. Dass Sie die Unternehmens-Leitsätze in den Müll werfen können, heißt also mitnichten, dass Sie für Ihr Unternehmen nicht große Träume träumen sollen. Das ist Ihr eigentlicher Auftrag, wenn man es genau nimmt.

Ein schlauer Spruch im geschmackvoll-dezenten Rahmen erfüllt nicht den Anspruch, auf die Mitarbeiter zu hören. Er bezeugt ihnen keinen Respekt. Und er ist meilenweit von einem großen Traum entfernt. Verschwenden Sie keine Ressourcen auf diese Statements, gleichgültig, unter welcher Bezeichnung sie laufen.

Formulieren Sie Ihre strategische Absicht

Um die strategische Absicht zu formulieren, die Sie durch das nächste Jahr leiten soll, treten Sie einen Schritt zurück und stellen sich drei wichtige Fragen:

1. **„Worauf kommt es mir in meiner Führungsposition wirklich an?"**

   Als ersten Schritt auf dem Weg zu einer strategischen Absicht sollten Sie entscheiden, was Ihnen wichtig ist. Wenn Sie nicht für sich persönlich aus Ihrer Karriere Gewinn ziehen, wird Sie das Erreichte niemals glücklich machen. Es ist völlig in Ordnung, wenn es Ihnen nur aufs Geld ankommt. Seien Sie ehrlich mit sich, lügen Sie sich nicht selbst in die Tasche. Ich habe zu viele Manager kennen gelernt, die ihre eigenen Bedürfnisse hintan gestellt und sich ganz auf die Interessen des Unternehmens konzentriert haben. Warum sollten Sie sich ein Bein ausreißen, wenn Sie nichts davon haben?
   Also geben Sie es sich bitte schriftlich, was Ihnen an der Führungsrolle wirklich wichtig ist.

2. **„Worauf kommt es meinen Kunden wirklich an?"**

   Damit soll nicht gesagt sein, dass Kunden immer im Recht sind. Auch Kunden irren. Aber Sie müssen wissen, was Kunden von Ihrem Unternehmen erwarten. Das ist entscheidend. Erwarten sie ein qualitativ hochwertiges Produkt? Schnellen Service? Innovative Ideen? Diese Worte müssen nicht an der Wand prangen. Reden Sie mit Kunden, forschen Sie nach der Antwort. Einverstanden?
   Schreiben Sie auf, was Ihren Kunden wirklich wichtig ist, denn in letzter Linie finanzieren diese Kunden auch Ihr Gehalt.

3. **„Worauf kommt es meinen Mitarbeitern wirklich an?"**

Einer meiner Klienten, nennen wir ihn Wayne, stand mitten in der Gründung eines weiteren Unternehmens. Bisher hatte er durchweg Wachstumsunternehmen gegründet, eines schaffte es sogar auf die Fortune-500-Liste. Waynes Mantra hieß „Wachsen, wachsen, wachsen" – und zwar ohne Rücksicht auf Verluste. Die Rentabilität litt unter diesem Ansatz, und wichtige Angestellte kehrten ihm den Rücken.

Diesmal wollte er alles anders machen. Allem voran wollte er eine Unternehmenskultur schaffen, die seine Mitarbeiter beflügelt. Wayne weiß, dass nichts den Unternehmenserfolg bremsen kann, wenn jeder und jede Angestellte die Aufgaben übernimmt, die den eigenen Stärken entsprechen und diese weiter fördern. Aber Wayne braucht keine geschmackvoll gerahmten Sprüche an der Wand, seine Mitarbeiter wissen auch so, auf welches Ziel sie hinarbeiten. Sie wissen es, weil sie es täglich leben. Also schreiben Sie schon auf, worauf es Ihren Angestellten wirklich ankommt.

Als Antwort auf diese Fragen sind nicht schöne Worte gefragt. Wichtig ist, dass Sie etwas unternehmen, um das wirklich Wichtige umzusetzen. Genau das meine ich mit strategischer Absicht.

Entwickeln Sie strategische, funktionsfähige, sachdienliche Pläne. Sorgen Sie dafür, dass Leistungen den jeweiligen Mitarbeitern angerechnet werden. Denken Sie sich verschiedene Möglichkeiten der Anerkennung aus. Sorgen Sie vor allem und ohne Wenn und Aber dafür, Kundenbedürfnisse zu antizipieren, sodass die Kunden von heute auch die Kunden von morgen sind. Ja, ganz genau so wie in meinem Buch beschrieben.

Wahre Führerschaft beweist sich in Ergebnissen, nicht in Sprüchen an der Wand.

Nur die mutigen Führer geben zu, dass die Leitsätze nichts mit der Geschäftstätigkeit zu tun hat. Nur diese marschieren in die Lobby, hängen das gerahmte Bild ab und werfen sie in den Müll. Nur die Mutigen verstehen, dass Ergebnisse, nicht Worte zählen.

Seien Sie mutig. Legen Sie Ihre strategische Absicht fest, bestimmen Sie, welchem Ziel Ihre Mitarbeiter nacheifern sollen, und legen Sie sich dann in die Riemen, um das Angestrebte zu verwirklichen.

Die mitreißende Botschaft

Nachdem die strategische Absicht festgesetzt ist, muss sie in eine mitreißende Botschaft gegossen werden, die in den nächsten 90 Tagen als Grundlage dient. Was sollen Ihre Mitarbeiter über das große Ziel erfahren? Sie brauchen eine gute Ausgangsposition, von der sie loslegen können. Und sie müssen wissen, warum sie ausgerechnet dieses Ziel anstreben sollen.

Auch hier geht es nicht um wohlklingende Worte. Knöpfen Sie sich die strategische Absicht vor und fragen Sie sich: „Welche Botschaft muss ich rüberbringen, um mein Team für das Ziel zu begeistern?" Wenn Sie im Abstand von 90 Tagen neue Botschaften formulieren, entgehen Sie der Gefahr, sich wie eine Schallplatte mit Sprung anzuhören.

Denken Sie daran, dass die unmäßige Arbeitslast, unter der Ihre Angestellten leiden, Ihr größter Feind ist. In einer schnelllebigen, sich permanent verändernden Welt benötigen Sie eine ansprechende, mitreißende Botschaft, die im Gedächtnis haften bleibt, eine Botschaft, die das Unternehmens-

schiff auf Kurs hält. Eine solche Botschaft ist einfach, leicht zu merken und sie bringt eine innere Saite zum Schwingen.
Halten Sie sich an die Wahrheit, wenn Sie Ihre mitreißende Botschaft ausarbeiten. Die Eigenschaft, kein Blatt vor den Mund zu nehmen, gefällt mir an der Dot-com-Welle mit am besten. Einer meiner Klienten formulierte: „Reden wir doch Klartext. Wir wollen einen Arsch voll Geld verdienen. Deswegen machen wir das Projekt. Ich weiß das. Unsere Kunden wissen das. Unsere Mitarbeiter wissen das. Und alle wollen nur noch mehr Geld scheffeln." Sie können sich die mitreißende Botschaft dieses Klienten vermutlich schon denken. Brutale Offenheit funktioniert.

Hier die Schritte, die zu einer mitreißenden Botschaft führen:

Schritt 1: Welche Botschaft wollen Sie senden?

Bestimmen Sie aufgrund Ihrer strategischen Intention, was Ihr Team in den nächsten 90 Tagen erreichen muss. Wenn Sie sich vorgenommen haben, das Unternehmen innerhalb der nächsten zwölf Monate zur weltbesten Vertriebsorganisation auszubauen, was muss dann in den nächsten drei Monaten passieren? Die Antwort liefert den ersten Anhaltspunkt für Ihre Botschaft.

Schritt 2: Die Botschaft mitreißend formulieren

Um eine mitreißende Botschaft zu senden, müssen Sie überlegen, welche Angebote Sie Ihren Mitarbeitern und Mitarbeiterinnen unterbreiten wollen. Fette Boni? Ein Betriebsausflug zum Quartalsende, wenn die Zahlen erreicht wurden? Schärft Ihre Mitarbeiter die Aussicht, Konkurrenten aus dem Feld zu schlagen? Kombinieren Sie in der Botschaft Ihre Wünsche mit denen der Mitarbeiter.
Womit können Sie Ihre Mitarbeiter so begeistern, dass diese

sich zu neuen Höhen aufschwingen? Das ist die mitreißende Botschaft.

MASSNAHME

Achten Sie eine Woche lang genau auf jede Anzeige, die Ihnen unter die Augen kommt. Richtig gehört: auf jede Anzeige. Ich habe weiter vorne schon erwähnt, dass ich im Marketingbereich tätig war und mit einem Werbemenschen verheiratet bin. Unser Haus platzt förmlich durch das geballte Wissen über mitreißende Botschaften. Als mein Mann noch im Werbegeschäft arbeitete, fuhren wir durch die Stadt und sahen uns Plakatwände an. Welchen gelang es, unsere Aufmerksamkeit zu fesseln? Wer überfrachtete die Werbeflächen mit Informationen? Welche wirkten einfach nur langweilig und doof? Notieren Sie sich unterwegs in den Palm Pilot oder den Kalender, welche Botschaften Sie warum angesprochen haben. Mögen Sie die herzerwärmenden, gefühlvollen oder sind Sie ein Freund punktgenau ins Schwarze treffender Wortspiele? Sie bekommen ein Gefühl für Ihren eigenen Stil, wenn Sie sich über Ihre eigenen Vorlieben bewusst werden.

Schritt 3: „Schalten" Sie Ihre Anzeige

Bei der Arbeit mit meinen Klienten diente mir eine Statistik als Richtschnur. Branchenuntersuchungen zufolge müssen Menschen eine Werbung zwischen drei und 13 Mal sehen, bevor sie darauf reagieren. Sie haben richtig gelesen: Die Spanne bewegt sich von drei bis 13 Mal. Der eine Zuschauer stürzt nach dem dritten McDonalds-Spot in die nächste Filiale, um sich seinen Whopper abzuholen, die meisten müssen bis zu 13 Mal berieselt werden, bevor sie sich aus dem Sofa wuchten. Wie oft fahren Sie an einem neuen Laden in Ihrem Viertel vorbei, bevor Sie ihn ausprobieren? Jeder Werbetreibende weiß, dass eine Anzeige keine Anzeige ist. Ohne Wiederholung läuft nichts.

Dasselbe gilt gegenüber Ihren Angestellten. Sie müssen die Botschaft mindestens drei Mal hören, bevor sie irgendetwas unternehmen. Die meisten Führungskräfte begnügen sich jedoch damit, ihre Ziele und strategischen Absichten einmal im Jahr bei einer passenden Gelegenheit zu verkünden. Aber wer 200 E-Mails abarbeiten muss, Termine im Nacken sitzen hat und noch ständig vom Telefon gestört wird, dem sind die neuesten Ideen vom Chef piepschnurz egal. Ein geschickter Kommunikator bringt ein und dieselbe Botschaft in ganz verschiedenen Formulierungen immer wieder unter die Leute.

Wer das Ruder komplett herumreißen, die Geschäftstätigkeit neu definieren will, sollte sich auf zahllose Wiederholungen einstellen. Menschen gewöhnen sich nur schwer an neue Ideen und müssen sie mehrfach hören. Stellen Sie sich eben vor, Sie wären eine Schallplatte und hätten einen Sprung, spulen Sie Ihre Botschaft - spulen Sie Ihre Botschaft - spulen Sie Ihre Botschaft ... - bis zum Überdruss herunter. Sie werden staunen, wie stark Ihre Worte sich im Seelenleben der Mitarbeiter verankern, wenn sie diese Worte nur oft genug hören.

MASSNAHME

Wenn Sie Ihre mitreißende Botschaft gefunden haben, müssen Sie entscheiden, wie diese Botschaft das Team erreichen soll. Notieren Sie sich 25 verschiedene Formulierungen, die Ihre 90-Tage-Botschaft ausdrücken. Geizen Sie nicht mit Worten. Begnügen Sie sich nicht mit ein, zwei Sätzen. Schreiben Sie sich mindestens 25 Formulierungsvariationen Ihrer Botschaft auf. Entwickeln Sie anschließend einen Schlachtplan, wie Sie die Botschaft innerhalb der nächsten drei Monate einsetzen wollen. Bitten Sie Ihren Coach oder einen Kollegen, die Einhaltung Ihres Plans abzufragen. Gute Kommunikation ist Arbeit, aber die Zeit ist im Sinn von Ergebnisverbesserungen gut investiert.

Der persönlicher Stil

Ach ja, das ist ein Thema für sich. Es ist wichtig, dass Sie auf eine natürliche Art und Weise mit Menschen reden. Sie sollten sich nicht verstellen, wenn Sie etwas vermitteln wollen. Sie sollten mithin Ihren persönlichen Stil pflegen.
Denken Sie an die besten Führungskräfte, mit denen Sie bisher zusammengearbeitet haben. Bestimmt hatte jede dieser Personen ihren eigenen Stil, und jede hat Sie anders angesprochen. Wenn man die Kommunikation von Führungskräften systematisieren wollte, ließen sich im Wesentlichen vier Stile herausarbeiten. Diese treten selten in der reinen Form auf und sollten je nach Kommunikationsabsicht kombiniert werden. Auch sollten Sie sich nicht auf einen Stil versteifen, sondern eine möglichst breite Palette von Ausdrucksmöglichkeiten entwickeln. Aber zunächst einmal müssen Sie herausfinden, wo Sie derzeit stehen. Von da aus können Sie daran arbeiten, Ihre Haltung jeweils dem Publikum anzupassen.

Verschiedene Kommunikationsstile

Weisungsorientiert

Weisungen sind typisch für eine Situation, in der wenig Austausch stattfindet und die Kommunikation überwiegend in eine Richtung fließt: nach unten. Der Chef hat eine Idee, ruft die Mitarbeiter zusammen und erklärt ihnen, was sie zu tun haben. Es ist ein sehr direkter Stil, der ohne Umschweife auf den Punkt kommt.

An Austausch interessiert

Hier wird Feedback großgeschrieben, Vorgesetzte und Mitarbeiter befinden sich im Dialog. Der Chef oder die Chefin fragt gern und oft und lässt viele Meinungen gelten – eine absolut demokratische Umgebung. Alle können mitreden und die Arbeitsweise beeinflussen.

Mitreißend

Charismatischen Führungspersönlichkeiten gelingt es, Begeisterung und Energie zu verbreiten und Mitarbeiter persönlich an sich zu binden. In einem solchen Umfeld entsteht leidenschaftliche Hingabe an die Aufgabe.

Sachlich-analytisch

Die vierte Herangehensweise favorisiert die kühle Analyse. Der Chef packt vorzugsweise eine PowerPoint-Präsentation auf den Overheadprojektor und erläutert noch das unscheinbarste Detail, damit jeder Mitarbeiter in jeder Lage weiß, was warum wann wie gemacht werden muss. Gleichgültig, wie stark die Termine drängen: In einer solchen Umgebung fällt selten ein lautes Wort.

Wenn Sie herausgefunden haben, zu welchem Kommunikationsstil Sie neigen, können Sie ihn sich in allen Facetten zu eigen machen und mit Ihren Zielen harmonisieren. Wenn die Situation analytische Beweisführung erfordert und Sie ein eher leidenschaftlicher Redner sind, delegieren Sie den Auftritt besser an einen geeigneten Mitarbeiter. Gute Kommunikatoren kennen ihre Grenzen und richten sich in ihrem Umgang mit Menschen darauf ein.

MASSNAHME

Bevor Sie Ihre mitreißende Botschaft „senden", beantworten Sie für sich folgende Fragen:

1. Welcher Kommunikationsstil liegt Ihnen?
2. Welcher Kommunikationsstil verspricht mit Blick auf die derzeit anstehende Botschaft den größten Erfolg?
3. In welchen Punkten treffen sich Ihr persönlicher Kommunikationsstil und die für die Botschaft notwendigen Eigenschaften? Wenn die Kluft zu groß ist, wie können Sie Abhilfe schaffen?

Authentische Kommunikation

Authentizität ist vermutlich das schwierigste der hier gefragten Elemente, jedoch mit Sicherheit das wichtigste.
Wie stellen Sie sich Führungskräfte vor? Wie, glauben Sie, müssen Führungskräfte sein? Ich frage deshalb, weil solche Rollenvorstellungen nur zu oft dem eigenen Auftreten in die Quere kommen und unsere Ausdrucksfähigkeit beeinträchtigen. Ein Beispiel: Ich pflege eine Art mitreißenden Weisungsstil. Ich bin energiegeladen und mag den direkten Kontakt, wenn ich vor großem Publikum rede. Ich rede schnell, mit Begeisterung und Leidenschaft und versuche, die Menschen mitzuziehen.

Das weiß ich heute. Als ich anfing, hielt ich mich für zu jung, um eine Führungsrolle auszufüllen. Mein Ideal von einem guten Leiter war ein älterer, erfahrener Mann mit grauen Schläfen. Solche Männer sind oft sehr beherrscht und gehen auch an Gespräche mit analytischem Verstand heran. Also versuchte ich, beherrscht und analytisch aufzutreten. Ich vernachlässigte meine persönlichen Stärken und schlüpfte in eine Rolle, die ich nicht ausfüllen konnte. Mit denkbar mittelmäßigen Ergebnissen.

Über Jahre verbreitete ich eine Art gepflegte Langeweile. Meine hierarchische Stellung verschaffte mir Befehlsgewalt, aber ich wirkte nicht durch meine Persönlichkeit. Mir fehlte die Authentizität. Ich war zu sehr damit beschäftigt, eine Rolle zu spielen, eine Maske zu tragen, zu ängstlich, um die Wahrheit zu sagen oder mich als die zu geben, die ich war und immer noch bin: ein junges, lebhaftes, an vorderster Front kämpfendes Energiebündel von Frau, die viel zu sagen hat.

Es hat Jahre gedauert, bis ich mich in meiner Führungsrolle natürlich bewegen lernte. Ich konnte Wissenslücken nicht zugeben, dachte, die Leute würden mich für unzurechnungsfähig, dumm oder überdreht halten. Aber die permanente Verstellung war ausgesprochen anstrengend. Es ist wirklich schwer, wenn man unablässig in eine fremde Rolle schlüpft. Aber wenn es zum Schwur kommt: Die Bewunderung und der Respekt Ihrer Mitarbeiter gilt Ihnen, nicht der Rolle, die Sie spielen, nicht der Maske, die Sie tragen. Mitarbeiter sind intelligent, sie lassen sich nicht von Nebelkerzen täuschen und wünschen sich authentische, wahrhaftige Leiter, die sich in ihrer Haut wohl fühlen.

Fühlen Sie sich in Ihrer Haut wohl?

MASSNAHME

Ich bin ein leidenschaftlicher Befürworter von Tagebüchern, und die Identitätsfindung ist ein ideales Objekt für Tagebucheinträge. Nehmen Sie einen Block Papier und notieren Sie folgende Frage: Verhalte ich mich privat anders als beruflich? Wenn ja, wo liegen die Unterschiede? Setzen Sie den Stift an und schreiben Sie in einem Rutsch drei Seiten voll. Notieren Sie Ihren Bewusstseinsstrom: Schreiben Sie alles auf, wie es kommt, ungeordnet; alles, was Ihnen zu der Frage einfällt. So entdecken Sie, wann Sie eine Maske tragen und wann Sie Sie selbst sind. In welchen Situationen klafft ein Abstand zwischen Ihrem Führungs- und Ihrem Normalverhalten?

In einer Führungsrolle unterliegen Sie heute der Anforderung, authentisch zu sein. Ihre Mitarbeiter verlangen es.

Erst nachdenken, dann reden!

Das Kommunikationsmodell muss auch die Anforderungen des Publikums berücksichtigen. Was verlangen die Zuhörer am dringendsten? Als ich meine Geschäftstätigkeit ausweitete, wurde mir klar, dass ich für das Coaching-Team einen Leiter mit interaktivem Stil benötigte. Berater sind sehr eigenständige Persönlichkeiten mit vielen Ideen, die den Meinungsaustausch wie die Luft zum Atmen brauchen.

Im ersten Anlauf lief mein Auftritt stets nach einem bestimmten Schema ab: Ich hatte eine tolle Idee und knallte meinen Mitarbeiterinnen die neue Strategie oder das neue Programm innerhalb von einer Minute im Eiltempo vor den Latz. Zeit geben, gar anhalten und fragen, ob sie mich verstanden hatten? Es wäre mir nicht in den Sinn gekommen, es waren doch kluge Leute, sie würden sich schon zusammenreimen, was gemeint war.

Sie wissen schon, wie das ausging. Meine Mitarbeiter wurden mehr oder weniger kopfscheu durch die vielen Richtungswechsel und fragten sich, welche Rolle sie eigentlich dabei spielten. Unabhängige Geister, die sie waren, wollten sie an dem Prozess teilhaben und nicht vor vollendete Tatsachen gestellt werden.

Ich hatte zwei Möglichkeiten, um das Kommunikationsproblem zu lösen: Entweder ich legte mir einen etwas partnerschaftlicheren Stil zu (daran arbeite ich), oder ich stellte jemand ein, dessen persönliche Neigung einen partnerschaftlichen Führungsstil mitbrachte und der mir diesen Part abnahm (was ich außerdem getan habe).

Erst nachdem ich mir über meinen Kommunikationsstil und die Bedürfnisse meiner Mitarbeiter klar geworden war, konnte ich meine Kommunikationsprobleme lösen. Der größte Teil unserer Probleme rührte wohl vor allem aus meiner Unfähigkeit, mich auf die Bedürfnisse der Gegenseite einzustellen. Stattdessen sagte ich mir: „Ich bin ein hervorragender Kommunikator, aber meine Mitarbeiter wollen das nicht wahrhaben." Sie verstanden einfach nicht, was ich sagte! Aber das war mein Problem, nicht ihres.

MASSNAHME

Bevor Sie Ihrem Team wichtige Dinge mitteilen, überlegen Sie genau, welchen Persönlichkeiten Sie gegenüberstehen und was in der Situation gefordert ist. Legen Ihre Mitarbeiter großen Wert auf Details? Oder lieben sie den großen Überblick und hassen kleinschrittige Vorschriften? Reagieren sie auf emotionale Ansprache, lassen sie sich gern begeistern? Oder schätzen sie es, wenn man ihnen sagt, was sie zu tun haben? Bedenken Sie, wer Ihnen zuhört, bevor Sie den Mund aufmachen, und wählen Sie Ihre Worte danach aus. Es lohnt sich.

Ein schwieriges Feld: Vertrauen

Es ist eine Tatsache der modernen Wirtschaft: Wenn Ihre Mitarbeiter kein Vertrauen in Sie setzen, können Sie leidenschaftlich und von Ihrer strategischen Absicht hingerissen sein, eine mitreißende Botschaft formulieren und Ihren Kommunikationsstil geschickt wählen, es wird alles nichts nutzen. Wenn die Menschen Ihnen nicht vertrauen, werden sie Ihnen keine Beachtung schenken. Je niedriger das Vertrauen in Sie, desto härter müssen Sie kämpfen. Wenn Sie viel Vertrauen genießen, können Sie sich so manche Kommunikationsstrategie sparen. Mitarbeiter, die Ihnen Vertrauen entgegen bringen, verzeihen weitschweifige Sätze, Sprünge in der Argumentation, ungeschickte Formulierungen und sogar langweilige Meetings. Wer Vertrauen hat, glaubt, was er hört und handelt danach. Wer kein Vertrauen hat, rührt keinen Finger.

Vertrauensbrüche

Haben Sie sich je dabei ertappt, Ihrem Team Lügenmärchen aufzutischen? Ich habe nicht selten erlebt, dass Manager ihre Mitarbeiter zu Höchstleistungen anstacheln wollen und um der leuchtenden Zukunft willen die gegenwärtigen Fakten

schönen. *Hype* nennt man das, zu Deutsch eine Luftnummer. Die Erwartungen werden hochgeschraubt und die Luft ist schnell raus, wenn sie nicht zu erfüllen sind.
Wir erleben heute einen Verfall der Wahrheit. Die Verantwortlichen der Tabakindustrie wissen genau, dass Rauchen schadet und leugnen es trotzdem. Manager sprechen von neuen Chancen und Bestandssicherung, obwohl sie längst die Entlassungen vorbereiten. Personalverantwortliche bestätigen einem Mitarbeiter gute Leistungen und schicken einen Monat später die Kündigung, weil der Betreffende nicht den Erwartungen entsprach. Großunternehmen nehmen kleine Zulieferer unter Vertrag und werden ohne Angaben von Gründen und Entschädigung vertragsbrüchig.

Der Mangel an Ehrlichkeit hat die arbeitende Bevölkerung in eine zynische, skeptische und ablehnende Haltung getrieben. Wir brauchen eine Erneuerung, die nur von großen Führungspersönlichkeiten ausgehen kann.

Wenn Sie Ihr Unternehmen zur Größe führen wollen, müssen Sie Vertrauen schaffen. Wenn Sie lügen, betrügen Sie und Ihre Glaubwürdigkeit ist dahin. Das Verschweigen der Wahrheit sorgt für die meisten Probleme am Arbeitsplatz. Wahrheit ist absolut grundlegend. Je wahrhaftiger, desto erfolgreicher.
Warum verschweigen wir die Wahrheit? Weil wir sie uns selbst nicht eingestehen. Was tun wir stattdessen?

Leugnen

Wir streiten ein Problem ab und gehen es deswegen auch nicht offen an, rufen Rechtsanwälte, statt den Schaden zu beheben oder unsere Meinung zu ändern. In Wirklichkeit fürchten wir den Kontrollverlust, durch Lügen erhalten wir uns die

Illusion, dass wir alles im Griff haben. Aber durch Lügen verscherzen wir uns den Respekt der Angestellten.

Heuchelei

Oft genug verschweigen wir die Wahrheit, weil wir eigene Fehler kaschieren wollen. Wir verwechseln Verletzlichkeit mit Schwachheit und präsentieren uns stärker, als wir sind. Wir heucheln. Dabei vergessen wir, dass niemand die Katze im Sack kauft. Mitarbeiter spüren, ob Vorgesetzte falsche Tatsachen vorspiegeln oder vertuschen. Lügen ziehen Misstrauen und Verachtung nach sich.

Kontrolle

Ein Übermaß an Regeln und Vorschriften erzeugt Misstrauen, denn es zeigt den Mitarbeitern, wie wenig Vertrauen die Führung in sie setzt, und sie reagieren mit dem Spielchen, wie wenig sie innerhalb ihrer Arbeitszeit erledigen können. Wenn ihnen der Boss ohnehin nicht vertraut, warum sollten sie sich anstrengen? Wenn der Fokus von der Kontrolle auf andere Dinge rückt, steigt die Arbeitsmoral und der Arbeitserfolg steil an.

Selbsttäuschung

So manche Führungskraft glaubt fest daran, wie großzügig sie Mitarbeitern Kompetenzen überträgt, gebärdet sich aber zugleich derart autoritär, dass der Widerspruch für jeden außer ihr selbst offenkundig ist. Hier hat die Selbsttäuschung ganze Arbeit geleistet.

Wenn Verhaltensmuster sich stark eingeschliffen haben, spürt man die Spannungen nicht mehr, die man damit hervorruft. Aber der Körper speichert die Information. Wenn wir lügen und wichtige Dinge verschweigen, fühlen wir uns nicht wohl, reagieren mit Verspannungen im Nacken, Kopfschmerzen, Magenbeschwerden, Kurzatmigkeit. Wenn Sie sich das näch-

ste Mal körperlich unwohl fühlen, fragen Sie sich nach dem wahren Grund, der ungesagt bleibt.
Heutzutage akzeptieren Angestellte Verlogenheit nicht mehr. Wenn man Sie bei zu vielen Münchhausiaden erwischt – und man wird Sie unweigerlich ertappen – ist Ihre Glaubwürdigkeit dahin. Fortan fragen sich Ihre Mitarbeiter, ob Sie ihnen wieder mal einen Bären aufbinden wollen.

MASSNAHME

Nehmen Sie in der laufenden Woche Ihr Verhalten unter die Lupe und halten Sie fest, wie viele Lügen Sie verbreiten. Auch kleine harmlose Flunkereien zählen mit, ebenso Vertuschungsversuche, taktvolle Halbwahrheiten, Simulieren oder eine Informationspolitik, die nur das absolut Notwendige preisgibt. Mit einer kleinen Notlüge fängt man an, dann verdreht man die Wahrheit noch ein Stück und dann noch ein Stück und endet mit einer dicken Lüge und dem entsprechenden Verlust an Vertrauen und Ansehen.

Führungskräfte, die durch Inspiration wirken wollen, nehmen die Wahrheit nicht auf die leichte Schulter. Sie wissen, wie unendlich mühsam einmal verspieltes Vertrauen wiedergewonnen wird. Ihre Beziehungen leben von Aufrichtigkeit, und daraus entwickeln sich geistreiche und begeisterte Organisationen.
Die Wahrheit füllt unsere Energiespeicher und belebt den Spaß an der Arbeit neu.

Vertrauensbildung

Wenn man Vertrauen aufbauen will, gibt es nur eins: Worten Taten folgen lassen, sagen, was man zu tun gedenkt, und es

dann auch tun. Sie haben sicher selbst schon erlebt, dass ein Chef um Rückmeldung bittet, scheinbar aufmerksam zuhört, das Blaue vom Himmel verspricht und die Sache damit auf sich beruhen lässt. Nur ganz direkte Lügen wirken sich noch verheerender auf die Motivation von Mitarbeitern aus, als etwas zu versprechen und es dann nicht zu halten. Dann hört man Sätze wie „alles nur Show" oder „da kommt ja doch nichts bei rum" oder „hier ändert sich sowieso nichts".
Bilden Sie Vertrauen durch Konsequenz. Weichen Sie nie von dieser Regel ab. Herausragende Führungskräfte bringen Dinge in Bewegung, hören zu und reagieren auf das Gehörte.

MASSNAHME

Was haben Sie Ihren Mitarbeitern versprochen und noch nicht eingelöst? Doch, doch, es tummelt sich bestimmt etwas auf Ihrer To-Do-Liste, das Sie schon länger vor sich herschieben. Handeln Sie jetzt. Ich möchte, dass Sie diese Sache für Ihr Team bis morgen Abend erledigt haben. Sorgen Sie dafür, dass die Mitarbeiter es erfahren. Beobachten Sie die Gesichter: Schockiert es Sie, wenn Sie die Überraschung ob Ihrer Konsequenz bemerken?

Hindernisse abbauen

Jetzt haben Sie ein paar gute Ideen von mir bekommen, aber was steht wirklich zwischen Ihnen und dem Kommunizieren mit aller Macht? Hier sind typische Hemmschwellen und einige Vorschläge, sie zu überwinden.

1. **Die Allzweckkeule: Keine Zeit ...**

Es ist die wohl häufigste Entschuldigung, mit der sich meine Klienten herausreden wollen: „Jen, alles gut und schön, aber wo soll ich die Zeit hernehmen? Von mir werden Zahlen erwartet, nicht Plauderei mit den Angestellten."

Aber der Arbeitsdruck ist in diesem Fall nur eine Ausrede, nichts weiter. Für die wirklich wichtigen Dinge hat man immer Zeit. Wenn Ihre Mutter an Krebs stirbt, dann werden Sie die Zeit haben, um ihr Sterben zu begleiten. Sie werden sich die Zeit nehmen, weil es wirklich wichtig ist.

Die eigentliche Frage ist also: Wovor haben Sie Angst, wenn Sie häufiger mit Ihren Mitarbeitern reden?

Für die meisten Führungskräfte, die ich kennen gelernt habe, heißt die Antwort „Angst vor Kontrollverlust". In ihren Köpfen rattern Befürchtungen wie:

- Wenn ich mehr Zeit mit meinen Leuten verbringe, halsen die mir noch mehr Arbeit auf.
- Sie gehorchen nicht und stellen meine Anweisungen in Frage. Immer derselbe leidige Kampf.
- Dabei kommen nur neue Probleme zu Tage, mit denen ich mich dann mehr schlecht als recht herumschlagen muss.
- Mit Menschen kann ich einfach nicht so gut.
- Wozu bin ich der Chef, wenn ich alles erklären muss? In Unternehmen funktioniert Demokratie nicht, einer muss die Entscheidungen fällen und durchsetzen.

Welche Entschuldigung schieben Sie vor?

MASSNAHME

Arbeiten Sie Kapitel 3 durch und entscheiden Sie danach, welche Aufgaben Sie abgeben, um genug Zeit für Ihre Mitarbeiter zu haben. Wenn Sie den Mitarbeitern nicht Priorität einräumen, stehen auch Sie bei ihrem Team nicht an erster Stelle. Und die Beiträge zum Jahresergebnis können Sie vergessen …

2. **Management by E-Mail**
   E-Mails sind Gift für die Kommunikation, nichts tötet sie effektiver.
   Erst kürzlich entwickelte sich aus einer E-Mail eine größere Verstimmung mit Celia, meiner PR-Agentin: Wasser auf meine Mühlen! Elektronische Nachrichten sind eine phantastische Arbeitserleichterung, aber völlig ungeeignet, um ein Unternehmen und Mitarbeiter zu leiten. Jedenfalls nicht, wenn man seinen Einfluss bewahren will.
   Celia hatte sich eine Woche Auszeit in Florida genehmigt, kam vom Kurzurlaub zurück und fand in ihrem E-Mail-Account meine Nachricht mit fünf Punkten, über die ich mit ihr sprechen wollte. Als Termin schlug ich versehentlich just einen Tag während ihrer Urlaubswoche vor. Logisch, dass sie wütend zum Hörer griff: Sie glaubte, dass ich meinte, sie müsste jederzeit erreichbar sein. Ich hingegen wollte sie nur kurz auf den neuesten Stand bringen.
   Derartige Vorfälle passieren am laufenden Band. So mancher Mitarbeiter schreibt in einer E-Mail Dinge, die er dem Empfänger niemals persönlich ins Gesicht sagen könnte. Der Vorgesetzte reagiert mit wütenden Zeilen oder, schlimmer noch, löscht die Nachricht wortlos. CEOs verschicken eine Mail mit wichtigen Neuerungen im Unternehmen und entdecken verdrossen, dass sie keiner gelesen hat. Ich habe sogar schon von Entlassungen per E-Mail gehört.

Warum ist es aus der Mode gekommen, den Telefonhörer abzuheben und direkt miteinander zu reden?

Management by E-Mail gehört zu den Todsünden der Unternehmensführung. Elektronische Post wird zu leicht falsch verstanden oder gar nicht gelesen, weil gelöscht. Meist werden E-Mail schon missverständlich formuliert, weil sich heute niemand die Zeit nimmt, sich ihren Inhalt sorgfältig zu überlegen. Wenn Sie glauben, sich damit die Arbeit zu erleichtern, sind Sie auf dem Holzweg. Sie schaffen nur Probleme, die Sie nicht hätten, wenn Sie vernünftig mit dem oder der Betroffenen geredet hätten.
Hier meine wichtigsten Empfehlungen für das Führen in unserer technikverliebten Welt.

- Nutzen Sie E-Mails nur für einfache Sachverhalte, nicht für wichtige Angelegenheiten. Der elektronische Weg taugt für Terminabsprachen, Bekanntgabe der Tagesordnung, Bestätigung von Absprachen oder auch für ein kurzes Dankeschön. Auf jeden Fall eignen sich E-Mails nur für unverfängliche Mitteilungen. Bei komplizierten, emotional aufgeladenen oder kritischen Themen sollten Sie die Finger von dem Medium lassen, und wenn Sie noch so gern schreiben.
- Wählen Sie den Mitteilungsweg, der den Adressaten am ehesten anspricht. Wenn Sie sich Gehör verschaffen wollen, sollten Sie berücksichtigen, wie Ihre Botschaft den Empfänger am besten erreicht. Bevorzugt der Kunde oder der Manager E-Mail, Telefon oder das persönliche Gespräch? Wenn Sie eine Nachricht hinterlassen müssen: auf dem Anrufbeantworter oder auf der Mailbox? Mit erschöpfenden Erklärungen oder nur kurze Stichpunkte?

Wissen Sie, wie oft ich gehört habe: „Aber Jen, der ruft nicht zurück!" Dann haben Sie Ihr Gegenüber auf eine Weise angesprochen, die ihm unbequem oder gar unangenehm ist. Schließen Sie nicht von sich auf andere: Ihr Lieblingsmedium muss nicht notwendig das Lieblingsmedium Ihrer Kunden sein. Ihre Vorliebe für E-Mails wird nicht von jedermann geteilt.

- Lassen Sie Ihre Partner wissen, welche Kommunikationsform Sie bevorzugen.

Ich will Ihnen ein Beispiel geben. George ist Senior Vice President für den Vertrieb eines größeren Unternehmens. Vor einigen Monaten beriet ich ihn im Umgang mit einer Mitarbeiterin. Die Angestellte war aufgebracht, weil sie George häufig E-Mail-Attachments schickte, die er praktisch nie öffnete. Nicht weil er gemein sein wollte. Er fand es schlicht so verdammt unbequem, die Dinger aufzumachen und zu lesen. Auf diese Weise entging ihm so manche wichtige Information.
Ich erklärte George, dass es seine Schuld war. Er ging einfach davon aus, dass seine Mitarbeiter von selbst den richtigen Kanal wählten – obwohl er sie nie in seine Vorlieben eingeweiht hatte. Sollten die Angestellten seine Gedanken lesen? Begehen Sie nicht den gleichen Fehler. Sagen Sie Ihren Leuten, wie man Sie am besten erreicht.
Wenn man kurz überlegt, welcher Kanal den direktesten Draht zum jeweiligen Adressaten bietet, verhindert man überflüssige Konflikte. Bitte hören Sie auf, wichtige Führungsaufgaben per E-Mail zu erledigen.

3. Konfliktscheu

Stehe ich damit allein oder haben nicht viele Menschen Probleme mit direkten Auseinandersetzungen?
Vor einigen Monaten waren mein Mann und ich mit Freunden zum Dinner verabredet. Nach einigem freundlichen Geplänkel sprachen wir über uns. John (Name geändert) war, wie er sagte, sehr angespannt: Er musste einen Angestellten ent-

lassen, und es war das erste Mal, dass er jemanden vor die Tür setzen musste. Klar, dass er sich ein bisschen fürchtete.

Ich habe mir die strikte Regel auferlegt, niemals Freunde oder Familienmitglieder zu coachen, konnte aber doch nicht widerstehen und fragte, warum er den Kerl feuern musste. Die Geschichte nahm über mehrere Ecken eine Wendung, die mir gar nicht gefiel. Ich will Ihnen verraten, warum.

John hatte kurz zuvor die Leitung eines gewaltigen Athletik-Events übernommen. Wer im Sportmarketing arbeitet, würde sich einen Finger abhacken, um die Stelle zu bekommen. Der Vertriebsmannschaft – die Leute, die Sponsorengelder für das Ereignis sammelten – gehörten viele Freie an, ein probates Mittel, um engagierte Mitarbeiter zu gewinnen ohne sich die mit Festeinstellungen verbundenen Verpflichtungen ans Bein zu binden. Einer dieser Freien schickte einem potenziellen Sponsor auf eigene Faust einen Vertrag, der John in ein schlechtes Licht rückte. Es war ein millionenschwerer Vertrag, der dem Freien fast 200.000 Dollar Honorar sicherte.

Zum Glück war John so neu in dem Job, dass er die „Ich-bin-erst-kurz-hier-Karte" ziehen konnte und dem Sponsor gegenüber einigermaßen aus dem Schneider war. Aber er war so aufgebracht, dass er einen Rechtsanwalt fragte, wie er den Vertriebsmitarbeiter aus dem Vertrag kegeln konnte. Auf Rat des Juristen schickte er dem Betroffenen einen Brief, in dem er auf Vertragsüberschreitungen hinwies, die eine weitere Zusammenarbeit unmöglich machten. Es lief auf eine fristlose Kündigung hinaus. Der Rechtsanwalt hatte zudem empfohlen, den Mann nicht anzurufen und vorzuwarnen, und John hielt sich an den Ratschlag.

Johns Frau sagte: „Kannst du dir das vorstellen? Du sitzt zu Hause und bekommst einen Brief, in dem steht, dass dir ein Riesenbatzen Honorar durch die Lappen geht, weil man dir den Vertrag aufkündigt? Kein Anruf, kein Gespräch, nur das

Kündigungsschreiben?“ Puh. Ich schätze meine Anwälte sehr, wirklich, aber wenn sie mir raten würden, ich solle jemand meine Entscheidung nicht im direkten Gespräch erklären, dann müsste ich solange mit ihnen streiten, bis wir einen besseren Weg gefunden hätten.

Ich weiß natürlich nicht alle Details der Geschichte, aber so viel ist klar: John hatte Angst davor, am Telefon die Wahrheit zu sagen. Er scheut vor der Konfrontation zurück und versteckt sich lieber hinter dem Rechtsanwalt und einem Brief. Auf diese Weise sieht er sich nicht dem Schmerz ausgesetzt, den ein solches Gespräch notwendig in dem Betroffenen hervorruft.

Verstehen Sie mich nicht falsch. Ich stoße mich nicht an Johns Entscheidung, den Mann zu entlassen. Wenn Sie sich nicht sicher sind, dass ein Mitarbeiter die Regeln einhält, oder den begründeten Verdacht haben, dass er ein schlechtes Licht auf die Organisation wirft, müssen Sie mit allen Mitteln Ersatz finden. Aber ich kann Johns Weigerung, es dem Betroffenen direkt zu sagen, nicht akzeptieren. Unser Freund ist ein toller Kerl mit einem großen Herz, aber er hat offensichtlich ein Problem mit schwierigen Gesprächen.

Warum scheuen so viele Menschen vor unangenehmen Gesprächen zurück? Warum verstecken sich so viele Manager hinter Anwälten und Sekretärinnen? Glauben Sie, es wäre einfacher, sich zu verstecken, als die Wahrheit zu sagen?

Es ist nicht schön, jemanden zu entlassen. Es ist sauschwer, jemandem zu sagen, dass die Zusammenarbeit beendet ist. Es ist unglaublich hart, jemandem ins Gesicht zu sagen, dass er gehen muss. Die böse Neuigkeit per E-Mail oder Brief mitzuteilen ist abstoßend. Haben Sie so wenig Respekt vor sich selbst, dass Sie die Wahrheit nicht aushalten?

Denn wenn Sie sich der Wahrheit verweigern, gleichgültig, wie schwierig sie auszuhalten ist, dann erniedrigen Sie sich selbst. Sie entwerten Ihren Führungsrang und Sie behandeln Ihren Mitmenschen nicht mit dem Respekt, den er verdient. Wenn man Sie entlässt, wollen Sie doch auch wissen, warum. Ich jedenfalls würde es wissen wollen.
Ich sagte John meine Meinung – so höflich und zuvorkommend wie möglich. Letzten Endes können wir uns nur auf unseren Charakter und unsere Integrität zurückziehen. Ich weiß nicht, ob er meinen Rat angenommen hat, aber wenigstens habe ich gesagt, was ich sagen musste.

MASSNAHME

Welches schwierige Gespräch meiden Sie? Vielleicht leistet einer Ihrer Mitarbeiter nicht genug, und Sie schieben das Gespräch immer wieder auf. Oder ein Zulieferer hat Sie versetzt, ohne dass Sie protestiert hätten. Jetzt sollten Sie diese Dinge angehen.
Setzen Sie sich hin und schreiben Sie drei besonders wichtige Punkte auf, die Sie dem Betreffenden sagen wollen. Wenn Sie sich über Ihr Anliegen im Klaren sind, werden schwierige Gespräche viel leichter. Dann greifen Sie zum Hörer oder schicken eine E-Mail, um einen Termin für ein Gespräch zu vereinbaren, oder Sie telefonieren, wenn die Entfernung zu groß ist. Hören Sie auf, Konfrontationen aus dem Weg zu gehen, und reden Sie Klartext.

4. **Aufgeschoben ist aufgehoben: Stress entschuldigt kein fieses Verhalten**
Freundlichkeit gehörte zu den Hauptanliegen, die ich Chris für eine machtvolle Kommunikation empfohlen habe. Niemand lässt sich gern anschnauzen oder herumschubsen. Und genau das tun Sie, wenn Sie dem Stress Gewalt über sich einräumen. Statt Freundlichkeit hagelt es böse Worte und Beschuldigungen.
Schon klar, dass Sie das gar nicht so meinen. Trotzdem unterläuft es uns nur zu schnell. Nutzen Sie alle Tipps in meinem Buch, um dieser Falle zu entgehen und Energien freizusetzen. Herausragende Führungspersönlichkeit merken, wenn sie zum Sand im Getriebe werden.
Wir leben in einer neuen Zeit. Ihre Mitarbeiter benötigen ein demokratisches, offenes, experimentierfreudiges und flexibles Arbeitsumfeld. Können Sie das bieten?

Was Sie unbedingt über Kommunikation wissen sollten

Es ist leicht zu kritisieren, auch im Bereich Kommunikation. Von außen sieht das alles so einfach aus. Ungeduld packt uns, wenn man uns nicht blind gehorcht. Ärger kommt auf, wenn ein Mitarbeiter nicht versteht, was wir von ihm wollen. Und jeder hat mal einen Tag, an dem man niemanden sehen mag. Aber in Führungspositionen muss man die Kunst der Kommunikation beherrschen. Die Sprache ist das Medium, um Begeisterung zu entfachen, das Team zu höheren Leistungen zu inspirieren. Worte haben große Wirkung auf Mitarbeiter, positiv

wie negativ. Diese Erfahrung gehört für mich zu den erstaunlichsten meiner Karriere: Wie stark meine Worte die Menschen in meiner Umgebung beeinflussten.
Bei so wichtigen Aspekten lohnt sich der Aufwand, sich für die kommunikativen Tugenden viel Zeit zu nehmen. So denke ich. Wann immer Sie etwas sagen und nicht verstanden werden, liegt ein neuer Versuch in Ihrer Verantwortung. Denken Sie nicht: „Der ist ein Idiot." Sagen Sie sich: „Das muss ich wohl noch mal probieren." Sie allein können kontrollieren, was aus Ihrem Mund kommt. Es ist Ihre Entscheidung, was Sie auf einen Anrufbeantworter sprechen, was Sie in eine E-Mail packen und wie Sie Memos verfassen. Nutzen Sie Ihre Worte, um Ihr Führungstalent unter Beweis zu stellen.
Nicht einfach, ich weiß. Aber Ihr Erfolg hängt davon ab.

So verheizen Sie Ihre Mitarbeiter ...

1. Sie entwickeln keine strategische Absicht. Ohne Anweisung von Ihnen sind die Mitarbeiter verloren.
2. Sie sagen nur ein einziges Mal, was Sie wollen und vorhaben, und verlangen, dass alle alles sofort verstanden haben. Wiederholung ist für alle Beteiligten gut.
3. Sie kommunizieren mit anderen mit den Mitteln, die Sie selbst bevorzugen, statt sich in den Ansprechpartner hineinzuversetzen.
4. Sie verstellen sich und schlüpfen in eine Rolle.
5. Sie bedenken nicht die Gefühle oder die Art Ihres Gegenübers, wenn Sie mit ihm reden.
6. Sie verstecken sich hinter Rechtsanwälten und Mauern, statt mit der Wahrheit herauszurücken.

7. Sie säen Misstrauen mit tausend und einer Vorschrift.
8. Sie teilen alle wichtigen Neuigkeiten ausschließlich per E-Mail mit.
9. Sie vermeiden Konflikte um jeden Preis.
10. Sie sind unfreundlich.

So feuern Sie Ihre Mitarbeiter an ...

1. Sie kommunizieren eine gewaltige Vision, der man gern folgt.
2. Sie formulieren eine mitreißende Botschaft, die Sie in immer neuen Variationen wiederholen.
3. Sie fühlen sich wohl in Ihrer Haut.
4. Sie sagen die Wahrheit. Jederzeit.
5. Sie bedenken die Gefühle und die Stellung Ihres Gegenübers, bevor Sie den Mund aufmachen.
6. Sie kennen Ihren eigenen Kommunikationsstil und können ihn an verschiedene Situationen und Zuhörer anpassen.
7. Sie räumen schwierige Dinge direkt aus.
8. Sie tun, was Sie zu tun versprochen haben.
9. Sie bauen den Stress soweit ab, dass Sie Ihren Gleichmut bewahren und freundlich reagieren können.
10. Sie beherrschen das Kommunizieren perfekt.

KAPITEL 7

Leben Sie!

Zu guter Letzt kommen wir zum Wichtigsten überhaupt: dem Leben.

Für meine Begriffe gehört es zu den vordringlichsten Führungsaufgaben, den Mitarbeitern nicht die Freizeit zu stehlen. Wer auf der Arbeit brillant sein soll, muss abends abspannen können. Im Büro halten sich Glück, Gesundheit und Zufriedenheit nur, wenn die Angestellten ihren Dienst erholt, ausgeruht und frisch antreten. Das ist nur möglich, wenn sie ein Privatleben haben.
Leicht gesagt, doch wie getan? Sorgen Sie für *Ihr* eigenes Privatleben. Dieser Grundansatz ist Ihnen inzwischen aus den bisherigen Kapiteln schon vertraut. Alles nimmt seinen Ausgang bei Ihnen.

Warum ein Leben neben der Arbeit wichtig ist

Ich weiß, dass Sie jetzt die Leier von mir erwarten, warum Sie sich Zeit gönnen müssen und inwiefern die Work-Life-Balance ein Garant für lebenslänglichen Erfolg ist. Aber den Gefallen werde ich Ihnen nicht tun. Jedenfalls nicht so, wie Sie denken. Ich sage nur so viel: Wenn Sie jederzeit die Führungsrolle übernehmen, die Ihre Mitarbeiter von Ihnen erwarten, stärken Sie ihnen am effektivsten den Rücken und begleiten sie zu den gewünschten Glanzleistungen, zu den geplanten Ergebnissen – zum Nutzen aller.

Unglaublich viele der Führungskräfte, mit denen ich spreche, stehen unter gewaltigem Druck. Sie finden die Verbindung ihrer Führungsrolle mit den unablässig auf sie einstürmenden Anforderungen extrem schwierig. Wann haben Sie zum letzten Mal ein ordentlich aufgeräumtes Büro gesehen? Ich kann mich auch kaum noch daran erinnern.

Wenn Sie massive Ergebniserwartungen erfüllen müssen, sollten Sie sich trotzdem Zeit und Raum für alles andere lassen. Sie wissen selbst intuitiv, wie wichtig das ist, aber dieses Wissen wird von vielen anderen Überlegungen überlagert. Wer hat schon die Zeit, abzuschalten, wenn eine Million Aufgaben drängen?

Ha, denken Sie und verdrehen die Augen, vielleicht komme ich dazu, wenn dieser elende Stapel abgearbeitet ist. Das Gefühl, nie Schritt halten zu können, belastet auch Ihre Mitarbeiter und beeinträchtigt deren Leistungsfähigkeit enorm. Wie? Weil sie sich wie in einer Tretmühle fühlen und keinen Ausweg sehen.

Ausgebrannte und erschöpfte Menschen sind nicht in der Lage Spitzenleistungen zu bringen. Jedenfalls nicht Tag für Tag über Wochen und Monate und Jahre. Natürlich kann man phasenweise ein Schlafdefizit in Kauf nehmen. Aber auf Dauer rächt sich das.

Und wenn Sie hektisch und überarbeitet sind, benehmen Sie sich manchmal wie ein Fiesling. Geben Sie es ruhig zu.
Wenn zu viel auf Sie einstürmt, zu viele Arme nach Ihnen greifen und etwas wollen, ist es verdammt schwer, offen und freundlich auf einen Mitarbeiter zuzugehen, der im Türrahmen steht. Der Geduldsfaden reißt schnell, Sie geben sich kurz angebunden, jede Kleinigkeit bringt Sie auf die Palme. Und dann ist Gefahr im Verzug. Sie demoralisieren Ihre Mitarbeiter, kippen Vorhaben auf halber Strecke und machen aus jeder Mücke einen Elefanten. Wenn Sie mehr erledigen müssen, als nach menschlichem Ermessen möglich ist, bleiben Sie weit hinter Ihren Möglichkeiten zurück. Sie müssen nur daran denken, wie gemein, abweisend und ärgerlich Sie Ihren Mitarbeitern gegenüber reagieren, wenn Sie unter Druck stehen, dann werden Sie verstehen, was ich meine.
Ich selbst tappe immer wieder in diese Falle. Der Schreibtisch quillt über, und ehe ich mich versehe, schnappt der Mechanismus zu. Im Stress schicke ich harsche, ungeduldige E-Mails. Meinen Mitarbeitern brumme ich neue Projekte mit völlig unrealistischen Abgabeterminen auf, und mein Kontrollzwang bricht sich ungehemmt Bahn. Ich will über jedes Detail informiert werden, bilde mir offensichtlich ein, dass mir dann wohler wäre, was natürlich nie eintrifft. Zum Glück habe ich mein Team darauf geeicht, mich 1. nicht zu hassen, sondern zu denken: „Okay, es schlägt mal wieder alles über ihr zusammen." Und dass sie mich 2. fragen, wann ich endlich die Stadt verlasse. Dann muss ich lachen, weil ich genau weiß, was diese Frage in Wirklichkeit bedeutet, und wir krempeln alle zusammen die Ärmel hoch, um die Arbeitslast gemeinsam zu bewältigen.
Wie verhalten Sie sich unter Stress? Das folgende kleine Quiz soll Ihrer Erinnerung auf die Sprünge helfen. Würden Sie gern für solche Kotzbrocken arbeiten? Sehen Sie, ich auch nicht.

Quiz: Der Ekelpaket-Check

Hier eine Liste mit typischen Verhaltensweisen, wenn sich unter Stress der innere Schweinehund an die Oberfläche wühlt. Wie gebärden Sie sich im Fall des Falles?

- ☐ Sie bellen Befehle statt die Mitarbeiter nachdrücklich, aber freundlich um ihre Beiträge zu bitten.
- ☐ Ihr Ego feiert fröhliche Urständ, und Sie haben sowieso immer Recht.
- ☐ Sie nehmen die Sache unter Umgehung Ihrer Mitarbeiter selbst in die Hand.
- ☐ Sie hinterlassen Schmauchspuren auf dem Teppichboden in Ihrer Hast, alles abzuarbeiten.
- ☐ Sie tauchen unter, verschwinden von der Bildfläche. Kommunikation mit dem Team: Fehlanzeige. Sie machen alles mit sich allein ab.
- ☐ Sie brechen alles ab, was nicht mit der Arbeit zusammenhängt.
- ☐ Sie stellen jede sportliche Aktivität ein, schwänzen die Fußballspiele Ihrer Sprösslinge und gönnen sich keine ruhige Minute mehr.
- ☐ Sie trinken und/oder essen mehr, als Ihnen gut tut, um „runterzukommen“.
- ☐ Sie flüchten sich in alte Gewohnheiten, zu alten Freunden und alten Ansichten.
- ☐ Sie verzögern Entscheidungen oder sind, schlimmer noch, wie gelähmt.
- ☐ Sie blenden die Zukunft aus und konzentrieren sich völlig auf die aktuelle Krise.

- ☐ Sie ziehen Ihre Unterstützung von Projekten ab, die Sie bislang gefördert haben.
- ☐ Sie kommen mit brutaler Direktheit auf den Punkt.
- ☐ Sie sind nervös und ungeduldiger als sonst.
- ☐ Sie sagen Sitzungen ab, weil Ihnen die Zeit zu schade ist.

Unter Zeit- und Erfolgsdruck zeigen wir unser ungeschminktes Gesicht. Deswegen ist es Ihre Pflicht, Stress zu vermeiden, damit Sie Ihre Führungsrolle voll und ganz ausfüllen können. Genau: Sie müssen leben lernen. Jetzt.
Wenn Sie mit Ihrer Arbeit und Ihrem Leben zufrieden sind, fällt es leicht, zuvorkommend, mitfühlend und inspirierend auf die Angestellten zu wirken. Und vice versa. Sie wissen selbst, wie Sie Ihre Leute behandeln, wenn Sie unzufrieden sind. Nicht eben vorbildlich.

MASSNAHME

Nehmen Sie ein Blatt Papier und ziehen Sie einen senkrechten Strich in der Mitte. Notieren Sie links Ihre Verhaltensweisen, wenn Sie sich leer, ausgebrannt und überarbeitet fühlen. Schreiben Sie alles Schlechte hin, blenden Sie auch abstoßende Details nicht aus. Die rechte Spalte ist für die Folgen Ihres Benehmens auf die Leistung Ihrer Mitarbeiter reserviert. Wie wirken sich diese weniger rühmlichen Verhaltensweisen auf die angestrebten Unternehmensziele aus?

Die Übung ist unangenehm, ich weiß. Aber Sie müssen sich vergegenwärtigen, was mit Ihren Leistungen geschieht, wenn Sie auf ein Privatleben verzichten.

Nach dieser Übung überlegen Sie bitte drei Dinge, die den Stress unmittelbar mildern würden. Zum Beispiel ein zehntägiger Trip in die Berge ohne Handy und Laptop. Oder Sie lagern das Eintreiben von Forderungen aus oder stellen einen persönlichen Assistenten ein, der Ihnen Arbeit abnimmt. Vielleicht wäre in Ihrer persönlichen Situation ein zuverlässigeres Kindermädchen eine Entlastung oder eine Reinigungskraft oder Sie drängen auf eine Neuverteilung der Zuständigkeiten innerhalb des Unternehmens.

Ohne Stressabbau bleiben die angestrebten Ergebnisse ein Traum. Nein, das stimmt so nicht: Sie können schon die gewünschten Zahlen herausholen, aber der Preis dafür ist hoch – Sie bezahlen mit der Zufriedenheit Ihrer Mitarbeiter und Ihrem eigenen Seelenfrieden.

Was, wenn Sie es gar nicht anders haben möchten?

Ich kann mir gut vorstellen, dass Sie das lesen und denken: „Ich liebe meinen Job, mir macht es nichts aus, so viel zu arbeiten." Vielleicht finden Sie Ihr Leben schön und halten sich insgeheim für verpflichtet, wie ein Tier zu schuften, um die geforderten Zahlen vorlegen zu können. Wer bin ich, als dass ich Ihr Leben über den Haufen werfe, ein Leben, das Sie mögen, so wie es ist?

Klappen Sie das Buch nicht gleich zu, überdenken Sie folgendes Argument. Wenn Sie nicht zu einer vernünftigen Uhrzeit den Griffel fallen lassen, wer sonst sollte Ihre Mitarbeiter dazu ermutigen? Als Führungskraft sind Sie das Modell, an dem sich das Verhalten der Abteilung orientiert. Häufig sind sich

Chefs und Chefinnen dieser Vorbildfunktion nicht bewusst, sie ahnen nicht, wie sehr sich die Mitarbeiter nach ihnen richten. Schlagendes Beispiel für diesen Zusammenhang ist William, ein amerikanischer Geschäftsmann, der die japanische Niederlassung des Mutterunternehmens leiten sollte. In Japan ist es Sitte, dass niemand geht, bevor der Chef seine Siebensachen packt und Feierabend macht. William ist jedoch ein Typ, der sich auf etwas konzentriert und nicht merkt, wie die Zeit verfliegt. Kurze Zeit, nachdem er die Stelle angetreten hatte, legte er abends um halb zehn eine Pause ein und holte sich am Automaten eine Cola. Alle Mitarbeiter saßen noch an ihren Plätzen. „Komisch", dachte William und ging wieder an seinen Schreibtisch. Dann fiel es ihm wie Schuppen von den Augen. Sie folgten seinem Beispiel, harrten aus, weil er noch da war!

Von da an richtete es William so ein, dass er auf jeden Fall um 17 Uhr das Büro verließ. Wenn er noch arbeiten wollte, setzte er sich ins Café gegenüber ans Fenster und wartete, bis der letzte Angestellte gegangen war. In der Regel dauerte es keine Viertelstunde, und er konnte an den Schreibtisch zurück. Kurz: Er respektierte die Interessen seiner Mitarbeiter und lebte trotzdem seine eigene Arbeitswut aus.

Nur damit das klar ist: Ich plädiere nicht für die sture Einhaltung der 40-Stunden-Woche. Es ist Ihr Leben, und Sie dürfen und sollen so viel arbeiten, wie Sie wollen. Aber es ist ungeheuer wichtig, dass Sie Ihren Mitarbeitern ebenfalls die Wahl lassen. Seien Sie nicht blauäugig: Ihr Vorbild zählt und wirkt stärker nach, als Sie es sich vermutlich vorstellen können.

Drei Mal dürfen Sie raten, was passiert, wenn Sie 80 Stunden die Woche ranklotzen und noch am Wochenende E-Mails abschicken. Natürlich, Ihre Mitarbeiter versuchen es Ihnen gleichzutun. Weiter vorn habe ich Ihnen von Adam erzählt, dem CEO, dessen designierter Nachfolger kündigte, weil er dem Credo „CEOs schuften bis zum Umfallen“ nicht folgen mochte. Wenn die Unternehmensführung auf ein Privatleben verzichtet, sieht es für die Mitarbeiter düster aus. Wer kann, sucht sich einen Arbeitgeber, der etwas pfleglicher mit eigener wie fremder Arbeitskraft umgeht. Mitarbeiter, die Wert auf ein Gleichgewicht zwischen Freizeit und Beruf legen, verübeln es Vorgesetzten, wenn sich diese von Terminen behexen lassen.

Sehr viele hochqualifizierte und geeignete Menschen lehnen Führungspositionen ab, weil sie sich nicht mit Haut und Haaren dem Job verschreiben wollen. Es hilft nicht viel, wenn ich ihnen erzähle, dass wir in einem Zeitalter des Umbruchs leben und sie sich als Vorkämpfer einer neuen Führungskultur große Verdienste erwerben könnten. Man muss sich nur ihre Chefs ansehen, die sich täglich im Trott verschleißen und dabei aus dem Blick verlieren, worauf es im Leben wirklich ankommt.

Falsche Vorbilder schrecken ab. Wenn Sie auf Ihrem lieb gewonnenen Lebensstil beharren, verlieren Sie wertvolle Talente. Noch sind Manager, die die Vereinbarkeit von Beruf und Familie oder allgemeiner Beruf und Privatleben anerkanntermaßen beweisen würden, Mangelware. Deswegen bescheidet sich so manche Nachwuchskraft lieber mit einer untergeordneten Rolle, statt sich von der Karriere auffressen zu lassen. Ist Ihnen nie der Gedanke gekommen, dass Sie mit Ihrem Verhalten die falschen Maßstäbe setzen? Sehen Sie sich Ihr Leben doch an. Ist es erstrebenswert?

Erzählen Sie mir bitte nicht, dass Ihre Mitarbeiter Ihre Arbeitswut schon verstehen und sich nicht genieren würden, wenn sie sich selbst in geringerem Maße engagieren möchten. Das gelebte Vorbild wirkt stärker als Worte. Gleichgültig, wie oft

Sie betonen, die Mitarbeiter sollten sich von Ihnen keine Scheibe abschneiden – man wird nicht auf Sie hören. Der Anpassungsdruck ist zu massiv.

Wenn Sie schon nicht für sich ein erfülltes Privatleben anstreben, dann tun Sie es wenigstens den Beschäftigten zuliebe. Es feuert sie an, wenn die Vorgesetzten das Leben genauso wichtig nehmen wie die Arbeit. Die Mitarbeiter treten in Ihre Fußstapfen, und das wird Sie wiederum mächtig anfeuern.

MASSNAHME

Wenn Sie wieder einmal sonntags in Versuchung kommen, E-Mails zu verschicken oder den Anrufbeantworter abzuhören und auf Nachrichten zu reagieren, fragen Sie sich: Welches Beispiel gebe ich damit? Wenn Sie dieses Beispiel bewusst setzen, nur zu. Wenn Sie Ihre Mitarbeiter hingegen nicht dazu verleiten wollen, ihre Wochenenden der Arbeit zu opfern, dann bremsen Sie sich und suchen Sie andere Mittel und Wege.
Was würden Sie Ihren Leuten als Wochenendaktivität empfehlen? Folgen Sie Ihren eigenen Ratschlägen.

Sorgen Sie für einen Grund, Ihr Privatleben zu genießen

Bisher habe ich zwei Gründe für ein erfülltes Privatleben genannt: 1. Es mindert den Stress und gibt die Kraft, etwas in der eigenen Führungsrolle zu bewegen. 2. Durch Ihr Vorbild ermuntern Sie die Mitarbeitern, ein Leben neben der Arbeit zu haben. Darüber hinaus existieren eine Reihe weiterer Gründe, die auf ganz unterschiedliche Weise für eine Balance zwischen Leben und Arbeit sprechen. Was sind Ihre persönlichen Gründe?

Nur wenn Sie gern nach Hause gehen, werden Sie früh nach Hause gehen. Sie dachten sich schon, dass ich den Punkt ansprechen würde? Gut! Das ganze Buch dreht sich darum, wie Sie Ihre Führungsrolle ausfüllen – und als Mensch an der Aufgabe wachsen. Welche Triebfeder drängt Sie hin zu einem ausgewogenen Leben?

Als ich kürzlich mit Sue redete, war ich von einem hintergründigen Satz meiner Klientin beeindruckt. „Jen", sagte sie, „es gibt letztlich keinen Grund, warum ich weniger arbeiten sollte. Wenn ich ehrlich bin, weiß ich nichts mit mir anzufangen, wenn ich nicht arbeite."

Da liegt nicht selten der Hase im Pfeffer. Wenn Sie bei früheren Versuchen, weniger zu arbeiten, gescheitert sind, ist das ein Alarmsignal. Unter dem Strich überdeckt die Jagd nach unternehmerischen Erfolgen oft nur den Mangel an Gründen, nicht zu arbeiten. Schätzen Sie das Gefühl der totalen Erschöpfung, das Gefühl, ausgepowert und müde zu sein? Warum? Weil damit das Gefühl einhergeht, dass Sie wichtig sind, eine bedeutsame, gefragte Persönlichkeit. Weil Sie sich nur dann glauben, dass Sie mit Ihrem Leben etwas Vernünftiges anstellen. Ein Berater, mit dem ich zusammenarbeite, beschrieb das so: „Wenn auf meinem Schreibtisch das Chaos herrscht, weiß ich, dass ich auf dem richtigen Weg bin. Ich bringe Dinge in Bewegung und, so verquer es klingt, das heillose Durcheinander macht mich glücklich."

Aber wenn Ihnen die Hektik und die Arbeitsüberlastung so viel gibt, warum sollten Sie etwas dagegen tun? Natürlich lassen Sie alles beim Alten. Wann immer Sie sagen: „Ich arbeite", oder: „Ich habe keine Zeit", bestärkt Sie das in Ihrem Erfolgsrausch. In Ihrem Kopf bilden Erfolg und Stress eine Einheit. Und Sie glauben fest an den Umkehrschluss: Faulenzer sind Versager.

Bereits in meinem früheren Buch habe ich ein Quiz entwickelt, das auch hier gut passt. Es vermittelt genau die Einsichten, die Ihnen fehlen. Vertrauen Sie sich den Fragen an und warten Sie ab.

Quiz: Assoziieren Sie Erfolg mit Überarbeitung?

Kreuzen Sie Ja oder Nein an.

1. Beschleicht Sie ein ungutes Gefühl, wenn Sie weniger als zehn Stunden täglich arbeiten?

   ☐ Ja ☐ Nein

2. Haben Sie nur dann das Gefühl, wirklich gearbeitet zu haben, wenn Sie todmüde nach Hause kommen?

   ☐ Ja ☐ Nein

3. Handeln Sie so, als würde das Unternehmen (sei es Ihr eigenes oder das Ihres Arbeitgebers) seine Bedürfnisse an erste Stelle setzen und Ihre eigenen Bedürfnisse sowie die Ihrer Familie in den Hintergrund drängen?

   ☐ Ja ☐ Nein

4. Haben Sie Schuldgefühle, wenn Sie im Beruf Aufgaben ablehnen?

   ☐ Ja ☐ Nein

5. Laden Sie sich immer mehr auf, weil kein anderer die Arbeit erledigen kann?

☐ Ja ☐ Nein

6. Beklagen Sie häufig, dass die anderen faul sind, jedenfalls nicht so hart arbeiten wie Sie selbst? Sind Sie darauf insgeheim stolz?

☐ Ja ☐ Nein

7. Messen Sie Ihren Erfolg an dem, was sie beruflich erreichen, Geld etwa oder Sicherheit?

☐ Ja ☐ Nein

8. Machen Sie auch dann noch weiter, wenn Sie eigentlich aufhören wollen?

☐ Ja ☐ Nein

9. Verkneifen Sie sich Urlaubstage, weil Sie im Büro präsent sein wollen?

☐ Ja ☐ Nein

10. Sind Sie frustriert, weil sich der Unternehmenserfolg nicht schnell genug einstellt?

☐ Ja ☐ Nein

11. Ab wann bitten Sie um Hilfe? Versuchen Sie länger als zehn Minuten, ein Problem alleine zu lösen?

☐ Ja ☐ Nein

12. Rechtfertigen Sie sich, wenn eine Arbeit wieder einmal länger dauert als gedacht? Legen Sie sich Gründe zurecht, warum Sie etwas noch nicht erledigt haben? Etwa, dass Sie keine Zeit hatten? Dass ein anderer für die Verzögerung verantwortlich ist? Dass Sie noch auf einen Rückruf warten?

☐ Ja ☐ Nein

13. Nehmen Sie Unterlagen mit in den Urlaub, hören von dort den Anrufbeantworter ab und schauen Ihre E-Mails durch?

☐ Ja ☐ Nein

Wenn Sie mehr als drei Mal Ja angekreuzt haben, schränken Ihre Vorstellungen, wie Arbeit zu sein hat, Ihren Erfolg und letztlich auch Ihre Lebensqualität ein.

Im Grunde wissen Sie genau, dass der hektische Alltag unserer Zeit krank macht. Man hält das Tempo durch, bis die Ehe vor dem Scheidungsrichter endet oder man dem Burn-out-Syndrom zum Opfer fällt. Vielleicht sind Sie schon an diesem Punkt angelangt. Verabschieden Sie sich endlich von dem Kinderglauben, Erfolg haben hieße ständig beschäftigt sein. Schaffen Sie sich einen guten Grund, warum der Beruf nicht alles ist. Nur wenn der Gewinn aus der neuen Einstellung den Lohn unablässiger Mühen übersteigt, werden Sie sich auch wirklich ändern.
Welcher Grund könnte Sie veranlassen, sich die Arbeit so einzuteilen, dass Sie zu einer vernünftigen Zeit nach Hause gehen? Denken Sie an Ihre Kinder, an den Ehepartner, an Menschen, die Ihnen etwas bedeuten. Ist Ihre Liebe stark genug, um eine Verkürzung der Arbeitszeit zu tragen? Denken Sie an Dinge, die Sie sich für Ihr Leben vorgenommen haben. Wie wichtig ist Ihnen der Trip auf den Mount Everest oder das Engagement für die Dritte Welt? Es findet sich bestimmt etwas, wofür Sie sich gern einsetzen möchten und zu dem Ihnen bisher nur die Zeit gefehlt hat.
Was würden Sie tun, wenn Sie alle Zeit der Welt hätten? Die Antwort auf diese Frage ist Ihr Grund, sich zu ändern. Notieren Sie ihn direkt ins Buch:

____

____

____

____

____

____

Vielleicht fällt Ihnen die Antwort auf diese Frage schwer. Ich habe einmal einen ausgesprochen netten Zahnarzt beraten, der mit diesem Problem kämpfte. „Jen“, sagte Craig damals, „ursprünglich wollte ich bloß meine Telefonrechnung bezahlen können und im Winter kein Eis von der Windschutzscheibe kratzen müssen. Aber heute besitze ich alles, was ich will. Ich muss mir einen anderen Grund ausdenken, warum ich ständig arbeite.“

Craig hatte sich in der Gründungsphase seines Unternehmens mächtig ins Zeug gelegt, um viel Geld zu verdienen und ein gutes Leben zu haben. Jahre später plagten ihn keine Geldsorgen mehr, aber er arbeitete immer noch, um viel Geld zu verdienen. Er arbeitete und arbeitete und wusste im Grunde gar nicht wofür. Es war zur Gewohnheit geworden. Er konnte sich sein Leben anders nicht vorstellen, und ihn verfolgte die Vision, alles würde zusammenbrechen, wenn er mit der Plackerei aufhörte. Unser Selbstbild treibt wirklich ein tolles Spiel mit uns, nicht wahr?

Craig entdeckte in den Sitzungen mit mir seine erwachende Kreativität. Er wollte sich ändern, um wie früher Gedichte und Liedtexte zu schreiben, und ein angefangenes Buch zu Ende bringen. Und er nahm die Mühen auf sich, um an diesen Punkt zu gelangen.

Blättern Sie zurück, notieren Sie sich den Grund, um Ihr Leben zu ändern. Sei es, dass Sie Ihren Mitarbeitern mehr Freiräume geben wollen, sei es etwas Persönlicheres. Es muss nur die anstehende Veränderung tragen, sonst sollten Sie erst gar nicht weiterlesen.

MASSNAHME

Wenn Sie die Antwort immer noch nicht gefunden haben, könnte Ihnen folgende Übung auf die Sprünge helfen. Schreiben Sie sich 100 Dinge auf, die Sie vor Ihrem Tod getan haben wollen. Meine Klienten sind nicht selten mit dieser Aufgabe überfordert und zermartern sich das Gehirn, um auf 100 Wünsche zu kommen. Normalerweise fallen einem ungefähr zehn Dinge ein, aber Sie lernen viel über sich, wenn Sie diese natürliche Grenze überwinden. Und wenn es einen Monat dauert, tragen Sie alle 100 zusammen.

Margie unterzog sich jüngst dieser Übung. Das Ergebnis überraschte Coach und Klientin gleichermaßen. Margie hatte ihre Abenteuerlust ad acta gelegt, nachdem sie ein Kind bekommen hatte und ein Elternteil zum Pflegefall geworden war. Die Liste erinnerte Margie an die Reisen, die früher zu ihrem Leben gehört hatten. Schon im nächsten Jahr verbrachte sie mehrere phantastische Urlaube.

Wenn Sie den hundertsten Wunsch notiert haben, lehnen Sie sich zurück und betrachten Sie das Ergebnis. Jetzt wissen Sie, warum Sie ein erfülltes Privatleben wollen, und dadurch erhält Ihre Absicht, sich zu ändern, eine neue Dynamik. Den nächsten Schritt muss ich nicht eigens erwähnen: Setzen Sie morgen oder übermorgen mindestens einen Wunsch in die Tat um. Sonst bleibt die Liste geduldiges Papier.

Meine Geschichte

Der Punkt „Privatleben" spielt für mich eine besonders große Rolle, weil ich früher viel zu viel gearbeitet habe. Meine Arbeit nahm mich völlig in Anspruch, ich streckte mich nach der Decke, blendete alles aus, was mich von meinen Zielen ablenken konnte – Ziele, die nebenbei bemerkt allesamt beruflicher Natur waren. Natürlich sorgte das für eine unglaublich starke Konzentration, ich erreichte, was ich wollte, aber ich merkte nicht einmal, was mir fehlte, solange nur die Arbeit und nichts als die Arbeit zählte.

Meine Geschichte geht so. Am Anfang meiner Karriere war ich genau wie Sie. Ich wollte um jeden Preis Erfolg, und Erfolg hieß für mich, die Karriereleiter hinaufzuklettern. Mein Vater war 30 Jahre in einem Großunternehmen angestellt, und er sagte oft zu mir und meiner Mutter, eine Stelle in einem Großunternehmen bedeute lebenslange Sicherheit. Sie wissen schon, von der Lehre bis zur Rente bei einem Arbeitgeber und sich dann bequem aufs Altenteil setzen können. Heute muss ich darüber lachen, aber damals gab es im Grunde keine Alternative zu einer Stelle in einem angesehenen, bekannten Großunternehmen. Mein Maximalziel lautete folgerichtig, an der Spitze eines milliardenschweren Wirtschaftsimperiums zu stehen. Zum Teufel, sagte ich mir, es wird langsam Zeit, dass sich gewitzte Frauen ins Rampenlicht drängen.

In den ersten Jahren hatte ich das große Glück, für einen sehr erfolgreichen Mann zu arbeiten. John war gleichsam die Inkarnation des Erfolgs. Er fuhr ein entzückendes Cabriolet von Mercedes, trug italienische Maßanzüge, ließ sich einmal die Woche im Büro massieren und baute gerade ein nettes Häuschen auf einem Riesengrundstück. Ja, er hatte Geld wie Heu, aber was mich wirklich an ihm faszinierte, war sein Charisma. Wenn John in einen Raum trat, drehten sich die Menschen um und hörten ihm zu. Er hatte diese Aura, die uns innehalten und aufmerken lässt. Zu allem Überfluss war er noch jung, vielleicht Anfang 30, und seiner früher Erfolg gab mir Hoffnung, dass auch ich es vor meinem 50. Lebensjahr schaffen könnte. Geduld war noch nie meine Stärke.

Eines Abends ging ich in sein Büro und fragte ihn etwas.

„John", sagte ich, „ich wäre gern so wie Sie. Verraten Sie mir Ihr Erfolgsgeheimnis?"

Vielleicht haben Sie auch einmal jemandem, den Sie bewundern, dieselbe Frage gestellt. Dann kennen Sie die Antwort schon: „Jen, du musst erst einmal wissen, was du willst, und dann musst du alles, einfach alles tun, um es zu erreichen."

Eine Stunde lang erzählte er mir, was er alles für seine Karriere geopfert hat. Wie oft er seine Freunde versetzt hatte, weil er noch etwas abschließen wollte und erst nach Mitternacht fertig war. John verdeutlichte mir, ich müsse vieles aufgeben, wenn ich den Erfolg wollte, tonnenschwere Opfer bringen, aber eines Tages, wenn ich nur schwer genug schuftete, hätte ich es geschafft.

Klingt vertraut, oder?

Keine Frage, die Opferschiene funktioniert. Sie funktioniert sogar prächtig.

Ich bin immer wieder erstaunt, wie viel Energie manche Menschen in ihren beruflichen Aufstieg stecken. Man kann viel erreichen, wenn man es sich fest vornimmt. Genau das tat ich damals. Ich trieb keinen Sport mehr, vernachlässigte Freunde und Familie und ging nicht mehr in die Kirche. Ich wollte Karriere machen. Die Rechnung ging auf – wie bei Ihnen auch.

Aber ich habe einen hohen Preis für den Erfolg gezahlt. Ging es Ihnen nicht genau so?

Es ist Gemeinplatz, dass erfolgreiche Menschen überdurchschnittlich oft geschieden und bei schlechter Gesundheit sind, verkorkste Beziehungen zu ihren Kindern und kaum noch echte Freunde haben. Als ich für John arbeitete, steckte er gerade in seiner ersten Scheidung. (Ich war so geblendet von seinem Erfolg, dass ich diese gescheiterten Beziehungen nicht wahrhaben wollte.)

Mir ging es ähnlich. Ich nahm 14 Kilo zu, stand kurz vor der Scheidung, verlor meine besten Freunde und wusste eigentlich nicht mehr, wer ich war. Mein Leben wurde mir von der Tätigkeit diktiert, die dem Lebensunterhalt dienen sollte. Ich hatte Erfolg, ohne Frage, aber mein Privatleben war eine Katastrophe.

Wie ich aufgewacht bin? Eines Abends saß ich mit meinem Mann bei Pizza und Bier am Küchentisch. „Wann gibst du deinen Job auf?", fragte er mich unvermittelt.

Komische Frage, dachte ich, und erklärte weitschweifig, dass das doch nicht ginge und ich nicht daran dächte und überhaupt, die Hypothek, die Raten für die Autos, die Urlaube, die wir uns wünschten. Ich zählte all die finanziellen Verpflichtungen und materiellen Begehrlichkeiten auf: Keine Chance, auf den Job zu verzichten! Aber Steve ließ die Ausflüchte nicht gelten.

Er sah mich nur an und sagte: „So wie du im Moment bist, mag ich dich nicht."

Das tat weh. Aber der Schlag ins Gesicht weckte mich auf. Er war bitter nötig. Nachdem ich über den ersten Ärger hinweg war, merkte ich, dass Steve Recht hatte. Verdammt Recht. Ich hatte den falschen Weg eingeschlagen und musste mich neu orientieren, um ein aufregendes Leben mit dem Erfolg zu verbinden, den ich mir immer noch wünschte. Daraus erwuchs meine „Weniger arbeiten, mehr verdienen"-Philosophie, die den Reichtum der Lebenserfahrung mit den Segnungen des Erfolgs verbindet.

Wie ist es mit Ihnen? Wollen Sie auf einen Schlag ins Kontor warten, bevor Sie endlich Ihr Leben leben?

Wie genießen Sie das Leben?

Bisher habe ich gezeigt, wie Sie unwesentliche Dinge abschmettern und sich auf die wichtigen Aufgaben konzentrieren. Das ist die Voraussetzung für den Ausgleich von Beruf und Privatleben. Man kann nicht ruhig zu Hause sitzen, wenn sich Berge von Arbeit auf dem Schreibtisch türmen. Das funktioniert einfach nicht. Ich gehe also davon aus, dass Sie sich die nötigen Freiräume inzwischen geschaffen haben.
Dann können wir ja zu den anderen Strategien übergehen.

1. **Legen Sie eine Uhrzeit fest, zu der Sie nach Hause gehen. Halten Sie sich daran.**

Dieses Konzept ging Greg nicht in den Kopf. Er beschwerte sich in unserer Sitzung über seine Frau. Sie hatte ihm eine Szene gemacht, weil er wieder einmal nicht rechtzeitig zum Abendessen bei der Familie war. Ich konnte mir die Frage nicht verkneifen, was ihn im Büro festgehalten hatte. Greg lieferte nicht einen, sondern eine ganze Reihe von Gründen, alles Ausreden. Als wir eine nach der anderen durchsprachen, kristallisierte sich heraus, dass Greg unaufgeräumte Schreibtische nicht ertrug. Und wenn er sich hinsetzte, um schnell Ordnung zu schaffen, blieb er an etwas hängen. Die meisten Menschen würden Greg wohl raten, zu einer bestimmten Uhrzeit einfach alles stehen und liegen zu lassen. Wir probierten es mit einem Wecker, der ihn um 18 Uhr aus der Arbeit riss. Aber Greg saß dann nur zu Hause und dachte an die Unordnung auf seinem Schreibtisch.
Manchmal findet man sich besser mit seinen Marotten ab als dagegen anzukämpfen. Wir versuchten das Naheliegende: Greg räumte sich täglich eine halbe Stunde vor Arbeitsende

ein, um die Stapel abzuarbeiten. Vorher dauerten Sitzungen nicht selten bis sechs Uhr abends, aber das gehörte der Vergangenheit an. Nachdem Greg seinen idealen Tagesabschluss gefunden hatte, fand auch das Zuspätkommen ein Ende.
Ich bin ähnlich vorgegangen. Vor einigen Jahren holte ich mir einen weißen Terrier, Wally, und brachte ihm bei, Punkt sechs um meinen Schreibtisch zu wetzen. Das war mein Signal. Ich unterbrach mich mitten in der Arbeit und führte den Hund Gassi. Die Runde an der frischen Luft trennte für mich Beruf und Freizeit. Um nichts anderes geht es. Finden Sie für sich heraus, wie Sie sich vom Schreibtisch loseisen und zu einer vernünftigen Zeit Feierabend machen.

MASSNAHME

Setzen Sie sich eine Uhrzeit für das Arbeitsende. Es sollte Tag für Tag dieselbe Uhrzeit sein, denn Routine beruhigt den Workaholic. Das können Sie mir unbesehen glauben! Wir sind Gewohnheitstiere, es muss uns in Fleisch und Blut übergehen, zu einer bestimmten Uhrzeit aufzuhören.
Wenn Sie die Uhrzeit festgelegt haben, überlegen Sie sich, wie Sie den neuen Standard einhalten. Manche Klienten stellen sich einen Wecker. Andere nehmen die Hilfe von Kollegen und Mitarbeitern in Anspruch, wieder andere greifen zum Telefonhörer und sprechen mir aufs Band, wann sie gehen. Ist die Gewohnheit da, sind diese Hilfen überflüssig.
In der Regel müssen Sie die ersten 30 Tage durchhalten. 30 aufeinander folgende Tage. Dann ist eine Tätigkeit zur Gewohnheit geworden. Wenn Sie sich schwer umstellen, brauchen Sie vermutlich drei Monate, bis sich die Gewohnheit eingebürgert hat.

2. **Fahren Sie häufiger in Urlaub.**

Ich wette, dass mancher Leser über diesen Punkt lacht. „Tolle Idee, Jen, aber wie stellen Sie sich das vor?" So hätte ich selbst noch vor fünf Jahren reagiert. Ich hatte mir seit drei Jahren keine Ferien gegönnt!

Wann waren Sie das letzte Mal in Urlaub? Wie verlief die Woche direkt davor? Genau, das ist der Punkt. Sie hatten mehr zu tun als im gesamten Monat vorher. Das ist eben so, wenn man wegwill. Alles Mögliche wird dadurch ganz dringend und will noch abgeschlossen werden. Sie räumen in der E-Mail auf. Sie werfen Unterlagen weg, die nicht mehr benötigt werden. Sie erledigen Telefonanrufe, die Sie schon länger vor sich herschieben. Aber nicht nur diese Kleinigkeiten halten auf, manche meiner Klienten wollten unbedingt noch wichtige Abschlüsse unter Dach und Fach bringen, damit sie beruhigt fahren konnten. Machen Sie einfach öfter Urlaub, und Ihr Geschäft wird blühen.

MASSNAHME

Wenn Sie nicht schon ein gutes Reisebüro kennen, hören Sie sich um und lassen Sie sich eins empfehlen. Greifen Sie zum Telefonhörer, geben Sie die Urlaubsdaten für die nächsten zwei Jahre durch und bitten Sie Ihren Ansprechpartner, die Urlaube zu buchen und entsprechend abzurechnen. Wenn Sie es sich leisten können, begleichen Sie sämtliche Rechnungen direkt. Man sagt seltener einen Trip ab, den man bereits bezahlt hat.

Denken Sie nicht, Sie könnten Auswahl und Planung der Trips selbst erledigen. Dass Sie dafür keine Zeit haben, ist einer der Gründe, warum Sie so selten in Urlaub fahren. Überlassen Sie diese Details einem Spezialisten. Legen Sie ein Budget fest und nennen Sie die Zeiten. Jetzt.

3. **Arbeiten Sie einen Tag in der Woche zu Hause.**
   Nichts geht über einen Lümmeltag zu Hause! Es erfrischt Seele und Geist. Ich sagte es schon: Unser wahrer Feind heißt Ablenkung. Alles, was Sie vom Kurs abbringt, ist Gift. Schaffen Sie die Gelegenheit, etwas am Stück wegzuarbeiten. Und sich womöglich nach dem Mittagessen ein Stündchen aufs Ohr zu hauen.
   Die Führungskräfte unter meinen Klienten, die sich pro Woche einen Tag zu Hause gönnen, sind um Längen produktiver. Die Fahrt zum Büro entfällt, und damit gewinnen Sie Zeit für Projekte außer der Reihe. Wenn Sie sich Freiräume schaffen, rückt ein erfülltes Leben in Reichweite. Ohne Schuldgefühle können Sie alles bekommen.

MASSNAHME

Schlagen Sie den Kalender auf und setzen Sie in den nächsten zwei Wochen einen Tag fest, an dem Sie zu Hause bleiben. Versuchen Sie es. Wenn Sie das Gefühl haben, dass es Ihrer Produktivität bekommt, machen Sie eine Gewohnheit daraus. Wenn Sie die dreckige Wäsche oder andere Haushaltsgeschichten stören, wäre vielleicht der Besuch in einer Bibliothek mit dem Laptop unterm Arm eine Alternative. Worauf es ankommt: Nehmen Sie sich regelmäßig eine Auszeit vom Büro, schaffen Sie sich einen Freiraum, in dem Sie aufatmen und die wirklich wichtigen Dinge angehen können.

Mehr Privatleben für Ihre Mitarbeiter!

Das Privatleben Ihrer Angestellten sei nicht Ihr Bier, denken Sie? Machen Sie es sich nicht zu leicht! Zu der Auffassung, die „Freizeittauglichkeit" der Mitarbeiter liege ausschließlich in deren Verantwortung, wäre einiges zu sagen. Falls in Ihrer Abteilung 90 Prozent Workaholics sitzen sollten, hilft alles nichts: Wenn die Mitarbeiter nicht von sich aus etwas ändern wollen, bleibt alles beim Alten. Das garantiere ich Ihnen.
Es ist aber unabdingbar, eine Umgebung zu schaffen, in der Wahlfreiheit herrscht. Das muss von der Unternehmens- beziehungsweise Abteilungsleitung ausgehen und sich in deren konkreten Verhalten spiegeln. Die Leitung muss den Angestellten vermitteln: Es ist völlig in Ordnung, wenn ihr keine Überstunden macht. Geht heim!
Im Folgenden stelle ich sechs Strategien vor, die bei meinen Klienten gut angeschlagen haben. Vielleicht helfen Sie auch Ihnen bei der Aufgabe, den Mitarbeitern die verdiente Freizeit zu gewährleisten.

1. **Behelligen Sie niemals Mitarbeiter auf dem Krankenbett oder im Urlaub. Absolut niemals.**

Nach Signierstunden oder Vorträgen kommen Menschen auf mich zu und erzählen mir Horrorgeschichten von ihren Chefs. Häufig handeln diese Geschichten von Managern, die enge Mitarbeiter auch während des Urlaubs in einem mexikanischen Luxushotel mehrmals anrufen. Ein gängiges Verhalten, das durch seine Verbreitung nicht weniger ärgerlich ist.
Sind Sie so schlecht organisiert, das Sie keine Woche auf diesen Angestellten verzichten können? Hören Sie auf, Mitarbeiter in ihrer Freizeit anzurufen! Bauen Sie ein tragfähiges Netz

auf, sodass Sie nicht in diesem Ausmaß von einer Person abhängig sind. Gönnen Sie den Beschäftigten die wohl verdiente Auszeit, das Gefühl, einmal an nichts denken zu müssen. Das ist für beide Seiten nötig.

2. **Gehen Sie kurz vor Feierabend durch die Abteilung und sorgen Sie dafür, dass alle den Arbeitsplatz verlassen.**
Auf diese Weise unterstützen Sie die Bemühungen Ihrer arbeitsbesessenen Mitarbeiter, die Obsession abzuschütteln. Wenn Sie wirklich verinnerlicht haben, wie wichtig das Privatleben für Ihr Team ist, werden Sie gern Abend für Abend von einem zum anderen spazieren und zum Gehen auffordern. Jeder Mensch braucht gelegentlich einen Tritt in den Allerwertesten, und vielleicht ist ein Feierabendwächter genau das, was Ihrem Team jetzt gut tut. Die verbale Aufforderung, heimzugehen, führt nicht automatisch zur Umsetzung in die Praxis. Spielen Sie den Katalysator für Ihr Team.

3. **Stellen Sie sicher, dass Ihre Mitarbeiter den Urlaub auch wirklich nehmen.**
Das klingt ganz selbstverständlich, aber wenn ein Projekt das nächste jagt, gerät der eigene Urlaub schnell in Vergessenheit und der von anderen erst recht. Anne hat dieses Problem für sich und ihr Team so gelöst: Sie lud eine Reisevermittlerin einen ganzen Monat lang zu den wöchentlichen Abteilungsversammlungen ein. Die Frau stellte pro Sitzung zwei Reiseziele vor, zeigte kurze Videos und verteilte Prospekte, und die Assistentin meiner Klientin besorgte zum Imbiss landestypische Gerichte – mal mexikanische Fiesta, mal hawaiianische Luau. Anne bat sogar einen Vertreter des örtlichen Saunaclubs in die Abteilungsversammlung für diejenigen, die sich nicht gleich ins Flugzeug setzen mochten. Alle Mitarbeiten konnten sich für eine zehnminütige Rückenmassage im Sitzen eintragen.

Anne nahm das Thema Urlaub wirklich ernst. Sie nutzte Kurztrips als Leistungsanreiz und unterstützte damit Mitarbeiter, die nicht 3000 Dollar für exotische Urlaubsziele hinblättern konnten. Bisher qualifizierten sich Angestellte für diese Belohnung, die jahrelang nicht mehr richtig ausgespannt hatten. Sie hätten sehen sollen, wie erfrischt sie von einer Woche Sonne, Strand und Meer zurückkamen!

4. **Bieten Sie die Möglichkeit an, mindestens einen Tag in der Woche zu Hause zu arbeiten.**

Die Produktivität schlägt alle Rekorde, wenn man sich in Ruhe konzentrieren kann. Das gilt für Sie selbst ebenso wie für Ihre Mitarbeiter. Unser Arbeitstag ist heute so zerstückelt, so zerrissen von tausend verschiedenen Aufgaben und Kleinigkeiten, dass wir nicht selten mittags schon völlig aus dem Konzept sind. Das passiert zu Hause nicht, wo einen höchstens der Hund ablenkt.

Zu viele Arbeitgeber runzeln die Stirn, wenn ein Arbeitnehmer den Wunsch nach Heimarbeit äußert. Auch wenn sie es nicht zugeben, der Hauptgrund ist Misstrauen. Sie glauben, zu Hause würden sich die Mitarbeiter sicher einen faulen Lenz machen, statt zu tun, wofür sie bezahlt werden. Lassen Sie die Kindereien! Sie haben ohnehin nicht die Zeit, Ihre Mitarbeiter zu beaufsichtigen. Brechen Sie mit der naiven Annahme, im Büro hätten Sie die Kontrolle darüber, ob jemand arbeitet oder nicht.

Angestellten mit kleinen Kindern sollten Sie auf jeden Fall ein Laptop zur Verfügung stellen, damit diese sich bei Bedarf ins nächst gelegene Café oder in die Stadtbibliothek verziehen können. Wenn Sie Spitzenleistungen von Ihren Leuten erwarten, sorgen Sie für ein Umfeld, in dem diese Leistungen auch möglich sind. Und das ist nicht immer das Büro.

5. **Bieten Sie flexible Arbeitszeiten an.**

Eines Morgens rief mich Kim an und erzählte mir, sie ginge jetzt zur Drogerie. Meine Assistentin fing das Gespräch mit dem Satz an: „Ich weiß ja, dass es Ihnen egal ist, ich wollte nur sagen, dass ich noch schnell zu Osco muss.“ Worauf ich antwortete: „Genau, es ist mir egal. Warum rufen Sie an?“ Kim war relativ neu bei uns und testete vorsichtig aus, ob man meine Worte für bare Münze nehmen konnte, ob sie sich darauf verlassen konnte, dass ich volles Vertrauen zu ihr hatte, und ich ihr zugestand, zu kommen und zu gehen, wie es ihr passte, solange sie ihre Arbeit erledigte. Ich bestand den Test, und inzwischen hält sie mich nicht mehr über ihre jeweiligen Aktivitäten auf dem Laufenden.

Bei uns herrscht die Regel: Aufs Ergebnis kommt's an. Und dabei ist unwesentlich, wie oder wann dieses Ergebnis produziert wird. Darunter leidet weder die Schnelligkeit noch die Einhaltung von Terminen. Das ist nicht der Punkt. Nur schreiben manche Mitarbeiter schon morgens um sieben die erste E-Mail, während andere noch um sieben Uhr abends zugange sind, weil sie erst um neun im Büro aufkreuzten. Andere arbeiten das Wochenende durch und setzen sich unter der Woche ein paar Tage ab. Diese Flexibilität schätzen meine Mitarbeiter sehr.

Dieser Ansatz ist für Führungskräfte fast unerträglich, die gern über jede Bewegung ihrer Mitarbeiter informiert sind. Auch hier heißt das Zauberwort Vertrauen. Wer seinen Mitarbeitern nicht vertraut, denkt nach dem Motto: Wenn die Katze aus dem Haus ist, tanzen die Mäuse auf dem Tisch. Das ist unzeitgemäß.

Wenn Sie Mitarbeiter einstellen, dann weil Sie ihnen den Job zutrauen. Dieses Zutrauen sollte unabhängig von den Arbeitszeiten gelten. Wenn Sie Leistungen vermissen, sprechen Sie die Mängel direkt an. Aber glauben Sie nicht, über die Daumenschraube Präsenz könnten Sie etwas erreichen. In unserer schnelllebigen Zeit zählt Flexibilität.

Natürlich gilt das nicht für jeden Job. Das Telefon muss besetzt sein, Produktionsbänder dürfen nicht stillstehen und so weiter. Aber viele Berufe sind von starren Arbeitszeiten unabhängig. Vertrauen Sie Ihren Mitarbeitern, gestehen Sie ihnen das Recht zu, sich den Tag selbst einzuteilen.

6. **Beherzigen Sie die vorgeschlagenen Strategien und eichen Sie Mitarbeiter und Mitarbeiterinnen auf das Wesentliche.**

Man muss schon eine sehr starke Persönlichkeit sein, um trotz überquellender To-Do-Listen die Bürotür hinter sich zu schließen. Mein Mann kann das, die Arbeit läuft nicht weg, sagt er. Ich schaffe das nicht, sondern habe die Strategie entwickelt, abzuweisen, was zu viel wird. Ich will jeden Abend das Gefühl haben, dass alles erledigt ist oder in nächster Zukunft bewältigt werden kann.

Nichts anderes wünsche ich Ihnen. Nutzen Sie die Vorschläge in diesem Buch, und Sie haben mit Sicherheit die Freiräume, um Ihr Leben zu leben. Und Ihre Mitarbeiter schaffen mehr Arbeit in weniger Zeit, weil Sie ihnen nicht mit schlechten Angewohnheiten dazwischen funken. Weil Ihre Mitarbeiter selbst Prioritäten setzen können und wissen, was Zeit hat oder ganz unterbleiben kann.

MASSNAHME

Wenn Sie wissen möchten, wie Sie mehr Arbeit in weniger Zeit schaffen, besorgen Sie sich bitte mein erstes Buch, *Work Less, Make More: Stop Working So Hard and Create the Life You Really Want!* Darin finden Sie mehr als 100 Übungen gegen den Workaholismus. Manche Leser haben mir geschrieben, dass es sie wachgerüttelt habe, sodass sie ihr Leben massiv verändert oder überhaupt erst zu leben angefangen hätten. Vielleicht ist es auch für Sie das Richtige.

Leben Sie eigentlich das Leben, das Sie leben wollen?

Ich stelle diese grundlegende Frage, weil ich Führungskräfte erlebt habe, die so sehr mit dem Chef-Sein, mit der Verantwortung ihrer Position beschäftigt waren, dass sie sich diese Frage nie selbst gestellt haben. Wollen Sie so leben, wie Sie leben? Wenn Sie nach getaner Arbeit auf den Tag zurückblicken, denken Sie dann: „Ja, genau das wollte ich tun"? Manche Menschen schätzen intensivste Arbeit, andere würden gern mehr Zeit mit ihren Liebsten verbringen. Aber die Mehrheit hätte gern beides: ein erfülltes Leben und eine atemberaubende Karriere.

Wenn Sie sich nicht fragen, ob Ihr Leben Ihren Wünschen entspricht, werden Sie eines unschönen Tages aufwachen und sich fragen, wo die Zeit geblieben ist. Zu viele Menschen gehen wie Schlafwandler durchs Leben. Sie sind so beschäftigt, einzelne Aufgaben zu erledigen, Feuerwehr zu spielen oder Mitarbeiterprobleme zu lösen, dass ihnen das Wesentliche entgeht. Und dann wachen sie auf und fragen sich, was los ist. Bedauern und Schuldgefühle packen sie, weil sie spüren, dass sie viel zu viel Zeit, die sie eigentlich anderswo verbringen wollten, im Büro verplempert haben. Solange das unbewusst abläuft, ändert man seine Handlungsweise nicht und hat nicht die Kraft, ungeliebte Dinge zurückzuweisen.

Errungenschaften und Erfolge sind gut und schön, aber Beziehungen sind viel wichtiger. Sie machen das eigentliche Leben aus. Familie, Freunde und Bekannte erfüllen Sie mit Freude, Zufriedenheit und schenken Ihrem Leben das Lächeln. Aber gerade die Beziehungen fallen der Karriere oft als erstes zum Opfer, weil man mehr und immer mehr erreichen will. Eines Tages, denkt man, habe ich Zeit für diese Menschen, die mir etwas bedeuten. Was, wenn dieser Tag nie kommt?

Seien Sie stark, leben Sie Ihr Leben hier und jetzt so, wie Sie es leben wollen. Als Führungskraft können Sie über die Arbeitsabläufe bestimmen. Nutzen Sie das, um ein erfülltes Leben aufzubauen?

Wenn nicht Sie, wer dann? Es ist Ihr Leben. Nicht das der anderen.
Also frage ich noch einmal: Leben Sie das Leben, das Sie leben wollen? Wenn Sie darauf mit Nein antworten, dann sorgen Sie um Himmels willen für die nötigen Änderungen. Was feuert Sie an? Konzentrieren Sie sich darauf. Alles hängt davon ab, - Ihr Erfolg im Beruf und Ihr Erfolg im Leben.

So verheizen Sie Ihre Mitarbeiter ...

1. Sie arbeiten 80 Stunden die Woche und sagen Ihren Mitarbeitern, sie könnten ruhig heimgehen. Das nimmt Ihnen niemand ab.
2. Sie rufen Ihre Mitarbeiter spätabends und am Wochenende an.

3. Sie verschicken mitten in der Nacht E-Mails.
4. Sie verwehren Ihren Mitarbeitern nach einer besonders arbeitsintensiven Zeit ein paar freie Tage.
5. Sie rufen Ihre Mitarbeiter in den Ferien an oder erwarten von ihnen, dass sie im Urlaub ihren Anrufbeantworter abhören und die E-Mails abrufen.
6. Sie treten extrem angespannt, unhöflich und kurz angebunden auf. Und verschwenden keinen Gedanken an Urlaub.
7. Sie halten Opfer und Leiden für charakteristische Begleiterscheinungen des Erfolgs.
8. Sie regen sich auf, weil niemand Ihrem Vorbild folgt. Warum sollte man sich auch ein Leben wie das Ihre antun?
9. Sie verwechseln berufliche Erfolge mit einem erfolgreichen Leben.
10. Sie haben kein Leben. Das macht Ihre Mitarbeiter unendlich traurig.

So feuern Sie Ihre Mitarbeiter an ...

1. Sie lieben Ihr Leben genauso wie Ihre Arbeit. Dann treten Ihre Mitarbeiter gern in Ihre Fußstapfen.
2. Sie trauen Ihren Mitarbeitern soweit, dass sie ab und zu auch zu Hause arbeiten dürfen.
3. Sie stellen sicher, dass Ihre Mitarbeiter den Urlaubsanspruch nicht verfallen lassen.
4. Sie lassen Ihre Mitarbeiter abends oder am Wochenende in Ruhe. Von extremen Notfällen einmal abgesehen.
5. Sie schimpfen Ihre Mitarbeiter aus, wenn diese von den Ferien aus im Büro anrufen. Sie sollen sich an den Strand hocken und sich erholen, sagen Sie ihnen und legen auf.

6. Sie räumen Ihren Mitarbeitern flexible Arbeitszeiten ein, auch mit Rücksicht auf deren familiäre Verpflichtungen.
7. Sie wissen, dass berufliche Erfolge nicht mit einem erfolgreichen Leben gleichzusetzen sind.
8. Sie gestehen Ihren Mitarbeitern zu, die Arbeit nach eigenen Vorstellungen zu erledigen. Hauptsache, die Arbeit führt zu den gewünschten Ergebnissen.
9. Sie kommen meistens gut gelaunt zur Arbeit.
10. Sie können nicht nur eine atemberaubende Karriere vorweisen, sondern sind auch mit Ihrem Leben zufrieden. Das fühlt sich gut an.

Schlussbemerkung

Es ist schon komisch, aber während ich dieses Buch schrieb, veränderte sich meine Auffassung über das Führen. Meine Firma steckte in einer schwierigen Phase, sie wuchs extrem schnell, und die Anforderungen, die an meine Energie und meine Zeit gestellt wurden, nahmen überhand. Ich sehnte mich nach meinem Einzelkämpferdasein zurück, nach der guten einfachen Philosophie des Work Less, Make More®. Dass diese persönliche Krise mit der Arbeit an dem Buch zusammenfiel, ist sicher kein Zufall.

Ich habe es bereits gesagt und sage es hier noch einmal: Führen ist ein hartes Brot. Es ist sicher noch schwieriger als verheiratet zu sein. In der Ehe hat man es wenigstens nur mit einem einzigen Menschen zu tun. In der modernen Wirtschaft müssen Führungskräfte Scharen von Mitarbeitern unter einen Hut kriegen, und an manchen Tagen würde man die Brocken am liebsten hinschmeißen.

Aber ich habe mich durchgebissen, das Buch ist praktisch fertig. Auch was das Führen betrifft, stehe ich zu meiner Wahl: Wenn es Spitz auf Knopf steht, kenne ich nichts Aufregenderes. Es ist herrlich, wenn das Team unter meiner Anleitung zu Bestform aufläuft, wenn sich meine Vision in spannenden Bereichen entfaltet und ich die Dinge auf immer neue Weise angehen muss. Besser. Beim Schreiben habe ich entdeckt, wer mit jeder Faser seines Herzens führt, der *muss* auch Führer sein. Es ist Berufung, Mission, Daseinsberechtigung. Und Verpflichtung. Denn an der Spitze eines Unternehmens hat man Einfluss.

Unser Arbeitsalltag ist zerstückelt und chaotisch. Und mein Sieben-Punkte-Plan erfordert Schwerstarbeit, wenn man ihn in die eigene Arbeitsweise integrieren will. Es ist ein schweres Stück Arbeit, den eigenen Führungsstil zu ändern. Es ist keine leichte Aufgabe, dickköpfige, schwierige Mitarbeiter zu führen, die jederzeit abwandern könnten. Und es ist anstrengend, mit dem Wandel und den täglich herandrängenden Problemen fertig zu werden.

Genauso wahr ist aber auch: Wenn jemand denn Arbeitsalltag beeinflussen kann, dann Sie. Sie können mitten im Feuer stehen und das Richtige tun. Sie können Ihren Mitarbeitern beistehen, ihnen die Konzentration auf das Wesentliche ermöglichen, sie in den Feierabend schicken. Sie können ihnen die Freiräume verschaffen, in denen sich ihre Seele erholt. Sie können den Spaß an der Arbeit zurückholen, den Stolz auf die Tätigkeit, die immer mehr ist als nacktes Geschäft.

Wenn nicht Sie, wer dann? Ich will Sie wachrütteln mit diesem Buch. Ich möchte, dass wir in einer Welt leben, in der die Menschen gern und gut in Unternehmen arbeiten, zu denen sie stehen können, und trotzdem abends rechtzeitig in den Feierabend gehen. Das gelingt nur, wenn Sie genug Mut und Kraft aufbringen, um diesen Traum zu verwirklichen.

Meine Klienten haben durch unser Coaching erstaunliche Ergebnisse erzielt, und Sie sind doch diesen Klienten ähnlich: Sie wollen der oder die Beste sein. Sie wollen Ihr Team anregen. Sie wollen eine starke Führungskraft sein, und Sie wissen, dass Sie das Zeug dazu haben.

Wir alle brauchen gelegentlich Anstöße. Es ist eins, seine Leu-

te inspirieren zu wollen, aber ganz etwas anderes, es dann auch wirklich zu tun. Den Rest des Weges müssen Sie alleine gehen. Wollen Sie Ihre Mitarbeiter und Mitarbeiterinnen verheizen oder anfeuern?
Sie kennen die Antwort. Also gehen Sie hin und tun Sie etwas dafür.

Stichwortverzeichnis

FISH! den Pinguin

Im Land der Pinguine hat alles seine Ordnung – und im Unternehmen haben die in den schwarzen Fracks das Sagen.
Ideenreichtum und Innovation kommen allerdings meist von Vögeln mit bunteren Federn … Jeder kennt das Gefühl, nicht in eine Gruppe zu passen und für gute Ideen keine Anerkennung zu bekommen, wenn sie vom „business as usual" abweichen. Wie ein Pfau sich daran macht, den Pinguinen das Fliegen beizubringen, lesen Sie in dieser amüsanten und humorvollen Fabel vom Blick über die eigene Eisscholle!

176 Seiten
Format 14,5 x 21
Hardcover
ISBN 3-8323-0860-1
12,90 Euro (D)

BJ Gallagher ist Seminarleiterin und Inhaberin der Personaltrainings- und Beratungsfirma Peacock Production. **Warren Smith** ist emeritierter Psychologie-Professor und Geschäftsführer von Chrysalis, einer Managementtraining- und Beratungsfirma.

REDLINE WIRTSCHAFT
bei ueberreuter